曾国藩——“立德立功立言三不朽，为师为将为相一完人”，堪称救世名臣。

乾隆朝“十全武功”的辉煌，于国事蜩螗的晚清帝国已是触手难及的昨日梦幻。图为清朝乾隆时期铜版画《平定回疆图》。

西方人笔下的太平天国与湘军交战图

湘军史上的悲壮篇章——甲午战争牛庄战役。图为日本人笔下的湘军与日军作战情形。

湘军领袖胡林翼。没有胡林翼，就没有后来如日中天的曾国藩，也没有后来收复新疆的左宗棠，更没有湘军内部团结一致的精气神。

曾国荃像。曾国荃攻陷天京后放纵湘军抢掠，贪婪残暴之名遍闻天下，同时也因大权在握受清廷猜忌而遭贬。在其四十一岁生日那天，曾国荃读到曾国藩赠诗“刮骨箭瘢天鉴否，可怜叔子独贤劳”一句时，放声大哭，令闻者动容。

1858 年 6 月 26 日，清政府和英国签订第二个不平等条约中英《天津条约》。

晚清时期的广州城

西方人笔下的慈禧太后

恭亲王奕䜣

1860 年第二次鸦片战争期间，英法联军攻进北京。图为法国军队与清廷军队交战。

西方人笔下的李鸿章

晚清军政启示录 2

帝国命运的决战

宗承灏 著

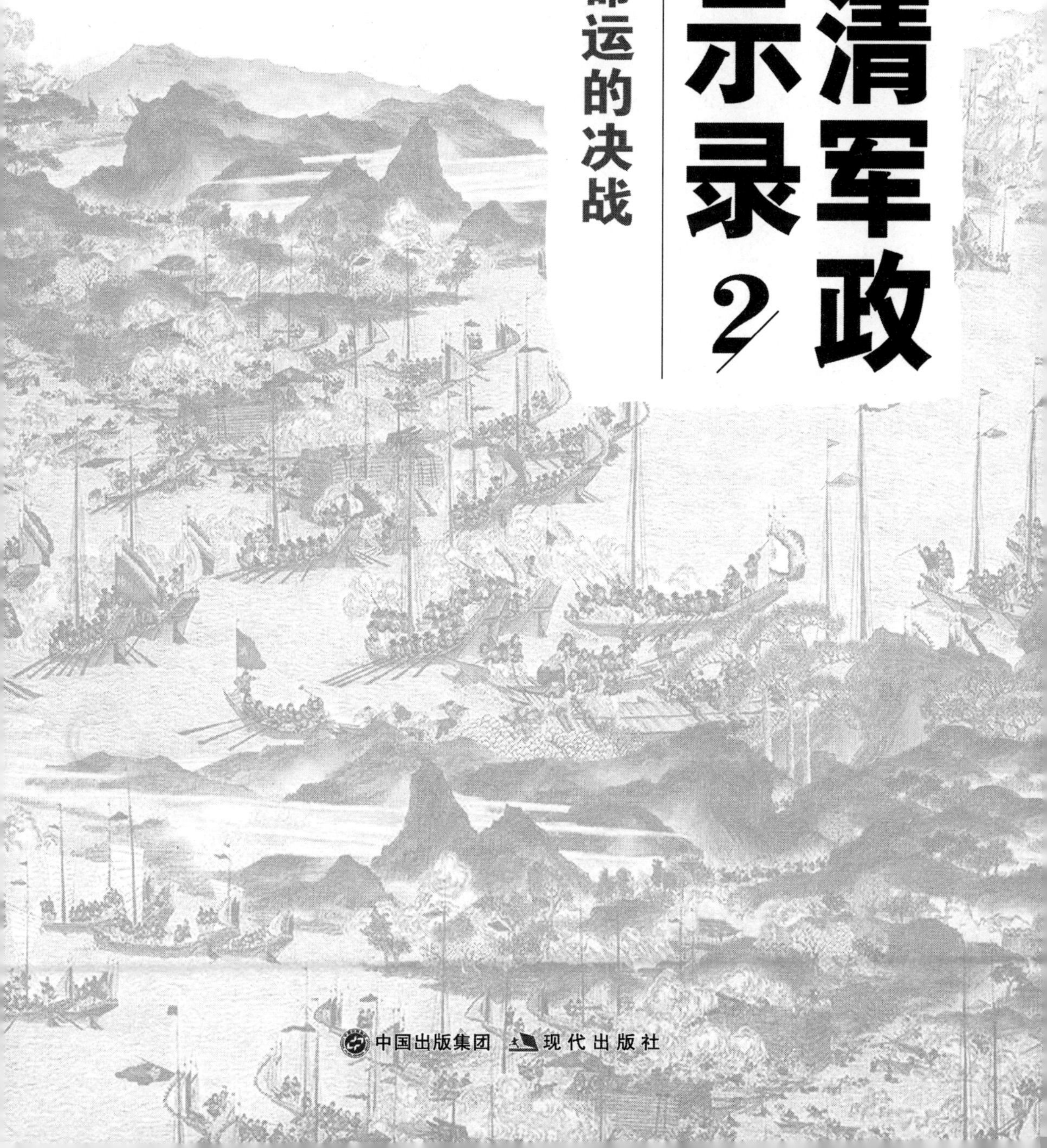

中国出版集团 现代出版社

图书在版编目（CIP）数据

晚清军政启示录．2，帝国命运的决战／宗承灏著．--北京：现代出版社，2019.10
ISBN 978-7-5143-8000-2

Ⅰ．①晚…　Ⅱ．①宗…　Ⅲ．①军事史—研究—中国—清后期　Ⅳ．①E295.2

中国版本图书馆 CIP 数据核字（2019）第 161663 号

晚清军政启示录（第 2 部）
——帝国命运的决战

作　　者：宗承灏
责任编辑：张　霆　哈　曼
出版发行：现代出版社
通信地址：北京市安定门外安华里 504 号
邮政编码：100011
电　　话：010-64267325　64245264（传真）
网　　址：www.1980xd.com
电子信箱：xiandai@vip.sina.com
印　　刷：三河市南阳印刷有限公司

开　　本：710mm×1000mm　1/16
印　　张：20.75　　字　　数：276 千
版　　次：2019 年 10 月第 1 版　　印　　次：2019 年 10 月第 1 次印刷
书　　号：ISBN 978-7-5143-8000-2
定　　价：49.80 元

目录 / Contents

第一章

神的降临与降临的神

——天国的发端与地球的彼端

1. 传教士：漂洋过海的十字架

洪秀全决定暂时不返乡。在做出这个决定后，他换上一袭青布长衫，推门走出暂时栖身的这家客栈。此时，温热的阳光正透过枝叶间大小不一的缝隙，筛落满地的斑驳树影，中国南方的春天和其他季节并没有显而易见的变化。四季并不分明的亚热带气候，滋养了南方人细腻、多思、聪慧的性格，而这种性格在外力的作用下有时会转化为敏感与多疑。

这一刻，洪秀全的神情有着故作出来的轻松，而双脚落地的声音却略显拖沓沉重，像是内心隐伏着难以释怀的忧虑。那张写满名字的榜单，最近总是在他的梦境里晃动。这是他第三次落榜，相对于前两次，这一次比任何时候都让他显得困闷。他想要搬走压在心底的这块巨石，可又做不到。心里藏着事，脚下不由得加快了频率。运动速度造成的脑部缺氧，让他在时间面前恍惚不已。

七年塾师生涯，七年寒窗苦读，这不是洪秀全一个人的命运。准确地说，它更像是一种循环往复的死亡游戏，人不过是这个游戏里被设定好的角色。在短暂的一生里，只要你愿意玩下去，你可以不断重启这个游戏。但你要坚信一点，无论怎样努力，你都无法做到不死不灭，打通关。1837 年（道光十七年）的春天，洪秀全又一次来到省城参加应试。他的自我感觉显然要好过前两次，以为上天定会不再辜负于他。可临到最后，命运还是在残酷的现实面前败下阵来，这让他非常失望。

他在那个叫官禄㘵的村落已经生活了二十三年，像大多数出生于乡土社会的儒生一样，洪秀全对自己的生命起源之地有着难以割舍的情感。尽管如此，他还是想着早晚有一天离开这里，因为那个关于富贵天降、光宗耀祖的梦境一直在驱使着他，追赶着他。如果说，在举世茫昧的时代里，读书人还能树立一个相对清晰的目标，唯科举登第一途而已。

官禄㘵村位于广东省花县西南约六十里处，南距广州约九十里，周边多为平原地带，在其西北方向有绵延而起的丫髻岭、独秀峰。花县建县之时，此处尚无村落可聚人气，后由客家人拢而成村，全村共有三排用灰沙而砌的平房，均面南而立。前排房屋前有一自然形成的水塘，水塘南侧是村中的书塾——“书房阁”。这里是一个典型的聚族而居的客家村落，村内共有居民约四百人，都是清一色的客家人，其中以洪姓族人居多。

《洪氏宗谱》记载，因躲避战乱、异地为官等原因，洪氏先人从唐朝末年起几经辗转，来到此处。洪秀全上有两个同父异母的哥哥分别是洪仁发、洪仁达，下面还有一个妹妹洪辛英。

洪秀全自幼入村中的书塾读书，表现出较同龄人优越许多的领悟能力，甚至有几位塾师愿意分文不取地将其收为弟子。身为家中的幼子自然会多分得一份家庭的资源，为了让他将来能够出人头地，这个本就贫寒的家庭更是节衣缩食。十六岁时，洪秀全首次参加科举考试，顺利通过了县试，随后在广州应试时被淘汰。

迫于生活和求学的双重压力，洪秀全不得已辍学在家，帮着父兄承担些农活，同时给富家子弟当伴读挣些微薄的活命之资。在传统中国，那些出身地主家庭的子弟不需要从事体力劳动，他们有着充裕的时间投身于系统正规的应试训练，因而也就比家境寒微的子弟更占优势。

1836 年，洪秀全再次来到省城应试，但执迷于科举之道的他依然没有得到幸运女神的眷顾，又一次名落孙山。为了打发寥落沉郁的心境，他没有急于返回家乡，而是在当时中国的对外贸易之都——广州城里多盘桓了两日。在这期间，他得到了一本名为《劝世良言》的小册子，并由此结识了这本小册子的作者——基督教信徒梁发。也有一说，洪秀全是在第一次进入广州应试时得到的《劝世良言》。

梁发是广东高明县人，幼时入私塾读书，后因家贫辍学，漂泊于省城广州，为讨口饭吃，学习雕版印刷术。因为印刷《圣经》的关系，他结识了马礼逊牧师。马礼逊刚到中国所使用的《路加福音》和《新约·书信》等书籍，其雕版和印刷也大多出自梁发之手。

马礼逊，这个受英国伦敦会派遣的传教士，不远万里而来。置身于这片遥远而陌生的东方大陆，他的内心又有着怎样一番境遇？每到夜幕时分，这个年轻的英国人总是会在油灯下写着日记和信，叙述着他这个异乡客的无奈与寂寥。

1815 年 4 月，马礼逊派遣米怜到马六甲创设传教基地，为筹措建立印刷所，梁发等几位印刷工人也受雇随同前往。由于数年参与印刷《圣经》经文，自然受到潜移默化的影响。梁发到马六甲后不久，即转化为一个热心慕道之人。

在他留下的一篇《自述》文中，吐露了自己皈依基督的心路历程：我未信救主之前，虽然自知有罪，但不知如何获救。我每逢朔望，必往庙内参神，求神保佑，但我身虽拜神，而心则怀恶念，说谎及欺骗别人之念，永不能离我之心。后来我与某传教士同往马六甲，彼常向其家人讲由耶稣而得救的教义。我虽参与彼之叙会，然心不在此也。有时我看彼等之神经，且听彼解释，但我却不能完全了悟其意义……我又闻传教士等由耶稣而得赦罪自说，在闲暇之时，我又自己查察《圣经》，见经中严禁不洁、欺骗、拜偶等罪过，于是我想："此是一部劝人离恶之好书……于是我遂决志为耶稣之门徒而求受洗矣。"

一些穷困潦倒的底层人士信教并加入教会并不是为了宗教信仰，而是为了谋生或获利。梁发受洗入教，也经历了一个长期煎熬、探索和苦苦追求的过程。在马礼逊回国探望妻儿期间，便按立梁发成为一名职业传道人，由英国伦敦会发给薪水。由此，梁发成为第一位华人牧师。

当时，《大清律例》中增设一条："如有外国人在华地宣传天主教，或秘密印刷书籍，或聚众宣传，蛊惑多人者；又如有满、汉人等受外人指使，宣传彼等之宗教，或秘密改用洋名，迷惑多人，经审判属实，为首者绞立决。如有宣传宗教，迷惑多人，而不改洋名者，绞监候。信从洋教而不悔改自新者，充军远方，给与能以强力令彼等改正之回教徒为奴。"

在严刑峻法的控制之下，梁发居然还能舍身传道，可见他是一个十分有胆识的人。马礼逊对他评价很高，认为："在此充满偶像及拜偶者之国土中，上至王公，下至乡愚，皆反对及窘迫基督之门徒……但于此有一人焉，彼之为基督徒系出于己愿，而又能公然承认其信仰。此人是谁？梁发是也。”

马礼逊来到中国这块土地上将近二十五年，深知在这个古老的东方国度里，想要做成一件事有多么艰难。这个国家就像是一块巨大的岩石，其构造自成一体，像一个浑圆无缝的球体，拒绝任何成分的动摇和改变。任何外部力量想要进入它的内部，成为它的一部分，都是不可能的，更遑论改变它的性质。

1601 年（明万历二十九年），历尽劫难的意大利传教士利玛窦终于抵达这个神秘的东方王国的心脏地带。重重叠叠而又紧闭的紫禁城大门，终于为一个西方传教士缓缓地打开。利玛窦把封面烫金、装订精美的地图集《地球大观》送给万历皇帝，并告诉中国皇帝，从这部地图集上，可以看到他从西方来到中国途经的路径。

自认为身居中央之国的帝王不需要上帝的指引，更不需要了解中国之外的世界，他们生来就是天子，率土之滨莫非王土。

利玛窦虽然机缘巧合地打通了西方通向紫禁城的路径，但却被一层层宫墙围困于其中。对于他这个西方人而言，这座古老的宫殿犹如一座让人难以理解的迷宫。万历皇帝需要的不是救赎的十字架，而是一个修表匠的高超技艺。自鸣钟、地球仪这些精致的器物，虽然让大明的皇帝和他的大臣们啧啧赞叹，但是“他们并没有从时间和空间两个维度上，把中国与世界连接起来”。与利玛窦同时期的另一位意大利人、耶稣会东方监督范礼安也只能无奈地慨叹：“磐石啊，磐石，你何时才能开裂，欢迎吾主啊！”这一声声感叹贯穿时空，绵延至 19 世纪。

当基督教新教第一位来华传教士——英国伦敦道会的马礼逊踌躇满志地踏上这块土地时，他很快就认同了他的意大利前辈所抛出的“磐石难裂”的理念。基督教新教的活动中心始终孤悬海外，集中于东南亚的马六甲一带，传教工作主要是在当地华人中进行。至于中国内地，依旧如一块磐石，始终无法打开它那坚硬的外壳。

据马礼逊的报告书中所言，梁发除了主办学塾与向其乡人传道以外，还著有十余种布道丛书，其中有为儿童或成年人所作的基督教问答书。由他所编写的9卷本《劝世良言》便是一套布道手册，其内容大多摘引马礼逊《圣经》译本中的段落。马礼逊《圣经》的文字并不容易理解，甚至让人觉得晦涩难懂。梁发在摘引的同时，也结合中国人的思维融入一些儒家典籍，不然在这块古老的土地上难以生根。

中国“洋教”的本土化，从基督教一踏上中国本土与华人接触时，便开始“洋为中用”的转化进程。梁发的中、西二重思想，在他所编写的著述中也是俯拾即是。诸如“作善降之百祥，作不善降之百殃”“人之初，性本善”“未知生，焉知死”等。就连马礼逊也不得不承认：“梁发实有一些心得，虽其中用语不免染有彼中国固有之异教色彩，但由此可证实其对于圣经实曾下过一番研究功夫。”梁发散发的这套布道专用手册以贴切而形象的比喻和通俗易懂的文字宣传基督教的教义，渲染天堂永乐，地狱永苦，抨击偶像崇拜，规劝世人敬拜上帝，弃恶从善。

在当时的环境下，梁发除了派发书籍和个人布道，根本就没有其他可行的方法，公开演讲是万万使不得的。每逢春秋考试，梁发便与门人一道在贡院前散发福音小册子，寄望于应试士子们将福音带回各自的家乡。这是一个不小且具有影响力的群体，据说，一次广州举行府试，各县应考的童生有二万五千人。梁发充分利用这个机会，在一年之内，他们印送的小书和圣经日课就达七万册之多。

寒窗数年一场空，此时的洪秀全对前途充满了恐慌与不安，而他的恐慌大多来自漫漫前途和未知世界的不确定性。在19世纪中前期，一个科举失败者能够选择的路径无外乎以下几种。一是咬牙坚持到最后，直至白了少年头；二是与体制来一场彻底的决裂，做个黄巢式的造反书生；三是“采菊东篱下，悠然见南山”；四是做一个混迹于乡间的塾师，诗酒度年华。洪秀全并没有想那么远，科举失败，虽然在他的心间投下浓重的阴影，但还没成为压死骆驼的最后一根稻草。

鸦片战争的隆隆炮声刚刚在这块土地上沉寂下来，战争的惨败激起了朝野上下的仇洋心理。家国之耻，使基督教在这块土地上的传播除文化隔阂外，又平添了一层难以消弭的人为阻力。身为客家人的洪秀全，对于宗庙和民间神灵的崇拜并不陌生，尤其是当地的土著人更是将其作为巩固血缘和地缘关系的一个重要手段。

客家人在当地属于外来户，而对于地方神灵的崇拜往往会让他们产生难以融入，以及被对方排斥的错觉。正因为如此，他们与当地宗教习俗的联系相对肤浅，而这时若有新的宗教信仰出现，他们会很容易就被发展成为新教教徒。来自乡间社会的洪秀全和他的同伴们，虽然没有脱离古老文明的百般限制和诸多禁忌，但已不同于旧式文人。他们在坚船利炮的冲击下，正慢慢脱离原来的知识结构而成为两大文明板块之间的“中间人”，但乡村中国带来的深刻烙印是他们无法洗去的生命底色。

此时的洪秀全虽然从《劝世良言》中得到了上帝“唯一”的理念，但是对于基督的理解，并没有一个清晰而完整的认识。梁发口中所述的基督，犹如一位从天而降的“神人”，他行走于苍茫的人世，专门干些为人赎罪之事，广布神迹，死后才能复活升天。而这一切在洪秀全看来，与中国人所熟知的神话故事在本质上并无不同。而所谓的上帝也不过是天上的神仙“下凡”。

这个时代的儒生士子，仍处于一个充满了未曾祛魅的单线型世界，他们曾经利用相互斗法来证明自己所信仰的神胜过对方所信仰的神。正因为如此，他们之间“正邪之分”往往更为精细，让人不容易察觉。在今天，一个人如果想要理解中国传统社会的思维，也许要走进更偏远的乡村世界，在那里才能找到昔日的面目；在那里，不难发现，农村仍然在固执地按照因果报应、风水八卦、祖坟、命运一类的观点来观察和解读他们的生活。

梁发在《劝世良言》里说到耶稣是“救世主”，并没有说到“基督”。他说耶稣是“上帝之子”或“圣子”，却很少提到他是“上帝独生子”。在洪秀全看来，“上帝之子”是奉了上帝之命降世救人，上帝的地位高于耶稣，耶稣只是上帝的一个儿子，奉差遣落入凡间拯救茫然无知的世人。

马礼逊在日记里写道："梁发带来了一篇劝世文，他已刻印 2000 张。上帝已经为我带来了一批积极推广圣工的同事，这是一件令我高兴的事。现在我已不觉得我在这里的工作有多么重要了。圣工没有我，他也能在中国继续前进。梁发希望我把《新约圣经注释》写完，这是为了中国同工的需要而做的，虽然需要花很长时间去做。他说我应该坚持把这本书写完，即使像米怜那样死了，我还能说话。"

马礼逊、米怜这些西方新教传教士从进入中国的第一天就一直强调：在一个偶像丛生的东方国度，要树立基督的权威，就必须先从破除偶像做起，甚至不惜以革命、暴力和军事手段摧毁基督教之外的所有偶像。或许这也正是绝大多数中国士大夫并不认同洋教，指斥洋教与圣人之学格格不入、诳惑民众的真正原因。

洪秀全在逗留广州期间，曾经路遇外国传教士布道，后又在龙藏街获赠一套《劝世良言》，或许是正沉浸于科考失利带来的伤感之中，他当时没有心情细读这套书，也只是"草览其目录"。吸引他的是这个小册子的第四篇第四条，因为他的姓氏"洪"在这一篇的目录里被提到。一场末日来临前的滔天洪水，吞噬了天地间的万物生灵。而这一切都来自创造万物的"爷火华"的意旨。

洪秀全落第了，但是他留下了《劝世良言》这套书。

2. 辛酉异梦与上帝降临广西

洪秀全倒下去的那一瞬间，只觉得天旋地转，日月晦明。他一病不起，每日高烧不退，脑子里不断闪现天马行空的幻觉。他在昏沉不醒的状态里看见空中飞舞的一纸榜单，看见汪洋里沉浮的一叶扁舟，甚至看见一阵狂风卷起的生灵万物。

梦境来于心，发端于现实。十多年来，他将自己的全副身心交于应试及第这件至圣之事，从无二用，可接连落第带来的强烈刺激和无情打击让他难以承受。希望转为失望，失望又成了绝望。于是，他痛痛怏怏地迎来了一场大病。

这究竟是一场大病，还是一场奇异的幻觉，恐怕也只有当事人能够了然于心。在精神恍惚的状态下，洪秀全被当地的轿夫抬送回花县。回家后，病情未见好转，仍是胡言乱语，梦魇不断。

他以为自己来日无多，便于病榻之上向养育自己的父母大放悲声："我的日子不多了，我快死了。父母啊！我不能报答大恩，不能一举成名显扬父母了。"他又转而叮嘱妻子赖氏："尔身怀妊，未知男女。男欤，当依兄勿嫁；女欤亦然。"他的一番临终式话语，让身边的亲人陷入巨大的悲痛之中。

这些凌乱的片段，似言非语的胡话，事后都被他编成了一则则神奇的故事，说给家人和他的族弟洪仁玕听。据洪仁玕与当时活跃于广东的瑞典传教士韩山文叙述，洪秀全曾经和他们谈及这场梦境："洪秀全称幻梦中从东方大道登上天堂，由天母引见，见到身穿黑龙袍、满口金须拖在腹上的天父上帝。天父上帝指出，凡间多有妖魔，而且高天三十三天亦闯进妖魔，又指出，此妖魔头，凡间人称阎罗妖，又称东海龙蛇。天父上帝还鞭挞孔丘，令他不得再下凡害人。还与洪秀全金玺一、刀一，令他斩杀妖魔。洪秀全在天兄耶稣和众小妹支持下，斩杀妖魔多多。"

洪秀全一病四十天，至于梦里见到的天父，不过是他称天王后生造附会出来的应景之物。如果说人的梦境来自现实，那梦中的老人或许是广州街头给他《劝世良言》的那位束发于顶、长须垂胸的外国传教士。他那奇异的形貌、服饰，给正处于人生低谷的洪秀全留下了极为深刻的印象。

天父上帝还封其为"太平天王大道君王全"。洪秀全对自己的"丁酉异梦"一直困惑不解，直到读到《劝世良言》后才豁然开朗。他在自己所著的《原道救世歌》里也提到"予魂曾获升天堂"——也就是说，他在那场梦境中所去的地方是天堂。

待到他日后接触到全本的《圣经》后，《圣经》中所包含的大量而丰富的神异奇迹乃至异象梦象，成为自己做梦和解梦的丰富的参考资源。

1843年，年已而立的洪秀全第四次赴省城应试，又一次铩羽而归。

从十六岁参加科举，历经十四个寒暑，辗转往返，洪秀全仍是当初那个脱不了一身白衣的乡间童生，而这也似乎注定了他只能在平淡中，过一种平凡的生活。而此时，随着中英《南京条约》、中美《望厦条约》、中法《黄埔条约》的相继签订，条约时代将这个岩石般封闭的王国生生撕开了一道道口子，规定传教士可以在五个通商口岸和香港自由传教，并修建教堂。在西方列强的武力要挟下，中国终于被迫向基督教局部开放。基督教在华传播史也由此迎来一个前所未有之变局。

虽然在不平等条约和炮舰的护航之下，西方传教士趁势涌入中国，但是他们的活动中心也仅局限于五个通商口岸和香港，对中国内地的非法渗透进展不大。这是一个偶然的机会，洪秀全从30里外的莲花塘表兄李敬芳家早回一个时辰。自从第四次到广州应试落第之后，他回乡重操旧业，设馆于表兄李敬芳家，当年那个被寄予厚望的洪氏晚生仍然混迹于童子军中，也算是自谋出路。

时间飞快，此时距离1837年（道光十七年）那场梦境又过去了六年时间，生活的奇迹并没有在洪秀全的身上有所体现。既然圣贤书没有让自己“一举成名天下知”，他想到昔日在广州获赠的《劝世良言》一书。总之，他在好奇心的驱使下，鬼使神差地打开了那本书，也由此打破自己看似波澜不惊的生活。

洪秀全读完《劝世良言》后，像是一道闪电掠过他的脑际，“从书中寻找到解释其六年前病中梦兆的钥匙，发觉该书内容与自己梦中的见闻十分吻合。这时他才明白，那位端坐于宝座之上、为世人所当敬拜者即天父上帝，助他杀妖的中年人即救世主耶稣，魔鬼即偶像，所谓兄弟姐妹即世间人类”，于是，那场支离破碎的梦境，那一刻与《劝世良言》的内容完成无缝对接，那些跳跃式的片段也逐渐变得明晰完整起来。

一场荒诞的梦与《劝世良言》的内容不谋而合，本是一桩巧合之事，但洪秀全却从中得到一种强烈的心理暗示，他是上帝的使者，肩负着神圣的使命来到人世间。今日之我不同于昨日之我，他要与过去的“我”一刀两断。正处于人生十字路口、四顾心茫然的洪秀全，无异于拨云见日。

在这期间，洪秀全对基督教知识的理解仅限于《劝世良言》一书。他遵照书中所说的实践，所谓信仰上帝者必为“洗刷罪恶，舍旧从新”，对自己进行了洗礼。他返回官禄㘵后，又说服朋友冯云山和族弟洪仁玕接受了信仰上帝， 并为他们进行洗礼。三人通过接触新的信仰，体会到一种精神层面的愉悦、轻松和净化。他们怀着虔诚而纯粹的心态，投身于最初的布道活动。

洪秀全的父母兄嫂和几个侄儿也接受了洗礼，但是，在内心供奉上帝为唯一真神，就要破除其他偶像，包括孔子。一个读书人，居然动摇孔子的权威，甚至还要将其打倒在地，这实在让人无法理解和接受。洪秀全在向冯云山、洪仁玕说起那场奇怪的梦境时，特别渲染了上帝痛斥责打圣贤孔子的片段。洪氏族人对此看法不一，“其中有闻而即信者，有闻而执拗者，有闻而知其为真不敢遵守者，有始而不信而后悟其真而始遵守信者”。

因为洪秀全等人布道所带来的精神世界的变化，这个中国南方的小小村落，像是平静无波的水面，被人丢下了一块巨石。天地君亲师，信奉上帝的人砸烂了无数的神像，反对者高声喧哗，用嘲讽、辱骂和暗中袭击来迎接“爷火华”的到来。洪仁玕甚至撤出书塾中孔子的牌位，学生们纷纷离散，结果招来地方绅士的一顿拳脚，并被扫地出门。

有些人以为洪秀全疯了，洪仁玕也跟着一起疯了。就像六年前他从那场荒诞不经的梦里醒来的时候一样，今日之洪秀全更甚于昔日。他后来向洪仁玕说道：“如我徒得此书而无前时之病状。则断不敢信书中所言而反对世上之陋俗……”

1844 年农历元宵节期间，官禄㘵又起风波。家乡父老嘱咐洪秀全和洪仁玕写诗文和对联祭拜神仙偶像，结果遭到二人的严词拒绝。长辈们很是气恼，便以诗训诫道：

老拙无能望后生，谁知今日不相关。

经纶满腹由人用，听信谗言执一般。

洪秀全也以诗相应，也借此表明心迹：

非听谗言违叔命，只遵上帝诫条行。

天堂地狱严分路，何敢糊涂过此生。

这是一场无法和解的信仰对抗，一个连续四次参加科考的书生，要与供奉于心间的“至圣先师”来一场彻底的出走与决裂。洪秀全决定离开这个地方，在家乡人面前布道有太多来自乡土社会的情感纠葛，难以做到心思纯粹。于是，他萌生了去往邻省广西传教的念头。

1844 年 5 月 21 日，洪秀全和冯云山终于抵达广西浔州府贵县（今贵港市）赐谷村，落脚于洪秀全的表兄王盛均家。在不到五个月的时间里，洪秀全在当地劝说了大约有一百多人相信上帝，并接受了洗礼。其中包括王盛均、王盛爵五兄弟及侄儿王为正等人。

所谓的洗礼，也只是洪秀全从《劝世良言》里得来的。学者简又文调查，也就是中夜于门外木桌上放置一碗清水，清晨受洗之人向天跪拜，洪秀全将清水自受洗人头顶浇下。

洪秀全在此期间做了两件在当地引起轰动之事：一是诗斥六乌庙，二是营救王为正。六乌庙是为了纪念传说中的一对殉情于此的青年男女而建，当地人认为他们是得道的仙人，于是立像祭祀。但是洪秀全却不以为然，认为这对男女并非夫妻，“淫奔苟合，天所必诛”，并为此作了一首诗斥责：

举笔题诗斥六合，该诛该灭两妖魔。

满山人类归禽类，到处男歌和女歌。

洪秀全以基督教信仰为评判标准的做法，在当地掀起轩然大波，“迷信的土人，哗然鼓噪，纷起反对，几闹出大事”。洪秀全由此“乃悟广西淫乱，男女和歌，禽兽不如，皆由此等妖倡焉”，这一切不过是少数民族的生活习惯，在洪秀全眼里居然成了不正常的男女关系。而巧合的是，这座年久失修的神庙又遭到了白蚁的疯狂蛀蚀，有人据此疯传这是洪秀全的神力所致。

随后不久，洪秀全又投书县衙为王盛均之子王为正申诉冤情，也使其安然无恙地得到获释。这两件事加深了洪秀全对民间社会的理解，也为他在当地赢得了较高的声望，更重要的是抬高了上帝在当地民众精神信仰世界里的权能。

洪秀全在广西赐谷村盘桓了六个多月，就独自从浔州沿着水陆返回家乡官禄㘵村。为生存计，他再次投身村塾，以传授四书五经为生，每日沉浸于平静的乡村生活。此时的他已不同于昨日的他，小小的一方书桌已无法接纳他的全部世界，诚如他在一篇文章中所写道："时至今日，世道乖离，人心浇薄，所爱所赠，出于一私：万国万姓，实则一家，黄上帝乃天下凡间大共之父也，何得存此疆彼界之私，何可起尔吞我并之念？"

洪秀全慢慢恢复昔日生活，不同的是，对于圣贤之言的理解已经发生了变化。这个古老的帝国不再是帝王和圣人的世界，而是由上帝领导，在那些古老的典籍里也到处充斥着上帝的声音。在这期间，痴迷于上帝的洪秀全将内心对于《劝世良言》的理解转化为《原道救世歌》《原道醒世训》。歌中有云：开辟真神为上帝，无分贵贱拜宜虔。天父上帝人人供，天下一家自古传。

此时的冯云山并没有返回花县，而是为了继续布道，继续深入广西的山区腹地——紫荆山。紫荆山属于大瑶山南端的支脉，峰峦叠翠，山势险峻。山里零星散布着一些村庄，有数百户人家，冯云山大多寄身于从广东迁徙而来的客家人居多的村落。冯云山在此设馆布道，那些连温饱问题都难以解决的山民，他们信奉上帝也是为了能够有一个精神寄托和安慰。这个年近三十的中年男人，凭借着坚忍不拔的意志和锲而不舍的精神，在当地发展了两千多名信徒，并成立了一个以拜上帝为主要特征的宗教组织——"上帝会"。

在布道过程中，冯云山仍然遥奉洪秀全为教主，并时时处处维护着他的权威和形象，尤其对于洪秀全在梦境中所见到的奇异景象，更是大肆渲染。在冯云山的推广下，"每村每处，皆悉有'洪先生'而已，到处人人恭敬"。

所以，当洪秀全来到紫荆山时，受到了当地信徒的拥戴，并顺理成章地成为上帝会领袖。

女信徒杨宣娇还煞有介事地说，十年前她灵魂升天之时，有一位老者告诉她：十年后将有一人从东方而来，教你如何拜上帝，你要真心顺从。如今神秘的洪先生果然来到紫荆山，老人的预言也因此得到验证。

杨宣娇是烧炭工萧朝贵的妻子，也是拜上帝会的信众。此女非常聪明，任何技能在她手里都能做到无师自通。拜上帝的信徒，像是在玩一场翻倍游戏，很多人举家举族都追随了上帝，或许是为能有下一顿饱饭。这时候，平在山和它周边各地的拜上帝信徒成分相当复杂，大多是穷苦农民和手工业型的矿工，烧炭工也占据相当大的比重。

杨宣娇是赐谷王家的人，本姓王。她借故事里的老者之口，为天王降世添加了一道神奇而有效的佐证。从某种意义上讲，她是太平天国运动第一个编撰“天父下凡”的人。在这一阶段，她在上帝会中的地位已超越杨秀清和萧朝贵。

杨秀清将其认作妹妹，并随他姓杨，萧朝贵自然也就成了他的妹夫。杨、萧二人在上帝会中枢的地位，很大程度上来自杨宣娇的纽带作用。上帝会信众有一句口号——“男学冯云山，女学杨宣娇”也正来自于此。

1847 年初，一个信仰基督的人托人从广州捎来一封书信，要洪秀全和洪仁玕堂兄弟二人前往美国牧师罗孝全的教堂听讲道。洪秀全愉快地接受了邀请，并在洪仁玕的陪伴下赶往广州，如同赶赴上帝安排的一场盛宴。

罗孝全来中国已近十年，起初在澳门、香港活动，还做过德国牧师郭士立的助手。他曾经大肆鼓吹对华传教，他在写给美国宗教人士的信中说：“我认为如果有一批勇敢的传教士来到这里，精诚合作，再有一批勇敢的本地皈依者，甘冒生命危险，在他们的努力和神的保佑下，福音将像电流一样传遍这个国家。”

在罗孝全的教堂里，洪秀全算是第一次真正研读了郭士立翻译的《圣经》

新旧约，礼拜旧制度和“三一颂”。这也是洪秀全一生中唯一一次系统地接受神学教育。据罗孝全回忆，洪秀全在教堂开设的《圣经》班接受启蒙训练，每天除念诵《圣经》外，还听传教士布道两个小时。这一期间，洪秀全对《圣经》的熟悉程度有所增加，那些词汇、那些仪式都将在他今后的岁月里发挥积极的作用。

最让罗孝全感兴趣的是，洪秀全向他说起的那个发生于辛酉年的奇特梦境。这个美国传教士在给朋友的信中如此写道：“三四天前，有两名问道者从二三十英里（1 英里约 1.6 千米）外的乡下来到我这里，唯一目的是接受福音的指导……其中一人的陈述与罗马百夫长哥尼流的陈述极为相似。如果是在使徒时代，我就会用《圣经》的语言坦白地说，他见到了天上的景象，天使为他指点迷津……这两个人是我今年所遇到的第一批问道者，在迄今我所听说过的所有中国人的经历中，他们所自述那些经历是最令人满意的。”

罗孝全称赞洪氏兄弟“是很有才华的年轻人”，对于他们的到来，罗孝全甚至认为“是主送他们到来这里，不用多久就会被吸收进教会”。

洪秀全果然如罗孝全所料，提出受洗入教的请求。罗孝全的两名助手担心洪秀全会抢走他们的饭碗，便怂恿洪秀全提出入教后的生活保障问题。而这也被视为入教动机不纯，洪秀全受洗一事便被无限期地拖延下去。于是，洪秀全与基督教会就这样擦肩而过，而这也成为洪秀全人生路上的一大转折，对他个人以及中国历史进程都产生了重大的影响。

虽然没有被吸收入会，但是在罗孝全牧师处，洪秀全接受了为期数月的正规的基督教训练。1847 年 8 月，当洪秀全自广东再次进入广西时，他被冯云山在此传道所取得的成效惊呆了。让他感到满意和兴奋的是，冯云山一直在打着他的旗号，传播上帝真神。

此时冯云山的传道活动继续深入，已进入广西紫荆山的核心区域——平在山。冯云山是一把做群众工作的好手，这是洪秀全无法做到的。就连太平天国后期将领——忠王李秀成也在他被俘后的供词里说：“谋立创国者出南王之谋，前做事者皆南王也。”冯云山在这一期间培养了一批传道业务骨干，正是这些业务骨干忠诚的投入和高强度的传道实践，才让那些被神仙鬼怪填满精神世界的山民们相信，上帝才是唯一真神。

通过一个叫卢六的当地人，冯云山结识了杨秀清、萧朝贵等人。

冯云山遇上杨秀清，他并没有向这个年轻人道出多么深刻的道理。只是通过传道，言明艰难时世里的生存法则。他对杨秀清说："你以烧炭为业，实无出路，长此下去，只有苦一辈子，不如大家共图大事谋求根本出路。"

这时候洪秀全和冯云山等人的传教理念，只是满足于做一个合格的传教士，是有洋人教会证书的正宗传教士。仕途不通走洋途。为取得传教士资格，此时的他们还没有产生举旗起兵的念头。洪秀全进入紫荆山，靠着冯云山前期的大肆宣传，很快确立了自己的威信，传道也获得空前的成功。

天堂的大门向每一个教徒敞开，只有拜上帝才是唯一的出口，而那些祭拜民间邪神的人，往往无路可走。一夫当关的山中世界，却是各路神仙汇聚之所。一座座庙宇，一处处神坛，在短短不足十余里的地方，就夹杂着李家庙、刘姑庙、金莲寺三座神庙，像是环环相扣的锁链串联着世间人的心灵世界。

洪秀全和冯云山抡起锤子砸烂的一座神庙，是离紫荆山较远的象州甘王庙。据《太平天日》记录，洪秀全在甘王庙出尽了风头，历数甘王敢冒天父上主皇上帝的功劳，迷惑天父上主皇上帝子女心肠和种种作妖作怪，迷缠害累世人等十款大罪，说是"天理难容，尔速下地狱，永不准尔在世迷惑害累世人"。

随着一座座神庙的轰然倒塌，上帝的神权正慢慢矗立起来。而那些从外面迁移而来的客家人还没有在别人的土地上建立神庙的权力，也缺乏对神权的信仰和保护。当地方乡民在雷神庙祭祀时，冯云山带领杨秀清、萧朝贵等人冲进庙堂，粗暴地将端坐高台的雷神砸得稀巴烂。人的潜意识里，有着对财富与生俱来的迷恋与崇拜，以及对暴力破坏的快感。冯云山的破坏快感是建立在本地乡绅的痛苦之上，而地方神权通常是掌握在地方乡绅的手里。当冯云山砸烂雷神庙后，等待着他的却是一场牢狱之灾。

在监狱里，冯云山的亲密战友卢六、王为正先后病逝。四处传道的洪秀全闻讯后立即赶回紫荆山，设法营救，一番努力过后并没有奏效。于是，他决定返回广州请美国传教士罗孝全解救。

由于洪秀全和冯云山的相继缺位，平在山拜上帝会的信众们陷入群龙无首的境地。上帝会虽然名义上的首脑是“洪先生”，但“前做事皆南王”，冯云山才是各地会众的主心骨。冯云山身陷囹圄，缺乏组织能力的洪秀全这时候连会众都认不全，一下陷入手足无措的境地。

1848 年阴历三月初三，这是一个最平常不过的清晨，烧炭工人杨秀清却没有如往日那般早早地起床。当工友们把他从一场囫囵梦中拍醒时，才发现杨秀清已经说不出话来，变成了一个哑巴。在瑞典牧师韩山文的《太平天国起义记》中说，杨秀清两月不能言语，会众均觉奇异，以为是不祥之兆。

又一日醒来，久不开口的杨秀清像是突然得到神灵的某种谕示，不但开口说话，而且语出惊人。他满脸的肃然之色：众小子听着，我乃天父是也！今日下凡，降托杨秀清来传圣旨。他翻来覆去地说，自己是被天父上帝附身，要“代世人赎病”，教导大家。

杨秀清的“天父”言论一下子震慑了信众们的内心，让他们切实感受到天父无所不在，又无所不能的灵异。原来在遥远的神仙世界里，上帝并不是一个虚幻的存在，而是实实在在地环绕于身边的。

杨秀清的灵感来自两方面，一是洪秀全利用一场子虚乌有的梦境树立威信，二是他从冯云山处听来的“基督降世替人赎罪，代世人受苦难的教义”。在封闭的山区，杨秀清所表现出来的莫名其妙的舍身为人的精神，很容易打动那些贫穷且朴实的山民。

杨秀清利用广西客家人流传的“降僮”术，迅速确立了自己的地位。他本是客家人，原籍广东嘉应州（今梅县），出生于广西桂平县鹏隘山，一个叫东旺村的小村子。太平天国的“东王”来自东旺村，纯属巧合，而更为巧合的是这座村子原本就叫作“东王村”。父母早亡，他是由伯父杨庆善抚养成人的。太平天国官书说《天情道理书》：“至贫莫如东王，至苦莫若东王，生长深山之中，五岁失怙，九岁失恃，伶仃孤苦……”

他和伯父一家是这块土地上的赤贫阶层，他们来到这里，是因为他们没有土地，只得靠山吃山，以烧炭勉强糊口。后来已贵为“东王”的杨秀清也坦承自己早年生活“至贫至苦”，而且大字不识一个。当地人说他虽然穷困潦倒，却喜欢结交朋友，烧炭挣的一点钱都用来买酒，本人却几乎滴酒不沾。他喜欢看来来往往的江湖朋友在自己的草棚里把酒言欢，高谈阔论，他在一旁安静地听着也是一种满足。

冯云山在紫荆山传教时，他所传达出来的“人人都是上帝所养所生、大家都是兄弟姐妹”的平等思想，显然打动了杨秀清的心。他也随众人入会，但一直是个普通信徒。而他在紫荆山的种山者、烧炭党和江湖人物中的地位，主要得益于他身上所表现出的江湖气息。他和他的那些朋友都是主流视野之外的人，是介于游民与平民之间的群体。

紫荆山的神秘气氛随着其他的圣人来访、异梦和预兆等事件的接连发生，变得愈加浓厚。有时人记载，拜上帝会教徒跪拜在通风的教堂里祷告，不时有人突然扑倒在地，通身大汗，有如神灵附体，在此迷离状态中讲出劝解、责备、预言之类的话语。他们所描述的情形与洪秀全的梦境如出一辙，见一老者，身穿黑色龙袍，头戴高沿帽，蓄金须。

就在洪秀全赶赴广州积极营救冯云山时，冯云山出狱了。他在监狱里待了半年，出狱是靠拜上帝信众中懂得一些官场规则的人买通了官府、钱则是杨秀清、萧朝贵等人发动平在山的会众募集到的。

金钱所到之处，自然是大事化小、小事化无，冯云山又恢复了自由之身。他回到紫荆山逢人便说：“县官将我捉去关了起来，也能回来，这是上帝保佑之功，大家只要信仰上帝，一切灾难都可免除。”此时的洪秀全已经听到杨秀清被天父附身的传言，他承认这确是皇上帝传旨。

此后，杨秀清不仅没有收手的意愿，反而变本加厉，他像是突然找到了洪秀全的命门。于是，不止一次地上演代天父传言的戏码，要信徒们遵守天父之命，坚定不移地信仰拜上帝，坚定不移地追随天父托梦的洪秀全。

3. 咸丰登基与帝王师依赖症

道光帝死于圆明园慎德堂，这一天是公元 1850 年 2 月 25 日。这位资质平庸的帝王对自己一生功过有着清醒的认识，他的遗嘱用词极为内敛，充满了浓重的悲凉情绪。清朝祖宗有规定，丢失国土的皇帝死后不得建神功碑，因此，他的墓陵也是清代帝陵中规模最小的一个。

道光帝旻宁去了，咸丰帝奕詝来了。在万方多难的时局下，这对父子皇帝的接力游戏像是一种无奈。年轻的帝王在簇拥中坐上了太和殿的御座，接受百官朝贺。作为一个即将掌管 4 亿人口的大国君主，还差 4 个月才满 19 岁的奕詝，显然太过年轻。相对于 5 岁登基的顺治帝、7 岁登基的康熙帝，他的年龄又不算是太小。继位年龄与他最为接近的是 24 岁的乾隆帝，但今时不同往日，乾隆帝弘历接手的是雍正帝留下的丰厚的政治遗产，而他自身又极具君王气度与才华。

年轻的爱新觉罗・奕詝坐在宽大的御座里，内心既有激荡不已的热情，也有难以消解的惶惑与不安。他从那个资质平常、缺乏想象力的道光帝手里接过的不过是一个王朝的烂摊子。在世界资本主义炮舰东来的大变局面前，道光帝并没有给他的儿孙辈们做出一个好的榜样。中国社会已经慢慢脱离了惯常的轨道，而身为统治者还在幻想着用祖宗的成法，让祖宗的基业在自己手里再度辉煌。

道光帝并不是昏庸之君，只是限于短浅的视野，无法准确地把准这个王朝纷乱的脉象。虽然他还做不到从制度入手，改革旧制，但是他一直在积极尝试着“从病理上细心喂药，追求调理温补疗效”。他曾发自肺腑地对一个即将赴任的大员说：“汝此去，诸事整顿，我亦说不了许多，譬如人家一所大房子，年深月久，不是东边倒塌，即是西边剥落，住房人随时粘补修理，自然一律整齐，若任听破坏，必至要动大工。”

年轻的奕詝从道光帝手中接过一个烂摊子，也接过至高无上的皇权。

中国传统政治的一个重要表征，无非是“一朝天子一朝臣”。道光年间最为得宠的官员莫过于穆彰阿，此人长居首辅之位。由于多次充任考官，且长期结交京内外官员，又加上特别喜欢拉拢年轻有才的下级官员，形成了一个庞大的势力集团，时人谓之“穆党”。

咸丰帝登基后，太子太傅、大学士杜受田几乎是随侍左右。早在1836年（道光十六年）10月，道光帝命两个儿子入学读书，杜受田充当四阿哥奕詝的师父，穆彰阿是上书房总师父，论名分也是弈詝的老师。可是咸丰帝并不这么认为，他只认杜受田为自己的授业恩师。

道光帝死于圆明园慎德堂的当日，按照清代制度，新皇帝奕詝应于下午护送大行皇帝的遗体至紫禁城乾清宫停放，而这位新皇所做出的第一个决定是：以上书房为倚庐，席地寝苫。

这道谕旨显然饱含着别样的用意，“倚庐”是父母大丧时所住的房子。紫禁城里有上万间房子，奕詝没有选择其他地方，而是选择了上书房。他显然不是为了房子，而是为了便于向杜受田讨教。因为杜受田的身份是“入值上书房”，而不是其他别的地方。奕詝若是选择别处为倚庐，召见杜受田则需要御前大臣带领，不仅手续复杂，而且显得堂而皇之，过于招摇。以上书房为倚庐，师生相见也就少了不必要的烦琐。

与穆彰阿相比，杜受田缺乏从政的实际经验，没有做过地方官，也没有处理过具体政务，就是在京官生涯中也只是做过户部、礼部、工部的堂官，而未在实际操作层面的司官一级工作过，且主要精力又放在教育时为皇子的奕詝上。或许是受杜受田儒家学说的影响，咸丰帝最欣赏的是各地官员按照儒家学说、祖宗制度提出的解决办法。

这个安守本分的山东人，这个被儒家传统浸泡得已经熟透的孔孟之乡的山东人，他的思想开化程度比不上广东人和福建人，顺应时势的才干也比不上湖南人。咸丰初年的这艘大船仍然航行在这条幽幽暗暗的旧航道上，朝堂内外大小臣工都在盯着这一对师生，想看一看他们能配置出怎样的救世良方，能不能药到病除。这个来自齐鲁大地的本分之人，并没有跳出儒家学说和祖宗制度，而他开出的救世良方，不过是求言求贤的老方子。

按照杜受田开出的药方，咸丰帝奕詝在登基后的第十一天，便由内阁明发上谕：凡九卿科道，有奏事之责者，于用人行政一切事务，皆得据实直陈，封章密奏，俾庶务不致失理，而民隐得以上闻。

咸丰帝希望所有具有奏事权的官员都能发表意见，尤其点明“九卿科道”，他似乎要特别听听下级官员的意见。紧接着，奕詝再次由内阁明诏求言求贤，命令各省总督、巡抚在其下属官员中保举“才德兼优、诚心任事”的能人。

二十日后，当他看到一份奉旨奏事的折子摆在御案之上时，龙心大悦。于是，他再度下旨：著再饬谕在京部院大臣，各举所知，果有品学纯正、才德出众之员，无论京外家居，准其保奏……督、抚、提、镇、学政于政事有关得失者，著据实胪陈。备朕采择。其藩、臬两司，亦许各抒所见，密封交本省督、抚，代为呈奏。

这一谕旨将人才举荐的范围扩大到不在职的官员，历来不得直接奏事的布政使、按察使，这时候也获得向皇帝直接进言的机会。咸丰帝并不是一个毫无主见的傀儡君主，上书房中受杜受田十四年影响不可谓不深。这一段君臣相处的美好时光，咸丰帝后来深情地回忆道：“朕即位后，（杜受田）周谘时政利弊，民生疾苦，亦能尽心献替，启沃良多。每召见时，于用人行政、国计民生，造膝敷陈，深资匡弼。”当拜谒道光帝陵寝时，咸丰帝曾下旨命杜受田“留京办事”，很有替天子看家的味道。

1852年（咸丰二年），黄河在丰县破坝决口，水漫山东、江苏，帝国漕运也被迫阻断。咸丰几番思量后，在奏本上留下一道朱批，派恩师杜受田亲自去处理。这个决定对于咸丰帝而言，是理所当然的；而这个决定对于杜受田来说，则是一个让他极其难受的决定。这个庞大的王朝，这个千疮百孔的烂摊子，都压在他书生的双肩上，而他又偏偏不是一个愿意拆烂污的人，他太累了。

这一年的盛夏酷暑，心力交瘁的帝王师还是死于河工。对于咸丰帝而言，杜受田的撒手而去，让他刚刚步入正途的帝王生涯蒙上了一层迷雾。当杜受田在赈灾路上突然去世的消息传至京城，咸丰帝悲痛难抑，他用饱蘸深情的笔墨写下一段只有当事人才能真正理解的话语："忆昔在书斋，日承清诲，铭切五中。自前岁春，懔承大宝，方冀赞襄帷幄，谠论常闻。讵料永无晤对之期，十七年情怀付与逝水。呜呼！卿之不幸，实朕之不幸也！"

从《实录》中看，咸丰皇帝是一个极为勤勉的君王，每天要下达许多谕旨，其中不少是他亲笔写的朱批、朱谕。当然，清朝皇帝的勤勉也是制度造成的，废除丞相制的明、清两朝都是皇帝亲理政务，明代有内阁，而清朝有军机处。不同的是，明朝是由内阁先审阅各衙门的奏折，再交皇帝御览。若是碰上昏庸之君，连看都懒得看，直接交由司礼、秉笔太监代劳。而到了清朝，尤其是到了劳模皇帝雍正帝的手里，常常是皇帝亲拆奏折，批阅后下发军机处，由军机处根据皇帝的朱批或面谕拟旨，然后再由皇帝批准后下发。

这个工作量不可谓不惊人，甚至超出平常人的极限。我们可以想象，一个皇帝从他早晨睁开眼，除了要完成一道道程序严谨而复杂的宫殿礼节，包括作为自然人要完成的吃喝拉撒睡，每天还要审阅几万字的奏折，然后再经过认真思考，拿出切实可行的对策，还要召对京城内外各衙门的官员。

1850 年 12 月 1 日，登上皇位才八个月的咸丰帝悍然出手，打破了几个月来的沉闷。这一日，天色微明时分，年轻的皇帝已起床。他步出养心殿的庭院，沿着纹路分明的青石，到御花园散步。按照往日的习惯，他会赶往寿康宫向皇太贵妃（养母博尔济锦氏）请安。而今天他却踱到养心殿西暖阁那间著名的三希堂，在暖榻上坐了一会儿，直到从窗棂外透来的晨光让每一处阴暗的角落清晰起来。咸丰帝突然长身而起，像是做出了一个艰难的决定，他让身边的内侍太监急召太子太傅、大学士杜受田进宫。

也就在这一天，一道朱谕《罪穆彰阿、耆英诏》传出宫门。内容是革去道光帝时期备受恩宠的文华殿大学士、首席军机大臣穆彰阿的职务，同时将文渊阁大学士耆英降为五品顶戴，以六品员外郎候补。这份诏书非比寻常，它所产生的影响不亚于一次宫廷政变。紫禁城的政治空气随之降至冰点，而京城各大衙门也陷入沉默凝重的气氛之中。

也就在不久前，尚未满 20 岁的新帝下诏举荐人才，耆英还自我良好地上了一道奏折，其中大谈君子与小人之辨，更是发表了“用违其才，虽君子亦恐误事。用得其当，虽小人亦能济事”的言论，俨然以帝王师自居。

咸丰帝的谕旨洋洋洒洒下笔千言，一吐胸中块垒：“今年耆英于召对时，数言及英夷如何可畏，如何必应事周旋。欺朕不知其奸，欲常保禄位，是其丧尽天良，愈辩愈彰，直同狂吠，尤不足惜。穆彰阿暗而难知，耆英显而易著，然遗害国家，厥罪维均。若不立申国法，何以肃纲纪而正人心？”

这道谕旨犹如一道闪电掠过帝国的天空，引得惊雷滚滚而来，京城内外大小臣工私底下无不拍手称快。咸丰帝说出了他们内心隐忍多年的想法，新皇的表现让他们眼前为之一亮，仿佛让他们看到了王朝复兴的希望。

咸丰皇帝在外交事务上一改道光时代的软弱之风，呈现出不同于以往的强硬姿态。他早就不满穆彰阿和耆英在对外事务上的“应事周旋”，而不使用强硬手段。与此同时，他着令地方衙门查明林则徐“能否来京候简”，为尔后起用林则徐作张本；起用在鸦片战争主持台湾抗战后被降职的姚莹办理两淮盐务；批准军机大臣陈孚恩、大学士潘世恩退休，并将闽浙总督刘韵珂病免，将福建巡抚徐继畲解职召京；后又革去陕甘总督琦善的职务。

在此期间，咸丰帝在部院大臣的安排上也做了一些调整。从他登基后的一系列人事调整来看，他所重用的是这些对外持强硬态度的官员，罢黜的是那些对外持和议的人士。咸丰如此做法，究其原因，是在他登基未久，英国军舰驶入天津大沽，送交英国首相兼外交大臣巴麦尊致穆彰阿、耆英的一封信引起的。虽然后来证实这不过是一场虚惊，但对于年轻好强的皇帝而言，显然是无法接受的。鸦片战争这场“千年奇变”所带来的那种屈辱感受，一直存在于他的心中，难以消解。

咸丰皇帝决心再次起用林则徐。当他的谕旨落下“钦此”二字时，遥远的福州城，林则徐正饱受病痛的折磨。这个六十六岁的老人并没有躺在故乡的安乐窝里回忆自己并不平静的一生，那场让他饱受质疑的战争已过去十年，从遣戍新疆伊犁，到重新起用后驻节于多事的陕甘、云贵，衰惫之躯已越来越让他有昏然老去之感。

1850年10月，新皇谕旨抵达福州，林则徐是在病榻之上接下的这道谕旨。这个在正统史家眼里，近乎神话般完美的人物在儿子的辅助下完成了接受谕旨的全套礼仪。咸丰帝起用他的理由是，广西地界天地会和拜上帝教两股造反势力如沸水翻腾，派他前往这一地区平复。林则徐不顾病体难支，带着三儿林聪彝和幕客刘存仁等，就匆匆忙忙地上路了。或许在那一刻，他的内心正默念着他的那句著名诗句“苟利国家生死以，岂因祸福趋避之”，虽然精神略有振奋，但更多的是垂暮之年的苍凉之感。

行至漳州地界，林则徐的旧疾复发，疝气下坠。至广东潮州，泄吐不止。

就在咸丰帝昼夜不舍地搭建自己的权力构架时，又一道惊雷炸响在紫禁城的上空，林则徐病逝于广东普宁县。据说林则徐在临终之际，一声声喊着“星斗南”，迟迟不肯闭上眼睛。广东硝烟的思虑操劳、开封河工的冲锋在前、万里流遣的郁闷与缺医少药，都使他伤损过甚。

在生命的最后时刻，他口授遗折，奏曰：“自料万无生机，伏枕望阙碰头，悲号欲绝……未效一矢之劳，实切九原之憾。”这个尝试从铁屋里探出头，开眼看世界的官僚，也只能将个人的遗憾与隐痛留待后人解读。

有一种说法认为，林则徐死于广州十三行所收买的厨师下毒，但并无实据可考。林则徐就这样走完了自己跌宕起伏的一生，也终结了一个属于他的时代。

登基不久的咸丰帝要的是堂而皇之的胜利，而不是那种在暗地里使诈占得的小便宜。他对在夷务问题上暗地里使诈的官员越来越苛责，一次次地催促他们在对外事务中要采取断然措施，不可拖泥带水。而当时的儒家士子们，也希望在外交事务中能够看到电光石火般的直接对抗，对于表面上向洋人露出谄媚之色的官员十分反感，对于他们暗地里使诈所采取的“制夷手法”也并不了解。

那些习惯于纸上谈兵的士大夫，不相信堂堂天朝上国会败在区区岛夷的手里。在他们看来，战争的失败在于林则徐等人的抵抗主张没有得以实现，在于耆英、琦善这帮奸佞之臣的不抵抗，而穆彰阿又蒙蔽了道光帝。

中国传统史学中有一套相对固定的逻辑：乱世之所以乱，是由于奸臣当道，一旦时逢圣主，扫除奸佞，起用忠良，那么纷乱之世便会走向清宁，走向中兴。而这一套逻辑在咸丰帝的心里也是根深蒂固，他决心身体力行，做一个有为之君。穆彰阿罢斥了，耆英降革了，道光朝的病灶被根除了。

面对一个比自己强大许多倍的国家，尤其是面对它们咄咄逼人的进犯之势，应当采取何种策略？这里既有思想角度需要把握，也有政治角度需要认知。前者讲究的是正义性，而后者强调的是可行性。主战虽是图一时之爽利，但给国运民生带来的后果不堪设想。那些像耆英一样所谓的投降派，他们的错误不在于主和，而在于苟合，这一时期的日本也败，但却利用失败换来和平局面，换来一场明治维新，使自己的国家强大起来。

年轻的皇帝长于深宫，平日里读的又是圣贤书，他又如何能够找到一条正确的制“夷”路径？内外臣工们也多是抱着看热闹的心态，他们不是要求强硬以对，就是要求妥协以生，谁也无法说清“夷”为何物，谁又能凭空想出一套解决问题的办法？

那些主张对外强硬的官员，他们大多远离战区，没与西方人打过交道。奏折制度的机密和各地奏报中的文过饰非，让他们无从了解实情真相。诚如茅海建先生所说：“他们的判断也不是一句敌我力量之对比，而是为了恪守传统的‘夷’夏之道，顺昌逆亡。他们相信义理的力量不可战胜，认识战胜逆夷的手段不在于器物，而在于人心。”

4. 金田举兵与天国的脐带

19 世纪 50 年代初，广西山区就像是被人用竹竿捅了的马蜂窝，到处是造反闹事的人群。从咸丰帝登基那一刻起，关于广西地方不靖的奏折如雪片般飞入京城，新皇帝满耳朵灌的全是地方官吏奏报上来的盗匪之事。天地会山头林立，散发着无所不能的号召力，小规模的抗官之事纷乱不已。帝国的权力中枢虽然不是聋人的耳朵，但好像在有意识地做着趋利避害的选择。不是不了解，而是不想了解，不愿去了解。

1850年2月26日，即道光帝驾崩次日，咸丰帝接到属于他的第一道公文，是广西巡抚郑祖琛关于李沅发起义军入广西的奏报。

造反是专制社会的非常之事，人的忍耐毕竟是有限度的，“活下去”是一个人在最低人生目标内的处世之法。那些走上造反道路的平民并不是出于一个英雄对于未知前途的幻想,更多是缘于一个底层小人物的求生欲望,为生活所迫。

李沅发是湖南新宁县水头村的农民，因地方富绅盘剥遭水灾的贫民，他与“活不下去”的同伙杀富济贫。事发后，同伙被官府拿获，他便带着人杀入县城劫大狱，由此举旗造反。人性中有着趋利避害的一面，造反者的中坚力量大部分都是漂泊于世道上的社会游民。作为将生存放在第一位的游民来说，他们生来并没有高远的政治理想，很多时候，看重的只是眼前的现实利益。李沅发起义军由湖南入广西进贵州，部众最多时也就只有四五千人，但已搅得西南很不太平。

这样一场规模不大的造反，却让身处紫禁城的年轻皇帝惊惶不安。湖广总督亲自赶到长沙坐镇指挥，湘、桂、黔三巡抚亲自操办，动用了四省的军队，仅广西便花去白银24.7万两。“匪首”李沅发四个月后才被抓获，并被解往京城，在北京菜市口被刽子手用最残忍的凌迟刑法处死。

为了给予那些懒政怠政的地方官员以充分的警示，咸丰帝将湖南巡抚、湖南提督、永州镇总兵等地方大员全部革职，遣戍新疆，为此受处分的官员达数十人之多。

登基不足一年的奕詝对自己的表现感到满意，也同时感到一丝轻松。在心里，他甚至将自己这一年来所做之事与他的前辈们做比较，他觉得自己并没有辱没祖先。当他在养心殿里看到广西巡抚郑祖琛以六百里加急送来抓住“匪首”的奏报时，他哪里会想到，一场更大的风暴已经降临于广西。

拜上帝信徒正逐渐发展成为金田村、大湟江一带的群盗之尤，但是清国的君臣们还在一口咬定天地会才是最大的造反派。而这一年又恰好赶上灾荒，贫民暴动接连而起。冯云山传教被捕，给出的罪名是造反。造反是专制社会的“十恶”之首，不仅参与者本人将被处以极刑，其家人也将受到牵连。

上帝会在当时并没有引起清廷的足够重视，因为它不如天地会组织的活动那么激烈，具有破坏性。在此之前，上帝会只引起部分地方乡绅的注意，还没有掀起疾风暴雨似的掠夺与骚动。而此时，天地会已做尽掠夺、绑架人质、卷走县官的贿赂、造成县官自杀等事。

上帝会所做的，无非是毁掉寺庙的偶像，焚烧孔子的牌位，在墙壁上涂写批判孔子、老子和释迦的诗文。烧毁神格化的孔子像，惹得地方上的士绅阶级暴怒不已。逮捕冯云山，就是愤怒的士绅向官府施加压力所致。

咸丰帝登基不足一个月，萧朝贵就借着天兄下凡，传达天意。洪秀全回到紫荆山后几天，萧朝贵也突然发了一场疯病，说自己有天兄耶稣附身。

他称洪秀全是上帝次子下凡，是“日头”下凡，而他和杨秀清等人则是亮度不一的“星宿下凡”。在此之前，上帝会中下凡讲话的“星宿”很多，杨秀清和萧朝贵只是他们中的两人而已。萧朝贵的“天兄下凡”，时间是九月初九，阳历 10 月 5 日，后来太平天国将这一天称为“哥降节”。或许是演技不够，萧朝贵的“天兄附体”不如杨秀清的“天父下凡”来得动人心魄。

太平天国在《天兄圣旨》中记录了萧朝贵身的天兄与洪秀全身的天王之间展开的一段神与人关于最高领导人事安排的对话：

天王曰：天兄，太平时军师是谁乎？

天兄曰：冯云山、杨秀清、萧朝贵俱是军师也。洪秀全胞弟，日头是尔，月亮是尔妻子。冯云山有三个星出身，杨秀清亦有三个星，萧朝贵有两个星。杨秀清、萧朝贵他二人是双凤朝阳也。即番郭（国）亦有一个军师。

一个是天父，一个是天兄，杨秀清与萧朝贵本就是关系密切的朋友。他们的神级表演自然引起了洪秀全的关注，并且他很快意识到，此二人所为不同于普通的“神棍”表演。因为他们在信众中的影响力最大，追随者也是最多的，他们代表了一股不容忽视的民间势力。

洪秀全想要借助这样一股势力，夯实并拔高自己在“神界”的地位。萧朝贵是一个非常聪明的人，他和杨秀清都是冯云山引领出来的烧炭工，因而在刚开始时是无法超越冯云山的。他希望能够借着天兄附体，让洪秀全主动将冯云山的位置后移。天兄附体的萧朝贵一再重申，洪秀全是第一领导人，其位置无可撼动。这样的话在洪秀全听来，自然十分受用。

萧朝贵是天兄附体的传言，也是对杨秀清天父传言的补充。他号召会众要紧跟杨秀清，杨秀清听了这样的话，心理得到了极大的满足。他甚至还开导洪秀全，让他认清现实、看清方向，并对洪秀全的权与责做了限制与规定。

萧朝贵既将洪秀全捧上“日头”的位置，又将杨秀清送上天父的位置。当初杨秀清说自己是天父附体，又何尝不是对洪秀全天王传言的补充。这是一条相互依存和相互制约的权力链。天父天兄用“神话”证明洪秀全是天父亲子、天兄亲弟，是人间君王，而“天王”则以自己天父儿子、天兄弟弟和“上过高天”的资格，证明杨、萧二人所说之言，“跟爷哥一般无二”。

在太平天国印书《天兄圣旨》里，记载了萧朝贵在三年多的时间里有一百二十余次扮耶稣下凡事。他这个“耶稣”对拜上帝会特别关注，最频繁时一日几次下凡，给予指示。

于是，信众们口中的“洪先生”就这样摇身一变成为“太平大道君王全”。很多时候，这种真假莫辨的“神术”表演，往往比《劝世良言》那样的小册子来得更为直观，也更能摇撼民众的精神世界。

三方形成的利益交换关系，让他们彼此互证，又相互成全。排名第二的冯云山也只能降至第四位，最初响应拜上帝会号召的曾家、王家也慢慢被边缘化，几个学着装疯卖傻的“伪天父”则被清理出局。杨秀清和萧朝贵则相继在这种互动性表演中，得到“天父第三子”和“天父的女婿”的尊号。

来自西方世界的基督教，通过洪秀全的解读，已与儒学传统和中国民间宗教完成了对接，通过杨秀清、萧朝贵等烧炭工和低层民众的再次解读，又与民间社会的巫术相连。陌生的西方宗教就这样成了中国人自家园地里长出来的东西，更让人易于接受。

虽然有西方人认定，拜上帝会供奉的只是一尊不伦不类的野菩萨，但洪秀全等人则坚持认为，上帝与他们独亲，他们的基督教知识已超过了西方，甚至向西方发出诘难："尔各国拜上帝咁久，有人识得上帝腹几大否？尔各国拜上帝，拜耶稣咁久，有人识得耶稣原配是我们天嫂否？尔各国拜上帝，拜拜耶稣咁久，有人识得天上有几重天否？"

在天父、天兄纷纷落入凡间的这段时间里，拜上帝会颇不宁静。那些意有所图的会众并不甘心只是做一个看客，他们纷纷效仿。生为现实世界的赤贫者，能够在神权世界里为自己争得一席之位，也是值得狂欢的。于是，光天化日之下经常会有神仙附体代星宿传话的荒诞剧上演。

各路神仙轮番附体，好不热闹。众口难调，众说纷纭，我是谁？谁又是我？上帝家族成员冒出来得越多，灌耳之音越嘈杂，天王的话语权也就越受到质疑与掣肘。

杨秀清和萧朝贵的能量似乎被冯云山所低估了，冯云山和后来赶到的洪秀全，当时主要依靠的是自家亲戚，包括洪秀全的表哥赐谷王家，冯云山的表哥卢六等，其次则是和他们有更多共同语言的客家士绅、下层读书人，包括桂平曾家、藤县陈家等。杨秀清入会虽不算晚，但早期冯、洪发动的一系列活动，像砸烂各个地方神庙、捣毁地方偶像之类，他似乎并没有参加，即使参加了也只是不起眼的小角色。

这年夏天冯云山就已经获释，但他和洪秀全相继回了一趟广东。上帝会的混乱局面并没有得到收拾——或许他们也不知该怎么收拾，对这么多冒出来的神仙，承认谁不承认谁，或干脆谁都不承认，都很难轻易做出选择，因为每路神仙的背后，都代表着一股不可忽视的政治势力。

洪秀全也深知萧朝贵等人在弄虚作假，但是作为这场闹剧的既得利益者，他也只能默许这一切。他甚至联手天父附体的杨秀清和天兄附体的萧朝贵合力阻止其他代言人的出现。洪秀全曾禀告降凡的天兄（萧朝贵）："天兄，尔是天父封尔为天下万郭救世主，又是小弟同胞大哥，要转奏天父老亲爷爷，不准各星宿讲话，总要把稳大权也。”天兄心领神会，说：“尔宽心，他们总会飞，都走不得朕子爷手段过也。”

“朕子爷”与各星宿在天上如何斗法，谁也不知道，但他们的代言人在人间的权力斗争却被一一记录下来。有一个叫李来得的拜上帝会兄弟借着妖宿附体时胡言乱语，被天兄附体的萧朝贵招来亲讯，重责了李来得一百大板，并警告他：“自今不准尔再讲，若敢仍讲，定过云中雪也。”李来得说：“自今不敢乱讲矣。”“云中雪”是暗语，意为“杀头”。

萧朝贵这么做是在警示那些有痴念妄想的会众：只有他与天父杨秀清的传言才是上天的旨意，其他的任何显灵行为都是妖魔附体，借神仙附体说出的话都是惑众的妖言，都逃不过天父、天兄的洞察与严惩。

萧朝贵甚至还借着天兄传言，将冯云山狠狠地批评了一顿，说他能力不够“指甲些事，都要朕下来吩咐”，而这一幕居然得到了洪秀全的默认和许可。在洪秀全的内心有一套利益的计算法则，冯云山在广西紫荆山区拜上帝教信众中的影响力，并不低于他，甚至超过了他。扶植杨、萧二人，能够起到压制冯云山的效果。洪秀全是来自乡土社会中的知识分子，他的眼界和心胸并不开阔。他认定不通文墨的杨、萧要比才学过人的冯云山容易掌控。于是，杨、萧二人借着天父、天兄之名，顺其自然地超越了冯云山的地位。

广西地方骚乱不息的局面终于让紫禁城的新皇帝坐不住了，在那些雪片般飞来的奏折里，年轻的皇帝突然意识到问题的严重性。而此时，帝国上空的云层也正悄然酝酿着一场暴风雪。咸丰帝本打算借着平息骚乱而重新起用林则徐，他在谕旨中对这位名臣寄予了厚望，希望他能“荡平群丑”。

在此之前咸丰帝已两次下旨召林则徐进京，他都不为所动，以病相辞，而这一次，忠烈臣子的责任感促使着他不顾病体，居然选择上路了，一条不归路。

当林则徐在广东普宁去世的消息传来，咸丰帝内心的沮丧可想而知。紧接着，他改派两江总督李星沅为钦差大臣，前漕运总督周天爵署理广西巡抚。

前者行事缜密，为政手段偏软；而后者作风强硬，为政不免暴烈。咸丰帝同时将二人派往广西，也是希望他们能够刚柔并济，各取所长。

李星沅于 1851 年 1 月 3 日赶到广西桂林，凭借着多年经验和眼力，他很快就从当地数十股叛乱者中，筛选出桂平金田村的一支。他在奏疏中进言："浔州府桂平县之金田村贼首韦正、洪秀全等私结尚帝会，擅贴伪号、伪示，招集游匪万余，肆行不法……实为群盗之尤，必先厚集兵力，乃克一鼓作气，聚而歼之。"

李星沅的这封奏折于 1851 年 2 月 5 日（阴历正月初五）送入紫禁城，而此时，这座古老的宫殿之城还沉浸于新年带来的祥和与温暖之中。这一天，换上一身崭新衮衣的咸丰帝突然来了雅兴，他将自己在上书房的旧作，交给老师杜受田编辑整理结集。当李星沅的奏疏递上来的时候，他未做思虑，便在旁边加了一句话，"朕亦不为遥制"。

洪秀全，这个陌生的名字并没有引起咸丰帝的过多关注。

其实早在一年前（1850 年）正月初四，萧朝贵在平在山当面表彰了一个叫胡以晃的人，说他"为天父天兄事"变卖田产之举，同时叮嘱他"此事要秘密"，这表明起义已进入具体筹划阶段。也就是在这一期间，萧朝贵在秘密召见络绎而至的各地骨干信徒，进行思想摸底和动员工作。他意味深长地嘱咐众人说："众小弟，要一心向紧秀全，扶起秀全也。"据《天兄圣旨》记载，庚戌年（1850 年）二月二十三日，天兄问曰："秀全，尔穿起黄袍吗？"洪秀全对曰："然也。"天兄曰："要避吉，不可命外小将，根机不可被人识透也。"

洪秀全穿起黄袍的那一瞬间，有一种恍如隔世之感。虽然这不是君王的登基仪式，但却表明他是真正的天王。洪秀全这么做除了确认身份，更是向拜上帝教的信徒们传达了一个信号，那就是起义之日已近在咫尺。与此同时，洪秀全派人赴广东将自己的家眷也全部接了过来。

1850 年 7 月，洪秀全在花洲山人村向各地拜上帝信徒发出密令，让他们速速前来金田村团营。所谓"团营"，也就是团集会众编立营伍。而最早来到金田村的就是奏疏中所提到的"韦正"，他带来了一千多人，并将自己的名字改为韦昌辉。韦昌辉不仅带来了一支队伍，还带来巨额的资金。他不仅提供训练场地和受训者的伙食费，连材料、燃料及其他费用都一并负担。

杨秀清、萧朝贵领导的紫荆山区平在山的烧炭工人有三千多人。

石达开率领的贵县客家，有四千余人。

秦日纲的贵县龙山矿工有一千余人。

此外，还有赖九（赖文举）率领的拜上帝教信徒一千余人；

黄文金率领的拜上帝教信徒两千余人。

这些来自四面八方的拜上帝会信徒，其中有些人后来成长为太平天国的虎将，如林凤祥、黄文金、赖九（赖文举）等。1851 年 1 月 11 日（农历十二月初十），在参加起义的男女老幼约 2 万人的欢呼声中，洪秀全迎来了自己的 38 岁生日。也同样是在这一天，洪秀全正式宣誓起义，定明年为太平天国元年。

而此时，对这一切毫不知情的咸丰帝并没有将他的国度视为一个太平的天下。他就算不知道洪秀全，但是那雪片似的奏疏也让他不得清宁。作为一个君王，他要始终保持一颗戒备之心，要对那些造反者显示出锋刃般的凛冽和无情。

1850 年 10 月 12 日　调湖南兵两千名进入广西；

1850 年 10 月 22 日　批准新任广西提督向荣率亲兵六百名进入广西；

1850 年 10 月 28 日　调贵州兵两千名进入广西；

1850 年 10 月 31 日　调云南兵两千名进入广西；

1851 年 2 月 5 日　调贵州兵一千名进入广西；

1851 年 4 月 6 日　调贵州、云南、湖南、安徽兵各一千名进入广西；

1851 年 4 月 25 日　调四川兵一千名进入广西；

1851 年 5 月 6 日　调贵州兵一千名进入广西。

为了荡平广西的匪患，咸丰帝一改其父道光帝抠门的行事做派，先后八次调兵 13600 名。由于路程远近不一等因素，援军赶到战场还需要一段时日。作为紫禁城的新主人，咸丰帝并不怕打仗，也不怕打仗花钱。对于军费的拨出，他与他那个抠门的老子道光帝背道而驰，出手阔绰。自 1850 年 10 月 12 日由湖南拨银十万两、户部再拨银二十万两开始，至 1851 年 4 月 26 日，已放银超过一百六十万两。咸丰帝不等地方官员发出请求，就拿出皇室的私房钱，从内务府拨银一百万两转输广西，以保证军需充足。

在咸丰帝看来，将如此多的兵将和银两投放于广西，就算不能扫荡全境，遏制其蔓延之势应该不成问题。可是让他万万想不到的是，贼寇会越杀越多，山匪会越剿越多，局面会越变越糟。身为钦差大臣的李星沅偏于柔性，根本入不得周天爵的法眼，而刚刚走马上任的广西提督向荣自恃镇压天地会有功，也未将长于纸上谈兵的两位文官上司放在眼里。这种不稳定的三角关系，让广西的政治架构始终处于一种摇晃的状态。

咸丰帝不敢冒这个险，他决意再派出一个强势人物，文华殿大学士、军机大臣、管理户部事务赛尚阿。咸丰帝很是看重赛尚阿，临行前还特地举行了一个仪式，授其遏必隆神锋必胜刀，许以军前便宜行事，将弁违命退缩可用此刀斩之。见此刀，如见君王。

君王的器重让赛尚阿倍感压力，他在离京前，与同僚辞别，竟然落下了动情的眼泪，是为自己未卜的命运，还是为帝国的多事之秋？恐怕也只有当事人能够说清楚。肩负着王命的赛尚阿抵达广西省城桂林时，前任钦差大臣李星沅却在郁郁寡欢中黯然离世。

还没来得及放下行囊的赛尚阿，就接到了咸丰帝的圣谕：“迅扫妖氛！”与此同时，洪秀全等人似乎也听说了赛尚阿的到来。或许是已经预感到，萧朝贵于是借着天兄附体，大战妖魔三场，宣布了天意，那姓尚的大妖头被杀绝了，其首级和心胆皆取了。天兄旨意即刻遍传于全军。

5. 永安建制的福音与祸根

北京的秋天非常清爽，太平军占领永安城的闰八月初一，正值阳历 9 月 25 日。明晃晃的日光看着热闹，实际上已经大大消减了盛夏时节的威力。大多数时候，京城的空气里甚至还飘溢着令人愉悦的气氛。永安失陷的消息虽然还没有上达天听，但是朝廷内部却并不轻松。那些身居要位者甚至已经感受到山雨欲来的威胁。

京城里的消息灵通人士也已知道，在遥远的南方，有一群不安分的基督教徒发起了造反运动。对他们而言，那是遥不可及的世界里所发生的事。而京城的茶馆里，人们更关心的是发生在安徽的“捻匪”之乱，因为在地域上，安徽比广西更靠近北京。

官府将这样一股造反者称为“匪”，而造反者则将自己称为“捻军”或“捻党”。捻是扭的意思，也就是将纸捻儿拧扭得更加牢固，而在这里则是“结党”之意。和太平军不同，“捻军”与宗教无关，和贩售私盐的组织有关，与天地会的性质较为相近。

洪秀全的军队攻占广西永安州，这是自金田起兵以来攻占的第一座州城。自金田团营，太平军并不安于固守一处，他们像鱼一样游弋于村村镇镇。这使他们不同于活跃于广西的另一支队伍——天地会，天地会往往稍有几百几千人马，就向州县发起进攻，只图眼前杀得兴起。

虽然太平军只是在以紫荆山为核心的东西南北画圆，但始终无法跳出这一既定的格局，也是困局。在金田起兵 264 天后，太平军才将凌厉的兵锋指向永安，夺取州城。

罗大纲熟悉地形，他率领一千多人马作为开路先锋，没费太多周折就拿下永安州。太平军的移动就像是一个吸盘，那些散落于周边村镇的信徒，那些来不及前往金田村团营的信徒，等太平军一靠近自己住的地方就赶紧加入。他们每个人就像是走进了强磁场的一枚小螺丝钉，由不得自己。

洪秀全是被罗大纲用最隆重的礼仪接进永安城的，天王端着天王的架子坐在一顶并不奢华的轿子里，紧跟着几十顶轿子则坐着他的家眷。乘轿子本是清国官场的风气，显示着乘轿之人的尊贵和威风。作为乡村社会里的农民，尤其是像洪秀全这样的低层士子，他们对于身份和等级有着难以抑制的热望。虽然他们在金田起兵时，打着平等旗号，当轿夫挑开轿帘的那一瞬间，他们还是有样学样地走进了轿子。人抬人，人上人，这才是做官带来的现实感受。

而人活着，往往追逐的也是一种转瞬即逝的感受。

永安州的失守使赛尚阿很是被动，咸丰帝责怪他调度失宜，议以革职留任，并勒令立即收复州城。赛尚阿以乌兰泰为南路主帅，向荣为北路主帅。这两路人马共有四万六千多人，而太平军还不足两万人。如此悬殊的兵力，并没有让清军占得多少便宜。太平军将士表现出超强的战斗力，他们在阵前互相勉励。

——放胆，有天父看顾，有天父保佑。

——越吃苦，越威风。

——现在不努力，更待何时？现在要拼尽全力。

此刻，天父的神谕犹如一曲悲壮的旋律，那旋律，犹如春风撩拨人心。勇敢的太平军将士面对死亡，毫无惧色，这是一种来自内心力量的召唤，是一种信仰的力量。赛尚阿在奏折里也如实写道："（太平军）一经入会从逆，辄皆愍不畏死。所有军前临阵生擒及地方拿获奸细，加以刑拷，毫不知惊惧及哀求免死情状，奉其天父天兄邪谬之说，至死不移。睹此顽愚受惑情况，使人莫可其哀矜，尤堪长虑。"

信仰的力量只能给人带来不畏死的勇气，但兵战胜负不能只凭借勇气。红砖堆砌的城墙让人感觉牢靠，即便清军会突然降临，重重围困这座城池，这个庞大的军事集团仍有必要在这里做暂时的休整。

清军的多次进攻都被太平军化解于无形，虽然清军拥有国内先进武器火药枪，但他们好像并没有占到便宜。据赛尚阿的翼长（参谋长）姚莹说："自来我兵之败，多由远望见贼有一二里之外，即放枪炮，相去甚远，不能伤中贼人，唯惧其前进而已。"

清军虽层层围困，但始终无法攻破永安州。洪秀全的军队采取的是以守为攻的战略，坚守永安州城长达六个多月。由于一直在和清军玩猫捉老鼠的游戏，洪秀全和杨秀清都没有把握首脑阵营的命令，到底有没有覆盖到整个组织。永安城并不算太高的城墙无法作为永远的保障，他们需要的是牢固的政权。

——重新检查组织。

——进行机构的重组。

太平天国的制度骨架，就在这座永安城组建起来。

——废除清王朝的正朔，颁布天历，于壬子二年（咸丰二年、1852 年）实行。

——颁刻《太平礼制》《太平条规》《太平军目》，并重颁了《天条书》，规定了等级制度、军纪军规、部队编制。

——严别男行女行。自金田起义后，太平军即拆开家庭，按性别、年龄编伍。此次重生后，更规范化、制度化。

对于洪秀全来说，他当年之所以皈依上帝，全然不是出于寻求个人灵魂不朽的考虑。在广西巡抚郑祖琛手下当过幕僚的笔名“半窝居士”说过：“初洪逆（洪秀全）至金田传教，志在蓄财致富，无反乱之心；自杨秀清入党，怂恿洪逆聚众谋叛，教以战守之计，洪逆积财渐裕，结党亦多，且见土寇蜂起，官兵懦弱，遂从杨秀清之语，始怀异志，诸事听杨调度……”(《粤寇起事纪实》)由此可见，杨秀清是金田起兵一个非常关键的人物。

既然走到打江山这一步，仅仅许诺一个虚无缥缈的彼岸世界是远远不够的，现实的图景里也要有看得见摸得着的欢乐。作为一种理想的追随者，不能稀里糊涂地走向一场战争。

太平军以“打江山”三个字表现自己夺取天下的理想。关于打江山、坐江山的江湖做派，最容易打动低层民众之心。洪秀全在诏书中，对于日后“小天堂（南京）”封赏就是基于此：上到小天堂，凡一概同打江山功勋等臣，大则封丞相、检点、指挥、将军、侍卫，至小亦军帅职，累代世袭，龙袍角带在天朝。

按照《太平军目》，最小的军帅职，也是统领万人的将领。每个人有一个功过簿，每次战斗结束，都要将每个人的功过记录在册，逐级上报。“俟到小天堂，以定官职高低，小功有小赏，大功有大封。”

太平天国的官制很是繁杂，它保留了王朝官制的基本形态，而每个职位的名号则显得丰富多彩：军师、丞相、检点、指挥、将军、总制、监军、军帅、师帅、旅帅、卒长和两司马。

军师由所谓天父诸子婿担任，外人永远不能过问。因此，官位最高者是丞相，在永安封王时，还封了两位丞相，分别是天官正丞相秦日纲和春官正丞相胡以晃。

六官丞相，按天地春夏秋冬为衔号，每官又设正、又正、副和又副，按编制设有二十四个丞相官职。太平天国的丞相与历代王朝官制中所设丞相完全是两个概念，它只是农民最熟悉、最向往的名号，像是一种荣誉称号。据说有一天东王杨秀清心情高兴，一口气封了几百个丞相。

无论对天堂的世俗化描述多么逼真和诱人，都不如直接将天堂搬到人间更有吸引力和感召力。因此起兵后不久，洪秀全等人便明确许下“小天堂（定都南京）”的诺言。而这均迎合了底层民众务实的性格，激起他们对未来生活的热切向往。

天兄萧朝贵在象州进行阵前动员时说，各各精忠报国，得到小天堂，自有大大封赏。洪秀全在永安封官许愿时，再次提到小天堂的“概念”。他说：神国在天是上帝大天堂，天上有三十三天是也；神国在地是上帝小天堂。

洪秀全将天堂一分为二，使上帝子女的灵与肉各有归宿。这种构思很有创意，也很容易打动人心。他为穷苦百姓设计了一套“天下为公”的“大同”世界。在这个世界里，男人皆为兄弟，女人皆为姐妹。既然天堂遥不可及，那么就创建一个人间“小天堂”。身为上帝的子民，一切财产归公，归于天国的“圣库”制度。

太平军占领永安城后，开始大张旗鼓地推行一系列军政建设措施。

——天王洪秀全封杨秀清为东王（九千岁），萧朝贵为西王（八千岁），冯云山为南王（七千岁），韦昌辉为北王（六千岁），石达开为翼王（五千岁）。

这里有很重要的一条，所封各王均受东王节制。也就是说，杨秀清以东王、正军师执掌太平天国的实权，而洪秀全有如精神领袖。这一日，秦日纲（原名秦日昌，因为他要避北王韦昌辉的“讳”，改名秦日纲）受封为天官丞相，胡以晃为春官丞相，众将士均加官晋级，上下欢心。

他们非常向往上古时代的分封制，由此，天王自居中州之地，翼王辅之，而号令四方。东、西、南、北四王分守四方，领导所在地的各路诸侯。他们将自己的组织机构分为“六部”，有独自的典官、卫队，形成若干相对独立的派系。在永安，他们发明了“国宗”一词，天王与诸王的兄弟一体列称为“国宗”。与“国宗”并列的还有“国伯（长辈）”和“国相（晚辈）”，对外也一体列称为“国宗”。

天王与诸王的国宗兄弟是一个庞大的数字，凡是诸王认定的本家兄弟，以及前来投奔认为同宗的同姓兄弟，都会轻而易举地获得“国宗”称号。这些人在前期大多加“提督军务”衔，被派到前线当军事指挥官，称“提督国宗”。他们因为置身于血缘圈，故而成为最可信赖之人。他们中有依靠军功成事的，也有浑浑噩噩混日子、做不了任何事的。

在诸王之中，萧朝贵、韦昌辉、石达开都拥有庞大的家族队伍，身边围绕着数百甚至上千的亲兵。冯云山虽然孤身上路，但是身为拜上帝会的缔造者，他在会众中的影响力并不亚于拥有一支亲兵卫队。诸王之中，唯有杨秀清自幼孤苦伶仃，只有一个姐姐远嫁他乡，没有本家兄弟子侄。他进入拜上帝会，也是以与萧朝贵结盟的形式，可他深知，一个人的安全感不能建立在与他人的关系基础之上。若是萧朝贵有一天与其分裂，或者反目，他将陷入孤立无援的境地。

这位年仅 27 岁未曾读过书，大字不识一个的农民的儿子，很快就消除了内心的不安和忧虑。杨秀清一路走来，靠的并不是同宗兄弟，而是他在江湖社会结下的好人缘，以及他所具备的军事指挥才能。四海之内皆兄弟，许多杨姓子弟被他认作同宗兄弟，成为他的心腹之人。《金陵癸甲纪事略》记载，其中大国宗杨元清、三国宗杨永清、七国宗杨德清，其中杨元清、杨德清都是广东嘉应州人，他们都是从天地会投奔过来的；还有后来名气很大的辅王杨辅清被称作“八国宗”，本名杨金生，是广西桂平人；除他们之外，还有杨恒清、杨宜清、杨雄清、杨英清、杨友清等，杨秀清并没有将他们全部推到战争的最前沿，而是将他们作为亲兵卫队留在自己身边。

没有血亲带来的内外之分，反而成为杨秀清笼络人心的一大优势。没有同宗兄弟，人人皆有成为其心腹的可能。在这段并不显山露水的时间里，他笼络、安排了许多耳目，遍布各军各营，对大小官员、将领的能力、心态甚至隐私都竭力掌握。于杨秀清而言，还没有完全启动的闲棋冷子，最后都有可能会成为改变局面的关键一着。他在这一时期制定的《行军总要》，被后人视为中国近代优秀兵书之一。

在这期间，发生的周锡能叛乱案又将杨秀清的地位推向一个高处。周锡能是拜上帝会的老人员，在金田起兵时被封为军帅，算是太平天国的中高级将领。他在返回家乡博白，招集拜上帝会信众时，被清军招降，并给了他一个六品顶戴的虚衔。

他在回到永安城后，行动鬼鬼祟祟、偷偷摸摸，并将自己内应之事告诉了妻子和儿子。这个案子先是由韦昌辉主审，周锡能否认。然后才由杨秀清亲自出马，假托天父下凡审讯，洪秀全等人旁听。

审讯周锡能为杨秀清大大撑足了面子，向全军上下展示了他的政治敏锐性，以及洞察一切的睿智，也难怪“众兵将同心唱叹天父上帝无所不知无所不在也”。天王洪秀全亲自修订审讯材料，并将其刊刻出版，并取名为“天父下凡诏书”，这本书也由此成为太平天国军民人手一册的必读书。

第二章

书生报国

——湖南人与大时代的正面相遇

1. 蓑衣渡的悲剧：江忠源和他的湖南乡勇

咸丰帝虽然身在圆明园，可是他的一颗心仍系于千里之外的南疆之地。咸丰办公、生活的大部分时间都在圆明园。他如此喜欢园居生活，不喜欢在紫禁城里待着。大学士赛尚阿离京已经有一段时日，当日为其赐刀壮行的场面仍历历在目。那一日，当他郑重其事地将遏必隆神锋必胜刀交到赛尚阿的手上时，分明看到对方眼中流露出的感动。此刀象征着王命。

身为君王的奕詝每天最在意之事，莫过于接到前方的军事奏报。他看得很仔细，逐字逐句地分析，然后再给予明确的指示，他将一天里的大部分时光都耗费在这件事上。前方的军情越来越急，但他相信眼下这风雷催动之事会在某个醒来的早晨，烟云散去。而这一刻，他还是要将自己的主要精力投放于对付巨匪之事。

他在一篇《盼信》的诗里如此写道："狼奔豕突万山中，负险紫荆必自穷。峡界双峰抗难破，兵分五路锐齐攻。壮哉乌向谋兼勇，嘉尔赛邹才济忠。权有攸归师可克，扬威边徼重元戎。"

咸丰帝并不安于做一个被动等待消息的人，他发出的谕令，一封比一封紧迫，一封比一封容不得商量。他尽可能地满足前方"派兵增将拨银"的要求，光是白花花的银子就拨付了一千万两。动静造得那么大，可他连自己的对手到底是谁还搞不清楚。军情奏报一封接着一封，可他还是要问："究竟系何头目，是否即系韦正？"

这个问题也同样难住了前方平乱的钦差大臣赛尚阿，他接到的情报并没有给出一个明晰的答案。皇帝催得紧，他也只能回一句：其匪首确系称太平王，唯其伪太平王究系韦正，抑系洪秀全，供词往往不一。

赛尚阿的回答显然无法让他的皇帝感到满意，咸丰帝于 1852 年 2 月 6 日下了一道严旨："以后如不能迅速攻剿，徒延时日，朕惟赛尚阿是问！若或防堵不周，致贼匪溃窜，再扰他处……朕惟马兰泰、向荣是问！"

这是一道没有讨价还价余地的死命令，皇帝的耐心毕竟是有限度的。两日后，他又提醒赛尚阿，不要忘记遏必隆神锋必胜刀，遇到临阵退缩或放弃抵抗的，“立正典刑，以肃军纪”。赛尚阿又怎能不解君王意，围城半年无所获。在他的统率下，向荣、乌兰泰两路夹击，正面交锋达数十次。

永安州虽为弹丸之地，但同时也是地势险要之地，东、西、北三面环山，东南为冲积平原，城池东、西、北分别为长寿江和通文江环绕。当初若不是清方防御力量太过薄弱，太平军又怎会轻易得手。如今清军围城数月，若不突围，粮食军需等物质就难以为继，到时候恐怕连上帝也无法保佑没饭吃的信众。

4 月 3 日，洪秀全对全军将士下诏突围。两天后的子夜时分，太平天国全军突围。在突围过程中，秦日纲军因护送老弱妇孺，被逼至一个叫龙寮岭的峡谷地带，所护二千余名家眷遭到屠杀。而拎着滴血兵刃的清军在翻过龙寮岭后，等待着他们的是更为凶狠的复仇血光。在一场弥天大雾中，清军正规部队五千人，其中包括四个正二品大员，全部成了太平军的刀下之鬼，这在嘉道年间近半个世纪的战场上是极为罕见之事。

永安突围并不是计划内的战略部署，而是身陷险境的洪秀全、杨秀清的无奈之举。当他们冲出这座小小的山城，呼吸到自由的空气，反倒成了振翅高飞的鸟，有了搏击更大一片天空的内在冲动与外在条件。如果说在此之前，困守一处的太平军是被动防御，那么永安突围则让他们走向了主动进攻。

1852 年的春天对爱新觉罗・奕詝来说，并不是一个令人愉悦的季节。他一直处于愤怒状态，一直在埋怨赛尚阿和他的军队不肯用命。他越来越不愿意待在空气沉闷的紫禁城里，他宁愿将自己泡在圆明园的无边风月里，也不愿每天面对劳神费心的政务。一道道谕旨发往各地，官员们也纷纷称赞圣旨英明。政治不是叫好不叫座的电影，镜头闪一闪就应付过去了，它的局势若是趋坏趋烂，用纸是包不住火的。

咸丰帝一再向各级官员求言，许多官员向他道出未曾听闻、也不敢相信的真相，他接手的大清国早就不是一个清宁之国，各地匪事频仍，官员腐化堕落，兵弁懈怠松散，财力空乏不堪。可他除了罢官，就是走马换将，除此无他。

4 月中旬，脱笼而出的太平军直逼广西省城桂林，幸亏清军早有部署，两方在此缠斗 33 天，正面交锋 24 次。城池虽然还在，但也把广西的军政大员们折腾得够呛。帮办广西军务的广东副都统乌兰泰被炮子击中膝盖，因伤死于阳朔军中。

赛尚阿原先就因永安城失守，遭到咸丰帝严责，此番再度用兵不利。一道圣旨下来，位于人臣之端的钦差大臣、大学士、军机大臣赛尚阿降格四级留任，同时，决定处分乌兰泰和向荣，革职留任。这是朝廷在乌兰泰死前一天做的决定，但这个决定从北京传到桂林，需要二十天的时间。

乌兰泰阵亡的消息传达北京后，朝廷又决定：一切处分悉予解除。

咸丰帝调派其颇为赏识，刚刚镇压广东天地会取得显著成效而被提拔到太子太傅位置上来的两广总督、一等子爵徐广缙入湖南，接任钦差大臣，并署理湖广总督，将赛尚阿革职拿问送入京城接受审判。

太平军是一个各方土匪都无法比较，且拥有极旺盛斗志的武装集团。与其交手的清军知州早已知晓太平军到目前为止的战斗情况。关于基督教，知州全然不懂，但他能体会到太平军信仰力量之强，绝非首领被杀就能烟消云散的一帮人。

燃烧着愤怒之火的军舰是恐怖的，他们凶猛进攻的话，全州城立刻不保。

坐镇阳朔的钦差大臣赛尚阿感到身心俱疲，一边是咸丰帝以丧师纵敌之罪下诏要追责于他，另一边则是没日没夜攻城略地的太平军。较之十年前他以钦差大臣身份赴天津加强海防事务还要难。那时，鸦片战争已进入失败明朗化阶段，他并不需要承担战之必胜的责任。而如今的对手换成了太平军，这是一支可怕的队伍。已经没有什么力量可以阻挡他们了，人间“小天堂”在前方召唤着他们，让他们生出了无穷的勇力和近乎寻常的创造力。

洪秀全、杨秀清在广西境内转战十七个月，在攻打省城桂林未果后，他们只能无奈地结束广西境内的游荡，转而克全州。全州紧贴着湖南，是广西进入湖南的一条捷径。太平军原先是要绕过全州进入湖南境的，可是在全州，情况突然发生变化。

浩荡不休的湘江铺陈于他们面前，这是一条进入湖南，通向长沙、武昌和富庶的长江各省的交通干线。太平军几百艘民船，将老幼妇女和辎重，全部载在船上，向湖南边界顺流而下。

太平军北进，也给清军出了一道难题，那就是太平军下一步的作战目标将会指向哪里？有军事常识的人都知道，要想阻挡太平军前进的步伐，唯一的办法就是将其困死于湘江。

蓑衣渡是湘江上的一个渡口，也是一道天然的军事屏障。此处江面狭窄，水流湍急，若是在水中设置障碍物，很容易就会将江面封锁起来，船只很难通行。蓑衣渡西岸有一沙滩，此处亦可布置伏兵。

善于用兵的江忠源率领他的楚勇赶到蓑衣渡，第一时间就砍掉江边的大树，将其推入江水之中，以此封锁湘江。江忠源，一个湖南新宁的举人。他在北京度过短暂的时光后于 1844 年回到了家乡新宁。在北京，他曾与同省的曾国藩学习，并且为称作“大挑”的特科考试做了有成效的准备。按照清朝制度，在正规的会试中三次落选的士子可以通过大挑取得直接任命为官员的资格。江忠源被任命为候补教谕。于京城混迹之时，受到曾国藩的赏识，被誉为“京师求如此人才不可得，此人他日当办大事，必立功名于天下”。

新宁，地处湖南西南部湘江流域的正西面，这里绵延起伏着湖南与广西边境的一道道山脉。道光年后期，这里是种族间冲突、秘密会社活动较为频繁的地区。而一个叫雷再浩的瑶族人所发起的农民起义，将江忠源等地方名流卷入本不属于他们的战场。

19 世纪中叶，社会危机将一个摇摇晃晃的老大帝国推向内战的边缘，地方势力组建武装的步伐也随之加快。当外患、内乱以及贫穷将农民驱赶出原有的生存秩序时，各方势力越来越关心军队的组编。在危机爆发时，清朝的军事领导者们最初的反应是雇佣支付薪饷的战斗人员。所谓“勇”，也就是指那些非正规的以忠君为特质的兵力。

因此，团练组织的民兵有时叫作“团勇”。由此可见，“勇”是指军事化水平较高的兵力，也就是那些完全脱离他们的村社而依赖薪饷或掠夺财物过活的士兵。兵者，投死之人，却也是为了活下去。

当1844年的江忠源回到新宁时，对时事本就异常敏感的他觉察到迫近的祸患，并立即着手动员他的氏族投入保家式的防御。他最关心的事情，就是不让自己的那些穷亲戚加入雷再浩的组织，此时雷再浩的组织正在村子里征募新的成员。在家乡掀起了一场使雷再浩的追随者背叛他的宣传运动后，江忠源领导一支从他自己和联盟的各氏族中征集的2000名民兵的部队，把对方从他的家乡赶了出去。战斗在边境山地来回进行，最后以雷再浩被他自己的副手出卖而告终。

由于江忠源在这一事件中的作用，他很快得到报偿，朝廷将其派往浙江任代理知县。他到异地任职，并不意味着新宁的团勇组织被解散。尽管江忠源在其中扮演了领导人角色，但团勇组织毕竟是一群氏族名流的工具，而不是个人的。

临时组织起来的民兵回到了他们各自的家园，但团勇组织在其兄弟和堂兄弟们的领导下继续存在。1849年11月27日（道光二十九年），湖南新宁代理知县万鼎恩在酣睡中突然被震天的喊杀声惊醒，他慌忙探查，始知县城已被农军攻占。

当他迷迷糊糊走出县衙，正准备脱身时，一个醉汉手持利刃，跌跌撞撞走上前，一下将他砍倒在地。

湖南新宁水头村人李沅发带领一支衣衫褴褛的300人的队伍攻破了县城，营救出两名被关押的他的追随者。江忠源的兄弟江忠济再一次动员了两年前曾与雷再浩对抗的地方乡勇，包围了新宁县城20天。最后，李沅发的食物储备耗尽了，他和他的追随者们在雨夜的掩护下从县城的东门逃出。

李沅发在整个湖南、广西交接地区四处游荡，经常遭到政府军的追击。他们在穷苦农民和少数民族部落中集结追随者，人数达几千人，活动范围扩大到湖南、广西、贵州交界的地方，甚至渗透到贵州的东南边境的几个县。

而此时，江忠源远在浙江当他的知县。1850 年春，他在镇压盗匪和水灾赈济中有着突出表现，为他在体制内赢得了良好的口碑。而恰在此时，道光皇帝去世，正值大好年华的咸丰帝登基，血气方刚的年轻人以雷霆万钧之势整肃朝纲，罢黜穆彰阿，下诏“求言”。朝野上下，为之一振。

时任礼部右侍郎的湖南湘乡人曾国藩心情激奋，连夜上了一道《应诏陈言疏》，痛斥当时的“以畏葸为惧，以柔靡为恭”的官场作风，曲尽当时官场的丑恶形状：“京官办事通病有二，曰退缩，曰琐屑。外官办事通病有二，曰敷衍，曰颟顸……”

曾国藩建议初登大宝的咸丰帝以本身的振作之气，扭转官场的泄沓之风，同时改革官员选拔办法，使进取之员有机会脱颖而出。曾国藩用这道奏折成功地吸引到新皇的注意，咸丰皇帝给予高度评价：“礼部侍郎曾国藩奏陈用人三策，朕详加披览，剀切明辨，切中情事，深堪嘉纳。”

在咸丰帝收到的保举名单中，有林则徐、姚莹、江忠源、张亮基、谭廷襄、周天爵、李棠阶等人。而其中保举江忠源之人，正是他的湖南老乡曾国藩。曾国藩与江忠源几乎是同龄人，曾国藩年长不足一岁。曾国藩 16 岁考取秀才，24 岁中举人。江忠源 15 岁考取秀才，25 岁中举人。两人有着极为相近的人生起点，却在中举后有着迥然不同的仕途命运。曾国藩走的是“学而优则仕”之路，一鼓作气考取进士，入仕途，高歌猛进，39 岁即做到礼部右侍郎兼署兵部右侍郎，从二品副部级京官。

而此时，那些青史留名的湘军人物，除了江忠源以外，在 1851 年这个以太平军起义为标志的特殊年份里，在军事上还处于庸碌无为阶段。他们散居于府衙与民间各处，密切关注着受到军事威胁的大清国，将如何阻止这场毁灭性战火的蔓延。

江忠源此时正准备赴京觐见新皇，但浙江巡抚吴文镕却执意要将他留在浙江监修堤防。这项工作刚刚完成，江忠源又接到父亲去世的消息。于是辞去职务，按照惯例动身回家服丧。

1851 年 4 月，大学士赛尚阿作为钦差大臣被派往广西，由广州驻防旗军副都统乌兰泰和已经调任广西提督的向荣予以协助。也就在这时，担任内阁中书的左宗植（左宗棠的哥哥）建议，在赛尚阿的幕僚中不应该缺少新宁的有才之士江忠源。左宗植是湖南湘阴人，若是他本人不熟悉江忠源，那无疑是通过在京的其他湖南人了解到的，比如曾国藩。不管怎样，对于散落于各地的最优秀的湖南人才，京城里的湖南帮也是看得最为真切，了解得最为清楚的。

于是，赛尚阿上奏清廷，请求调派江忠源赶赴大营。江忠源在接到赛尚阿的调令后，毫不迟疑地踏上了前往广西的征途，也由此走上博取功名的战场。

江忠源到达赛尚阿在桂林的指挥部，在这里他被推荐给乌兰泰，一个精明能干且具有献身精神的满洲官员。江忠源在赛尚阿的幕僚中的地位是靠他作为有功名之人的社会关系以及他的文职官员的经历，而不是靠他作为团勇组织者的经历。江忠源获得体制内认可的两大因素：他是曾国藩的有成就的门生，还是一个政绩突出的知县。

乌兰泰很是赏识江忠源，将其视为心腹之人。尤其是他在了解到江忠源所组织的新宁乡勇的战绩后，就力劝江忠源招募一支新宁人的部队为抵抗太平军效力。于是，江忠源写信给家乡的弟弟江忠淑，江忠淑雇佣了 500 人进入广西境内。江忠淑因身体原因不能作战，新宁的乡勇在江忠源指挥下进军参战。

几次战斗消除了政府军对楚勇的蔑视，政府军曾嘲笑他们的身材矮小和衣衫褴褛的装束。不久以后，江忠源发现自己在他的朋友兼保护人乌兰泰和提督向荣之间的争执中进退两难。乌兰泰认为向荣怯懦又无能，而向荣则认为乌兰泰过于直接和莽撞。向荣建议先给被围困者一条逃路，然后在半路上袭击他们时，乌兰泰指出，鉴于叛乱者人数不足一万，而政府军几倍于此数，一个布置得当的围困只会以叛乱者饿死或战败而告结束。

江忠源面对两个上级之间的争执显得无能为力，他只好撤出自己的军队并返回新宁。而此时，向桂林的进军则将太平军带到一个关键的分水岭：离开流向南海岸的江河，进入长江水系。对于清廷来说，在太平军出现于中部省份丰饶的招兵地区以前，这是把他们消灭的最后机会。

太平军在离开永安后的两周之内抵达桂林城下，并且形成围城之势。对于江忠源来说，这是他建功立业的好机会。像江忠源这样的地方绅士，对自己的家庭、氏族和家乡地区的安全有着强烈的责任感。他的兄弟追击李沅发远至广西，是因为他预料到，只要李沅发依然逍遥法外，对他的家乡地区就会构成一种特殊的威胁。而事态发展也如他所料，李沅发最后的确又回到了新宁边界。

当江忠源领着他的部队推进到战争最前沿时，他仍然心系家乡新宁的安全。他写到，他赶在太平军之前前往蓑衣渡，目的既在于堵塞向北的水路，也在于“堵其西窜新宁之陆路”。在他的伏击成功后，他认为：“斯时吾楚若稍有防堵，前后夹攻，何难聚而歼旃。”对于江忠源这些湖南人而言，他们考虑问题主要是从本地出发，即先考虑他自己的县，再扩大到他家乡所在的省，在这之后才会关注到这个帝国的事务。

在没有接到任何官方条令的情况下，江忠源和另一个湖南新宁人刘长佑筹集资金雇佣1000人，刘长佑是以拔贡的身份随同前往，他们在一个月内踏上了去桂林的道路。就在江忠源、刘长佑的队伍即将到达桂林城下时，他收到了乌兰泰在桂林负伤而死的消息。

各种事件表明，江忠源第二次进入广西是走上历史舞台的一次决定性行程，他和他的楚勇部队正式投入到对抗太平天国的战争之中。

江忠源将他的楚勇部队部署于西岸的沙滩上，等候太平军的到来。同时，江忠源派人联系驻守于蓑衣渡北边的绿营将领和春，请求他派兵封锁蓑衣渡东面，以便合击太平军。和春虽然派麾下名将张国梁率兵前往东岸布防，但对方迟迟没有到达指定地点。

而此时，太平军犯下一个致命的错误。南王冯云山为发泄私愤，居然全力攻打毫无战略意义的全州。这是一场艰难的拉锯战，一边是志在必得，一边是拼死坚守。全州城下，太平军红着眼睛，举着刀枪，在密密麻麻的飞矢的掩护下，沿梯攀登，向全州城发起一波又一波的攻击。

城上的清军看到人浪从远处席卷而来，在城墙上撞击成飞溅的浪花，只是浪花还没冲击到城墙的最高处，便被清军的火炮硬生生地截为若干段。然而，人浪的冲击并没有因此而停止，即使在夜里，城上城下也是火光通明。《全州县志》记载："初六日，洪军薄城下，燮培发炮击之，多毙，乃却。越日，攻益急，守益愈严，经十一昼夜。"几日之内，有千余名太平军从城头像熟透的果实跌落尘埃，坠入深不可测的另一个世界。

在第十一日，"洪军穴城下，伏地雷，火发，西城崩"。太平军采用"穴地攻城法"成功炸塌了西城。在城门被撞开的那一瞬间，太平军已如雪崩般融入全州城。冯云山身受重伤的消息激怒了太平军，这支拥有高度信仰的军事集团，完全被复仇的火焰点燃，他们将自己变成了一群疯狂的野兽。

火光和血光在这座陷落的城池里沸腾了三天三夜，《全州县志》记载，（太平军）在城中杀戮军民，从大南门逃生的均被杀，小南门逃生的均放行，故两门后来分别有"死门""生门"之分，或可见此时太平军将士没有统一命令，乃出自个人的好恶。

胜利的捷报虽然让洪秀全、杨秀清大喜过望，但很快，又一份战报从全州城传来，南王冯云山身受重伤，太平军需要放慢进军的速度。南王冯云山躺在一顶八人抬的大轿子里，身负重伤的他虽然目击了全州城的陷落，但他并没有看到屠城的情形。

十一个昼与夜的惨烈杀伐，反而给了江忠源从容布防的机会。此时的太平军并不知道江忠源已经截断了湘江，当他们来到蓑衣渡的时候，才发现河道已经被堵塞，而且西岸有伏兵。

事已至此，太平军只好仓促应战。战斗又持续了两个昼夜，太平军的伤亡特别大。按照江忠源的分析，全州是保不住的，不如先派精兵在蓑衣渡设伏。风平浪静的蓑衣渡有着大自然赋予的美景，曲曲弯弯的水塘湾，河宽流缓，平静的河面隐然有杀机浮现。这场战斗，很多年后依然缭绕于这个渡口，变成世代相传的故事，进入蓑衣渡人的历史和记忆。

当太平军进入江忠源的防御区时，他们陷入伏击圈的船队遭到了重击，大部分被摧毁。太平军的损失的真实情况无从考证，但有 300 多只船被俘获，再加上被摧毁在江内的，这次失败的损失必定是惨重的。

而那些从永安突围至此的太平军将士也不是吃素的，他们似乎积攒了强大的势能，像出笼的野兽一样冲击着阻挡他们的乡勇和清军。这是一场残酷的遭遇战，南王冯云山在攻打全州的时候已身受重伤，在此战中再次受伤。

对于忠于清廷的江忠源来说，不幸的是，湘江东岸仍然处于未设防状态，因为清廷将领和春并没有理会他发出的协同行动的请求。对于战争双方而言，一方的诸多不幸，恰是另一方的无上荣幸。大部分太平军通过东岸那道敞开的逃生路径，进入湖南。

太平军的行进路线被迫改变，北进的计划也被迫延迟，但这次失败并不是决定性的，因为太平军在湖南南部获得了更为广阔的发展空间。

当冯云山死亡的消息传来，洪秀全内心的悲痛是真实而深刻的，他最忠诚的战友，最坚定的拥护者，却成为天国陨落的第一颗巨星。面对奔腾不休的湘江水，洪秀全不由慨叹："天父欲召，何其速也。"而此时的洪秀全，还没有完全认识到冯云山的死对于他，还有后来的太平天国有多么重要。有人甚至假设，如果冯云山不死，太平天国的历史或许会被改写。

江忠源的楚勇异常勇猛，太平军损失惨重，洪秀全的军队只好被迫放弃乘船直下攻取长沙的计划。这时候，清军方面，张国梁的部队依旧没有赶到蓑衣渡。这也就意味着，太平军再次摆脱清军的包围圈。

太平军以小部分兵力牵制湘江西岸的江忠源的团勇部队，而大部队则由陆路东进。待到清军发现其踪迹时，连忙尾追，但无济于事。从此，太平军纵横湘南，几乎没有遇到任何对手。对于清廷来说，湖南的局势变得愈加危险。

永安、蓑衣渡两战，在江忠源的谋划下，清军都有可能重创太平军。但幸运的是，绿营将领大多是不合格的，前有向荣不采纳江忠源合围永安的谋略，后有张国梁未按指令抵达蓑衣渡东岸，太平军虽然一再陷入危机，但还是化险为夷。从全州顺着湘江水流而下，船行约五十公里后，进入湖南省。

值得一提的是，此时的江忠源 40 岁，已是不惑之年，而与其随行的刘长佑和邓树堃 34 岁，而刘坤一只有 22 岁。江忠源作为一名上层绅士，担任了整个团体的指挥者，而且正是他与范围更大的官场的联系，才使新宁团勇参与更大的事件成为一种可能。

对于那些生长于贫瘠广西的太平军而言，湖南显然是富饶之地。他们对湖南怀有一种羡慕与憧憬，他们的内心激荡着战争为其带来的荣誉感，全州城屠城的不愉快回忆很快就随湘江之水流走。

战火，向湘军的大本营——湖南燃烧开去。湘江从全州向北流，进入湖南省境内后，转向东边。东流的湘江在永州的附近和潇水合并，再重新流往北方。

2. 缠斗：长沙保卫战与湘军关系谱

1852 年 9 月的某天清晨，一道霞光从湘江徐徐铺展开来，越过河流山川，越过秋天微热的空气，落在被城墙和壕沟拱卫着的长沙城的大街小巷，落在守城士兵的刀尖兵刃上。

长沙城在明代时曾有九门，清初有两门被堵死，便只剩下七门。连接绵长的石墙的九道城门分别是：湘春门、新开门、小吴门、浏阳门、黄道门、德润门、驿步门、潮宗门、通货门。在清晨的霞光里，那一扇扇门并没有像往日一样咯咯吱吱地打开，而是闭得紧紧的。

七月底的一个夜晚，在攻克醴陵后，西王萧朝贵、翼王石达开率领太平军的先头部队，长驱直入赶至长沙城下。月光之下，刀兵裹挟着热浪，让这座有着千年历史的老城在昏昏沉沉的时代里一下子惊醒过来。

因丢失数州县被革职尚未卸任的前巡抚骆秉章下令紧闭城门，高挂免战牌。

萧朝贵率领的太平军并没有对长沙城形成合围之势，他想以闪电战的方式夺取长沙。如果说冯云山是太平天国诸王之间的调和剂，那么萧朝贵则是太平天国的用兵高手。此人善于长途奔袭，仅用十余天时间，就接连攻克永兴、安仁、攸县、茶陵等地。太平军将领最敬服他，称“萧朝贵第一通兵法”“萧朝贵最厉害”。后期著名将领李秀成也说他，“勇敢刚强、冲锋第一”。

萧朝贵虽然善于用兵，但是要用六千兵力对长沙形成合围之势，实在是勉为其难。兵力不足，太平军的包围圈就难以合拢，围一围二难围三，没有被围的各门均是自由出入的通道。清军防御所需的人员、物资都可运送自如，接替湖南巡抚骆秉章之位的张亮基，一次就带入兵勇两千，火药两万余斤，子弹两万余斤和一整套幕僚班子。

这是一场包围与反包围的拉锯战，被围的长沙城并没有成为难以翻转的死亡之地，反倒是围城的太平军因为占据地域过于逼仄且无外援接济，已经出现了物资供应的困难，即如李秀成所言“有粮，无有油盐可食”。

一场没有经过周密计算的围城之战，并不会给双方带来致命的打击。长沙城内凡能打仗的士兵全部上了城墙，城里的百姓也被组织起来。清军的反包围也同样将太平军逼入险境：太平军西面被湘江所阻，东面自天心阁下至新开铺都有清军扼险阻击，一场绝地之战不可避免。

如同太平军的围城之势，清军的围追堵截也同样存在疏漏之处。太平军在湘江控制了一段江岸和许多民船，一旦分兵渡江，则整个局面就会全盘皆活，既可从湘江以西获得军需补给，又能为一旦放弃攻城留下一条从容转身的通道。对此清方并非没有警觉。

湖南的水乡，夏日接近尾声，炽烈的暑气正慢慢消散。这一日，有一太平军打扮的士兵在大道上策马奔腾，他是前往郴州的使者。使者带去的消息又一次震动了洪秀全和杨秀清等人，西王萧朝贵战死于长沙城下。

据曾水源等事后向天王、东王禀报称，西王萧朝贵立于阵前指挥，身着鲜艳威武的服装，手里挥舞着红旗子，身姿非常醒目，也因此成为炮击的第一人选。炮弹正中萧朝贵胸膛，伤势十分严重，口眼俱呆。

这场残酷的攻防战让双方都损失惨重，太平军在萧朝贵倒下后士气受损，江忠源的楚勇转守为攻，使太平军受到极大的损失。代天兄发言的萧朝贵阵亡，对于太平天国内部的权力分配产生微妙的影响。蓑衣渡之战后，太平军在一度占领的三个城镇中，分别招募了两万人、三万人和几千人，新兵总人数至少增加了五万。此时的太平军宛如一条游龙，在湘南各个富庶的城镇之间自由穿行，兴之所至会攻占一些城镇作短暂的停留，意兴阑珊又会绕开城镇。一旦发现骡马便会将之擒捕，以加快行军速度。

与此同时，曾水源、林凤祥、李开芳等人继续猛攻长沙，而驻扎于郴州的洪秀全、杨秀清也坐不住了，他们日夜急行三百多公里向长沙赶来。

长沙城发出的紧急求援犹如一道尖锐的哨音划破长空，闻者悚然。而此时长沙城内除了已经卸任的湖南巡抚骆秉章，还有丁忧在籍的前湖北巡抚罗绕典，湖南布政使潘铎等人。

骆秉章虽被革职，但新任巡抚张亮基刚卸下署云贵总督的职位，尚奔走于昆明至长沙的路上。《湖南通志》称，此时长沙战场上清方“城内两巡抚一帮办两提督，城外十总兵莫相统率”。两巡抚：尚未离长沙的骆秉章，以及在路上的张亮基；一帮办：丁忧在籍的罗绕典；二提督：湖南提督鲍起豹、广西提督向荣。

广西提督向荣此时官职也已被革去，身上还背着“遣戍新疆”随时可能会生效的处分。虽然迫于军人责任和立功免责的心态主持城防，但此时的向荣已不愿去河西冒险，加上张亮基几个月前任云南巡抚时，曾会同云贵总督吴文镕弹劾向荣“夸诈冒功，饰智欺人”，令他一直耿耿于怀。面对亲自登门的张亮基，向荣竟然负气地说：“身是已革提督，贼从此窜不任疚。”

此时清军的指挥体系虽然还能运转，但叠床架屋，效率已经大打折扣。

刚刚接任新提督的鲍起豹，是一个不通文墨的武夫。除了武力抵抗，他甚至想到了将一尊从城隍庙里请出的泥菩萨抬上城楼。然后，他领着一帮将士恭恭敬敬地上香磕头，只等菩萨显灵，太平军不战而退。

刚刚走马上任的湖南巡抚张亮基也很是无奈，只得先派署安义镇总兵常存部贵州绿营1400余人先行渡江，将说服向荣的希望，寄托在即将抵达长沙、尚不知自己已经丢了官职差遣的赛尚阿身上。

在张亮基到来之前，长沙的防御任务由湖南巡抚骆秉章协调调度。骆秉章是广东花县人，他与洪秀全是同乡，而他的人生境遇却是洪秀全梦寐以求，又求之不得的。

骆秉章生于1793年（乾隆五十八年），他比洪秀全年长二十岁。当洪秀全还沉浸于他的异梦、四处传教和游历，开始在紫荆山聚集拜上帝教徒时，骆秉章已经凭借着他的学识、忠诚和办事能力，在帝国的官场平步青云。

这位具有深厚岭南文化和中国传统文化素养的士大夫，在岭南之地生活学习了整整四十年。直到金榜题名中了进士之后，他才离开这片被西方文明无情浸染过的近代文化沃土。

或许是受到西学东渐的深刻影响，骆秉章也由此成为晚清最早萌发洋务思想的士大夫之一。骆秉章比曾国藩、左宗棠分别大18岁和19岁，是名副其实的长辈，因此曾国藩常称他为“吁翁老前辈大人阁下”。骆秉章虽然是在不惑之年才中进士，但是他的座师却是道光朝权倾一时的武英殿大学士、首席军机大臣穆彰阿。

所谓朝中有人好做官，曾国藩在27岁就拿到了“进士”这张官场准入证，但在时间上仍比骆秉章晚了八年。在这期间，骆秉章数次沉浮，在以查库御使身份稽查户部银库时，因银库亏空受到牵连，被革职罚款。世上的事就这么不尽如人意，后又在山东、河南等地办案时受到牵连。终于在道光二十八年底放外官，补授湖北按察使，55岁的他开始了地方大员的生涯。

后来曾国藩也投身于权臣穆彰阿的门下成为其得意弟子，与骆秉章同为“穆党”。二人有了相似的政治背景，关系也变得密切起来。穆彰阿在咸丰朝被革职打入冷宫后，汉臣的地位得到进一步提升，识时务的骆秉章、曾国藩等人也迎来了事业上的又一个春天，他们很快就掉转方向，从而获得了咸丰帝的赏识与器重。

骆秉章在京城做了十六年朝官，最显赫、最荣耀的职位就是做过道光皇帝的侍讲学士，在朝野有帝师之尊，从而蜚声士林，享有极高的人望。咸丰皇帝和后来的同治皇帝对这位先帝之师也尊敬有加。

骆秉章是一个地地道道的文人，半生手不释卷，追求“一帘花影云拖地，半夜书声月在天”的治学境界和读书情趣，并把这副亲手书写的对联挂在自己的书房里。生不逢时，历史并没有给骆秉章成为大学问家的机会，虽然饱读诗书揣着一肚子的学问，他还是被命运女神推上了“湘军总司令”的宝座，成为一名“文才武略”的儒将。

当他的同乡洪秀全穿上了黄龙袍，在金田打了第一次胜仗时，骆秉章已身为湖南巡抚，正马不停蹄地赶赴长沙。随着太平军完成“永安建制”这一政治任务，然后跳出包围圈，绕过全州，太平军在其所辖湖南境内接连取胜，他也受到咸丰帝的斥责。虽然骆秉章没有被立即召回，按大清惯例“撤职留任”，但巡抚一职已交由张亮基接任，他则担任“长沙防御协调使”。

面对太平军的夺人之势，张亮基、骆秉章在做好守城事务的同时，派人与钦差大臣赛尚阿和正赶来湖南“会剿”太平军的两广总督徐广缙联系，又告知驻岳州的湖北提督以及各省援湘部队尽快赶来长沙增援。

早已罪责加身的赛尚阿不敢怠慢，严命各部齐集长沙。当洪秀全、杨秀清的军队抵达长沙时，守城的官兵已有三万多人。同时，还有两万多援军在通往长沙的路上日夜急行。半年前，人们还对起于广西的太平军是由东北进入湖南，还是由西北进入贵州持怀疑态度，谁曾想，原本困于一隅的太平军转眼就抵达长沙城下。

新任湖南巡抚张亮基和新任湖南布政使潘铎受命于危难之际，誓与长沙城共存亡。张亮基在长沙还做了一件非常重要的事，那就是派人前往常德乡间白水洞，聘请隐居的左宗棠出山。

张亮基之所以会想到左宗棠，与湖南益阳人胡林翼的大力推荐分不开。胡林翼和左宗棠之间的关系很是微妙，两人集世交、同学（两人又同为贺熙龄的学生）、朋友、姻亲晚辈、知己等诸多关系于一体。

当年，来到北京参加会试的左宗棠，前去拜访父亲生前好友，也就是胡林翼的父亲胡达源。胡达源和左宗棠的父亲曾就读于岳麓书院，左父生前对此一直念念不忘，因此，左宗棠一到北京就前去拜访这位世伯。

左宗棠第三次入京考试再次与胡林翼相逢。经过长时间的交流，胡林翼认定左宗棠是自己一生一世的“真朋友”。他对这个正直的急脾气的朋友的才学深信不疑。左宗棠与胡林翼本是同龄人，可谓一见如故，“谈古今大政，恒至达旦”。

1836 年，胡林翼中进士，两江总督陶澍见他是个人才便将女儿许配于他。

1837 年，时任两江总督的陶澍到江西出差时，顺便回乡探亲，途经株洲醴陵。知县为迎接陶澍，便请当时的私塾老师左宗棠撰楹联以颂之。左宗棠挥笔而就：“春殿语从容，廿载家山印心石在；大江流日夜，八州子弟翘首公归。”

当时的陶澍已是五十九岁的老者，而左宗棠正是二十六岁的青壮年。陶澍认定左宗棠的前程会超过自己，与其结下忘年交情。陶澍在病逝之前，更是与左宗棠成为儿女亲家。无论从地位，还是从辈分来说，会试三次皆无功而返的左宗棠都无法与两江总督陶澍比肩。

不久，两江总督陶澍去世。左宗棠便将陶澍之子陶桄接到安化老家，在小淹镇一住就是八年，将平生所学授予陶桄；更是按照陶澍所嘱，将自己的女儿许配于陶桄。

因为陶澍这层关系，左宗棠自然又长了胡林翼一辈，而胡也经常以长辈相称。但是左宗棠却教导自己的儿女不可以平辈对待胡林翼，必须称之为“先生”。

左家与胡家也有姻亲关系，后来胡林翼的妹妹胡同芝还嫁给了左宗棠二哥左宗植的长子，胡林翼称呼左宗棠为“丈”并不过分，但是从朋友层面来说，左宗棠一直称呼其为“兄”也属正常。

张亮基之所以想到起用左宗棠，便是由于收到贵州黎平知府胡林翼的来信。信中有言：“此人廉介刚方，秉性良实，忠肝义胆，与时俗迥异。其胸罗古今地图兵法、本朝国章，切实讲求，精通时务。访问之余，定蒙赏鉴。即使所谋有成，必不受赏，更无论世俗之利欲矣。”

这已经不是胡林翼第一次推荐左宗棠，早在1848年（道光二十八年），胡林翼署理安顺知府时，便将左宗棠推荐给林则徐。林则徐自然求之不得，复信胡林翼说：“承示贵友左孝廉，既有过人才分，又善经世文章，如其噬肯来游，实所深愿。”

与此同时，左宗棠对林则徐也是仰慕已久，“天下粗识道理者，类知敬慕宫保”，左宗棠也是心有属意，也希望自己能“以分其劳”，但是“孤侄年已十七，家嫂急为之授室，期在今年。又陶婿去冬来书，预定读书长沙之约”等，家事纷扰，使他一时难以脱身。

1849年（道光二十九年），林则徐旧疾复发，疝气下坠，饱受病痛折磨的他从云南返回福建老家调养身心。路过湖南时，林则徐在长沙岳麓山下湘江边抛锚，他专门派人去湘阴东乡柳庄，特招左宗棠来舟中相见。左宗棠当天赶到，与林则徐在舟中彻夜长谈。林则徐对左宗棠是“一见诧为绝世奇才”，对治理国家的根本大计，特别是关于西北军政的见解两人更是不谋而合。

林则徐告诉左宗棠“西域屯政不修，地利未尽，以致富饶之区，不能富强”，所以林则徐将自己在新疆整理的宝贵资料交给了左宗棠，希望将来他能够派上用场。此次谈话未及一年，林则徐便病逝于前往广西的途中，左宗棠闻之“且骇且痛，相对失声”，并书写了挽联一副：“附公者不皆君子，间公者必是小人，忧国如家，二百年遗直在；庙堂倚之为长城，草野望之若时雨，出师未捷，八千里路大星颓”。

多年以后，左宗棠依旧对林则徐推崇备至，“天下无贤不肖皆知公为国朝名臣，非可企而及也”，并对两人在湘江边的谈话记忆犹新，“军书旁午，心绪茫然，刁斗严更，枕戈不寐，展卷数行，犹仿佛湘江夜话时也”。

虽然左宗棠最终没有进入林则徐的幕府，但是在胡林翼的推荐之下，入幕于湖南巡抚张亮基。从骆秉章手中接过湖南巡抚权柄的张亮基，是江苏铜山人，此人与林则徐也颇有渊源。

当年林则徐因烧鸦片事谪襄河务，那时张亮基正以中书跟随军机大臣王鼎治河工。有一河弁悄悄地送三千银两给张亮基。张亮基拒绝接收，不过也并没有向外声张。但此事还是被林则徐知晓，暗中记在手册上。后来张亮基升为云南临安知府，林则徐恰恰由新疆召回，授云贵总督。路过临安，张亮基拜谒林则徐。林则徐见到张亮基非常高兴，还特地把那本手册拿出来，告诉张，某年某月某一天，你拒收河弁私送之银三千两。张亮基也是大为吃惊，对林则徐尤为钦佩。

林则徐抵达昆明后，为了解决汉回两族冲突，数次接见永昌知府李恒谦，见其“性近优柔，临事未能果决”，难以胜任整顿边塞要地永昌府的重任，于是奏调张亮基为永昌知府。张亮基到达新任后，励精图治，成效卓著，“调任年余，竟能大挽积年难挽之习”。林则徐由此认定张亮基是可堪大用之才，随即专折密奏，建议“将来遇有兼辖迤西及统辖滇省之任，如蒙简畀鸿慈，似张亮基皆可力图报称，以收得人之效”。在林则徐的保荐下，同年七月，张亮基即超升为云南按察使，第二年三月升布政使，八月迁云南巡抚，十二月兼署云贵总督。前后不过一年多时间，即由知府升到封疆大吏。这在清朝官员选拔任用上是极为罕见的。

如果说向张亮基推荐左宗棠的是胡林翼，那么将张亮基与左宗棠串联起来的则是林则徐。胡林翼深知，左宗棠很是尊崇林则徐，他在向左宗棠推荐张亮基时就以林则徐类比，“先生最敬服林文忠，张中丞固文忠一流人物也”。言下之意，你左宗棠若是能进入张亮基的幕府，也算不辜负林则徐的一番期待。

胡林翼之所以向张亮基推荐左宗棠，一是出于爱才惜才，二是出于他的护乡心切。他在向张亮基推荐左宗棠时，也吐露了自己想要辞去行政职务，投身于保卫湖南的战斗中。然而他所在的贵州黎平县并不是太平之地，这让他一时之间难以抽身，他于当地组建了一支不足 300 人的、小型的、专业的、受过高度训练的地方团练民兵部队。

1851 年前后，湖南的收成增加，贵州的粮食价格直线下跌。但是，那些临时的附加税却未减少，由于农民这时已无法如期缴纳款额，县衙门与民众之间的紧张局势逐渐加剧，并最终激化为一场造反者的游戏。

胡林翼若不是碍于云贵总督吴文镕的情面，此时的他早就置身于湖南境地。吴文镕在 1819 年考中进士，与胡林翼的父亲胡达源是同年。因此，吴文镕与胡林翼之间有一种近乎父子的关系。当吴文镕提出，让胡林翼暂时留在贵州时，胡林翼便留了下来。

胡林翼曾引用宋代官员富弼的话来给洪秀全和他的太平军定性，“凶险之徒读书应试无路，心常怏怏，因此遂生权谋，密相结煽。此辈散在民间实能始祸，要在得人而縻之”。

与江忠源类似，胡林翼给地方秩序开的基本处方是在地方名流的帮助下建立保甲和团练合二为一的制度。地方官府可以挑选两三名忠实能干的绅士带着空白簿册深入农村。胡林翼在日记里写到，文武官员容易得到朝廷授予他们的荣誉，并把荣誉视为应享之物，而乡村文人却很难有这样的机会。他们“望顶戴官职如登天”。

越是难以得到的，越要去珍惜。胡林翼承认治安和防御工作是难以分开的，只能通过那些控制地方事务的人来完成。1850 年，胡林翼的团练组建计划从纸上谈兵进入实质性阶段。

1852 年春天，当洪秀全的太平军还在广西时，胡林翼就在给湖广总督程矞采的信中写到，即使太平军在广西被击败，这也不意味着湖南没有叛乱的危险，湖南的安全最终取决于本地状况：他的官员的效率和廉洁，以及他的名流的同心协力。而避免骚乱的关键是将地方管理和防御置于科考绅士的指挥之下。如果绅士管理下的保甲和团练在贵州是有成效的，那么在更为富裕、有才干的绅士更为众多的湖南，其成效将更为明显。

胡林翼希望能够通过自己这条线，将许多可以委以重任的绅士人物推荐给程矞采，他首先想到的便是左宗棠。胡林翼希望左宗棠能够被延请担任程矞采的幕僚。从程矞采那里没有得到结果，胡林翼又写信给刚刚调任湖南巡抚的张亮基，再次将左宗棠作为前程异常远大的幕僚人员加以推荐。

张亮基派专人前往常德乡间白水洞，聘请隐居于此的左宗棠出山。左宗棠并没有立即答应，而是思虑再三。这些年来，左宗棠以一个旁观者的身份沉默地观察着这个时代，对朝廷的腐朽、官场的龌龊，以及绿营的溃烂，都看在眼里。长沙城的急难毕竟是一时之难，从此天下将要大乱，像他这样的书生该何去何从？就在他举棋不定之时，其好友胡林翼、江忠源、郭嵩焘、郭昆焘等人，先后写信或亲自登门促其俯就。

左宗棠出山了，也得到了张亮基的充分信任，“一以兵事任之”。此时的长沙城内高官云集，共有一帮办事大臣、两巡抚、两提督，总兵以下数十位。在桂林称病不出的向荣（时为广西提督，但遭免职）此时也以大局为重，马不停蹄地赶至长沙。援军的到来，让赛尚阿又重新燃起了斗志，他让有与太平军作战经验的向荣统领川、豫、陕等来援清军。

清朝援军，如江忠源部，非常有实战经验。他们抵达长沙后旋即占领城东南的蔡公坟高地，使太平军只能屯集于南城一隅，难以形成围攻之势。而且，被围清军在援军抵达后，逐渐反守为攻，多次主动出击，烧毁了南门外不少太平军以为屏蔽的民房，给予对方以极大杀伤。

待到洪秀全、杨秀清带领太平军生力军抵达城下，很快与清军在城外战略据点蔡公坟展开攻防拉锯战。清将和春、江忠源等人率军力战，受到兵锋正锐的太平军沉重打击，被杀数百人，江忠源本人被飞矛刺穿脚踝，落马几乎丧命。太平军虽小胜，但蔡公坟高地仍牢牢掌握在清军手中。

太平军攻城，最常用的战术便是深挖地道。他们中很多人是挖煤工出身，由此建立了特种部队——土营。土营是独立军团，用在战场之上，就是挖地道、炸城墙。在围城的这段时间里，土营在长沙城外挖了十九条地道，有五次炸塌城墙，但都未能攻进长沙。

此时的长沙城七座城门确保了六座，所以，让人根本不觉得城被包围。由于治安良好，街上也比平常热闹多了。军人的待遇也很好，既不愁吃，连酒都喝上了，如此一来，军人自然不会上街闹事。《湘军志》里如此描写长沙城的景况“衢巷间妇女嬉游，酒食过从盛于平时，忘其为围城焉”。

而此时因为服丧返乡的曾国藩，在武昌即得到长沙被围的消息，他没走水路改走陆路。他抵达湘阴时，他的故乡正处于战争带来的骚动之中。湘阴距离长沙不过六十公里，由他举荐的湖南新宁人江忠源正如他所预见的，勇敢而善战。

从9月11日兵临长沙城下，到11月底，太平军仍无取胜的希望，而城内的清军兵力已增至五万人。长沙城久围不下，军心有所动摇，太平天国领导集团为了抚慰军心说是受命于天，于药王庙的神座之下获得一颗传国玉玺，也有说是军中巧匠所制。无论如何，这颗传国玉玺像是给疲惫的将士尤其是那些从广西一路追随过来的老兄弟注入一剂强心针。他们自觉地焚香祷告，甚至流下激动的泪水，感激天父天兄将江山赐予天国。

当太平军将士擦亮自己手中的兵器，准备再度发起一轮攻势、一举攻克长沙时，洪秀全、杨秀清等人却决定撤围，他们先派李开芳带一千人连夜南行，装作佯攻湘潭态势。

八十一天的长沙围城战宣告结束，城里的官兵和城外的太平军都长出了一口气。当数千清兵尾随李开芳南下时，五万太平军将士，已分别从水陆两路浩浩荡荡向岳州进发。

3. 团练：湘人的特质与湘军的兴起

1852年9月，太平军进攻长沙时，一位名叫郭嵩焘的湖南湘阴城西人与他的邻居左宗植、左宗棠避战乱于山中。一个月后，左宗棠被湖南巡抚张亮基召回长沙协防该城，郭嵩焘选择留在山中。正是在郭嵩焘的鼓励之下，左宗棠才会重新投入纷乱的世局中。

郭嵩焘在近半年前下葬了父母，此刻人生已了无牵挂。在这座避难的山中，每日诗酒逍遥，活得好似神仙。他远离下方山谷战祸，并有终老于此的打算。在其所著的一本书里，如此写道："咸丰壬子（1852）避难山中，有终焉之志，读船山（王夫之）《礼记章句》，寻其意旨。"

在求取功名这条道路上，郭嵩焘走得并不顺利。19 岁时考中举人，也就在这一年，他从湘阴来到长沙，郭嵩焘和左宗棠曾在这一时期就读于城南书院。郭嵩焘也曾在岳麓书院受业，在那里与刘蓉结为莫逆，并通过刘蓉的关系，结识了曾国藩。三人求学时曾同住一处达数月之久。无数个日夜，林泉朗月之下，青春正当年的他们纵论圣贤之道，各怀功名之志，相期不负平生。

多年以后，郭嵩焘于病榻上弥留之时，还念念不忘那段美好时光："见及曾刘岁丙申，笑谈都与圣贤邻。两公名业都千古，辜负江湖老病身。"

求学岳麓书院的第二年，郭嵩焘、左宗棠、曾国藩还一起进京参加会试。只有曾国藩中了进士，郭嵩焘、左宗棠则黯然南归。此后，郭嵩焘又连续三次落榜。直到 1847 年，而立之年的郭嵩焘才以第二甲第三十九名的成绩，中了进士。与他同科的进士，都是日后大名鼎鼎的晚清变革社会的人物：李鸿章、冯桂芬、沈葆桢……

在求取功名而不得的那些年月里，郭嵩焘并没有封闭自己的世界。1840 年（道光二十年），他在朋友的推荐下，前往杭州给浙江学政罗文俊当幕僚。1840 年，在那个激荡的大时代里，郭嵩焘第一次目睹了来自"岛夷"的船坚炮利。他深切地感受到，大清国的海防是如此荒废与松弛，也意识到整个大清国正处于摇摇晃晃之中。"平时袖手谈心性，临阵一死报君王。"难道这才是一个士大夫于乱世中，应该葆有的精神与风骨吗？郭嵩焘陷入了深层的反思中。

这次为幕时间虽然不长，但却埋下了他以后思想偏离传统的变化契机。他并不甘心将自己的一生蹉跎于游幕生涯，又几次赴京参加会试，终于在 1847 年（道光二十七年）第五次参加会试时考中进士，正式步入仕途。但不久他的双亲相继离世，依定制他只能回家居丧六年。

1852 年冬天，太平军撤围长沙、北移湖北之后，郭嵩焘去了一趟长沙西南边的湘乡，参加其老友兼同学曾国藩的母亲的葬礼。曾国藩所出生的地方家庭并不属于绅士等级，但是他却凭借着个人的努力在社会等级中向上攀挤。他的父亲参加地方考试不少于 17 次，最后在 1832 年获得了生员身份。

与父亲持续努力却只获得有限成功的经历相对照，曾国藩在体制内的表现是引人注目的。1838 年获得进士后，他开始了京城的仕宦生涯。十年间，曾国藩由一名翰林院的庶吉士起步，先后任过几个部的右侍郎，最后代署吏部左侍郎，这时的他在京城上层名流中已锁定了一席之位。

曾国藩背后的贵人是穆彰阿，他中进士那年，穆彰阿是正考官，按当时的习惯，两人属于门生与座师的关系。穆彰阿被罢斥后，曾国藩每次路过穆府总会长吁短叹。曾国藩发达后，仍会专程拜访穆宅，即使自己不得空，也会派人登门代致敬意。在北京长期供职期间，曾国藩深情的目光从来就没有从湖南这块土地上挪开过。

1853 年 1 月 21 日，在家丁忧守制的曾国藩接到湖南巡抚张亮基转过咸丰帝的谕旨："前任丁忧侍郎曾国藩，籍隶湘乡，闻其在籍，其于湖南地方人情自必熟悉，着该抚(张亮基)传旨，令其帮同办理本省团练乡民、搜查土匪事务，伊必尽力，不负委任。"

在此之前，曾国藩已经拒绝张亮基的邀请。他说："国藩此时别无他求，惟愿结庐墓旁，陪母三年，以尽人子之责，以减不孝之罪。"他是朝中堂堂正二品侍郎，又热孝在身，若仅因一巡抚之相邀，便出山办事，既有失自己的身份，又招致士林的嘲讽。

如今皇帝的谕旨传来，他便没有退路。过几日，湘乡县团练副总罗泽南召集全县四十三都团长、练长会议，特地向曾国藩发出邀请。在这次县城团练的比武大会上，他见到了罗泽南和他弟子王鑫、李续宾、李续宜所训练的三营一千余名团丁，已初见规模，内心很受触动。其实早在京城之日，曾国藩已经注意到了罗泽南和他的弟子王鑫。

其实王鑫才是湘乡这支民间武装的真正创始人，而湘乡县令朱孙诒和罗泽南则是关键人物，尤其是罗泽南。罗泽南生于 1808 年，他比王鑫大 17 岁，是地方塾师，也是王鑫的老师。此人受到新儒学的深深濡染，从未将个人的穷困与不幸遭际视为生命不可承受之重。曾国藩对他评价很高，认为他是“不忧门庭多故，而忧所学不能拔俗而入圣；不耻生事之艰，而耻无术以济天下”。

他生活极其困顿，曾经穷到吃一顿饭，都要去当铺。“年十九，即课徒自给，而丧其母。次年，大父及兄嫂相继殁。十年之间，迭遭期功之丧十有一，至二十九岁，而长子、次子、三子连殇。”有人统计，他在十年之内连遭十一次期功之丧。这样一个被命运百般折磨之人，从未因此消磨问道求学之志。每每有人向他问询破敌之策，他总结为：“无他，熟读《大学》‘知止而后有定，定而后能静，静而后能虑，虑而后能得’数语，尽之矣。”他加入地方团练工作完全是受他的学生影响，当他参与进来之后，也理所当然地成为这支地方民间武装的主要人物。

王鑫创办民兵的用意不仅是保护他的家乡地区，而且还要为受灾农民家庭的年轻人提供一个组织和资助的忠心。这个看上去有些清瘦的年轻人有着非凡的组织能力，他曾在自己的家乡以“乡约”的形式组织了一个复合组织。也正是这个复合的团体，成了后来的民兵组织的组织核心。

王鑫是曾国藩的老乡，又是罗泽南的弟子。王鑫是一个充满血性的男儿，大嗓门，直性子，说起话来语速极快。“师徒们围坐讲学，一旦进入只有讨论时段，就只听到他的大嗓门叽里呱啦，滔滔不绝，别人根本插不上嘴。”

此时，湖南的民间社会的不安定因素大多来自自然灾害所引发的骚乱，那些有余粮的人囤积粮食以求高价或转销外地，在赚取高额利润的同时，也不出意外地成为铤而走险的群众攻击的靶子，群众袭击他们的家并夺走他们的粮食。如果要让地方秩序不被暴力破坏，除了士绅阶层提供道义上的援助，劝说富户和地主拿出粮食，更需要一个组织核心，既可以对抗活动于民间社会的天地会等组织，更能够将那些处于兵役年龄的男丁组织起来，使他们能够为正统的社会秩序效劳。

1849 年夏，时值湘乡大旱，饥民乘机聚集数百人于县城城南掠夺富户。

王鑫闻言遂集合地方乡民，按兵法部署队伍，并发出警示：宝庆城守兵即日开到，饥民在其连吓带哄下只得解散，一场饥民暴动就这样被平息下去。

王鑫联合其他地方绅士向省府衙门申述这一现象。在他们的诉求得不到回应的情况下，当地名流派王鑫为代表前往北京，让更高层的政府了解本县的问题。显然，王鑫想在北京联络本县最著名的进士曾国藩。在途经湘阴县时，他拜访了曾国藩的密友、进士郭嵩焘。在此次会面中，王鑫给郭嵩焘留下了深刻的印象，郭嵩焘还专门托王鑫给曾国藩带去一封推荐信，在信中，他向曾国藩特别介绍王鑫在湘乡所取得的成功经验，即民兵组织工作。遗憾的是，王鑫和郭嵩焘的那封信都没有出现在曾国藩的眼前，王鑫抵达武昌后在那里大病了一场，只能无奈地放弃北京之行。

1851年的秋季，广西抵抗太平军的战斗进展不利，洪秀全的军队随时可能向北扩展至湖南。而此时，身在京城的曾国藩也是心急如焚，战争的火焰已经蔓延至他的故乡之地。他鼓足勇气上了一道折子，直接批评皇帝整日纠缠于小节而忽略大计，惑于虚文而不求实学，刚愎自用而不能知人善任。

在写给朋友的书信里，曾国藩也是猛挥批评与自我批评的大棒。他说：“忝窃高位，不敢脂韦取容”；在其家书中又称，为了“尽忠直言”，“业将得失祸福置之度外”。

批评自己无妨，批评皇帝是大不敬。咸丰将奏折狠狠地掷于地上，若不是有军机大臣从中调和，曾国藩难免会背上罪责。尽管如此，还是得到一道表面优容实质上是斥责的上谕。

曾国藩消沉了，他的愁闷苦楚全来自湖南。而此时，对于湖南湘乡来说，这同样是一个绝望中孕育着希望，混乱危险中潜行着变化可能性的重要年份。这一年，广西进士朱孙诒进入湘乡代署知县职务。他来到湘乡不久，就传唤王鑫，向其了解当地社会问题和士绅阶层中的人物情况，并谋求他的建议和帮助。

王鑫针对湘乡钱漕、地丁全由地方书吏征解，因而浮收倍取现象极为严重。

他协助朱孙诒进行改革，要求自后钱漕、地丁不再由书吏经手，改为由老百姓自行纳缴。朱孙诒允诺决不再恢复旧的制度，这一诺言甚至被刻在一块石碑上并竖立于城门口。

在朱孙诒的鼓励下，王鑫促使他的绅士同伴深刻认识地方防御的紧迫需要。他后来写道："其时贼在广西，谁知团练二字为何物，忽闻此议，莫不掩耳而走。"待到太平军进入湖南地界，朱孙诒与地方绅士协力发布了一套团练规章，拟定出一种几乎完全以自然的地方区划为基础的地方防御制度。《清史稿》里说，"朱孙诒提倡团练、振兴人才，实为湘军肇基"，此言非虚。

太平军进入湖南意味着地方氏族的防御已不足以阻挡太平军前进的步伐，王鑫写信给朱孙诒，希望能够组建一支民兵部队保卫县境。朱孙诒同意了，于是王鑫和他的老师罗泽南着手募集一支军事程度更高的战斗部队。这支新部队发展到大约 1000 人，组成 3 个营，由王鑫、罗泽南和罗泽南的弟弟罗新南指挥。

在太平军围困长沙期间，这支部队一直驻防于湘乡县城。当太平军撤围后，王鑫请求能够带领他的民兵部队到县境外去追击，并没有得到朱孙诒的同意。1853 年农历新年前后，湖南巡抚张亮基需要在省府增加一支听命于他的勇军，便要求朱孙诒推荐有能力的带兵人，而此时江忠源的楚勇已在战场上显露峥嵘。于是，朱孙诒便推荐了王鑫、罗泽南以及他们的助手，于是 3 个营的湘勇离开本县来到了长沙。

正当曾国藩在罗泽南、王鑫等人的感染和张亮基的催促下，对办团练跃跃欲试的时候，洪秀全的军队又一次震撼了湖南全省九府四州，也给曾国藩本就不够坚定的信心，带来前所未有的冲击。

太平军撤出长沙后，由宁乡进入益阳，并在一个叫桃花仑的地方，迎击向荣统率的尾追清军，斩敌八百，大获全胜。由于资江水大涨，太平军将所有粮草辎重装在船上，浮江而下。翼王石达开率七千人马，由陆路护船前行。在临资口江面上，太平军绕过湘阴县城，直接挺近岳州府。

湖北巡抚常大淳自以为仰仗天堑，可以高枕无忧，他亲自赴岳州湘江洞庭湖出口处，以大船载巨石沉江以塞湖口。他不无得意地说：“可以太平无事矣！”在他看来，太平军插翅也难以飞渡，他甚至盲目乐观地认为，自己在此耗费一个月时间，（太平军）即使要驶过，也非得一个月不可。

几日后，当太平军的开路先锋林凤祥和李开芳将太平天国的旗帜插在岳州城的城头，常大淳还躺在武昌城的府衙里做他的美梦。五百里洞庭湖烟波浩渺，太平军在这里接收了湖上几千艘民船，建立了水营，主要用来运送运输军用物资、粮食和人员，有时也可作为预备队参加战斗。

岳州失守的消息以日行六百里的速度送抵紫禁城，咸丰帝龙颜大怒，岳州的失守，打开了北上武昌的大门，据说洪秀全、杨秀清还将岳州改为“得胜府”。咸丰帝着命军机起草，颁布上谕：一、巴陵知县胡方穀、参将阿克东阿即行处斩；二、岳州知府廉昌监候秋后处决，博勒恭武革职拿问；三、任命两广总督徐广缙为钦差大臣，署理湖广总督，原湖广总督程矞采革职。

当这封谕旨传至湖南，张亮基也陷入恐慌不安之中。岳州失守的凶讯沉重地压在长沙城的上空，衙门内外死一般的沉寂。长沙城撤围带来的暂时性轻松，已被彻底扫荡干净。张亮基不由自主会想到，刚刚从刀兵的凶险之境里挣脱出来的长沙城的命运。如果太平军还继续围困长沙，自己这颗项上人头不是被太平军取走，就是被自己的皇帝取走。

张亮基想到时局会坏，没想到会坏得那么快，快得让人根本来不及做出反应。太平军在湖南益阳、岳州的大幅度扩军，使军队中的湖南、湖北籍的比重骤增。1852 年 12 月 16 日（咸丰二年），太平军放弃岳州，水陆并进，直逼武昌。1853 年 1 月 12 日清晨，太平军于武昌文昌门下地道所埋火药爆炸成功。武昌城破，杨秀清传令：“官兵不留，百姓勿伤。”那个盲目乐观的湖北巡抚常大淳自杀，而湖北提督双福被杀死在一场醒不了的梦里。

武昌是洪秀全的军队占领的第一座省城，从金田团营吹起造反的号角，先后围攻过广西省桂林和湖南省长沙。虽然都付出了惨重的代价，但并没有得到想要的城池。相比之下，攻打武昌城的难度系数并不高。从围攻的冲锋号吹响到登上武昌城楼只用了十六天时间。

进入武昌城的太平军用他们的实际行动彰显了农民军的局限性，对于武昌这样一座早在中世纪就步入近代繁华发达的经济文化名城，洪秀全纵容他的军队以极其强硬的方式，将其逼退至古代大同世界。他们设立所谓“进贡所”，勒令全城民众缴纳金银、钱米和其他生活物资，甚至逐街逐店搜罗，并将其称为“上贡”。按照太平军的说法：一切财物归圣库。

如果说在此之前，曾国藩还处于现实与孝道的两难境地，那么武昌城的沦陷，咸丰帝的谕旨，以及老友郭嵩焘的出面劝说，让曾国藩做了最终的决定：驱向长沙，慷慨赴任。

咸丰帝让曾国藩“帮同办理本省团练乡民、搜查土匪诸事务”，只交代事项，不交给实际权力的做法，让当事人操作起来很是难办。咸丰帝命丁忧在籍的曾国藩出山，是在太平军已占岳州并攻向武昌的大背景之下。在此前后，朝廷共任命 45 名在籍官员办理团练，而其中山东最多，共有 13 名团练大臣。谕旨中“帮同”“团练乡民”的用语，更是明确限定了曾国藩的工作性质和任务范围。

历史的必然就是由这样一个个偶然事件串联而成，那串联成的偶然事件就像一盏盏永不熄灭的灯火。咸丰帝这时候万万不会想到，自己的一念之差，会成就曾国藩此后数十年的政治大业。

曾国藩是朝廷在这个时期从各省挑选出来的许多官员之一，而这些团练的督办人员（团练大臣）大多数是从前的各部侍郎、前任巡抚、布政使或按察使，或有类似经历的高级官员，他们碰巧正在自己的家乡地区居住。

曾国藩与湖南绅士之间的密切联系正是咸丰帝特别想要利用的，朝廷充分了解地方组建武装的过程在中国南部和中部正在加快，于是谋求加以控制，让第一流的地方名流——高品级的官员、绅士加入负地方之责的网状系统。

咸丰帝是一个并不精明的人，他或许也只是把这份奏折当作跟其他办团大臣照例回复的官样文书一样，无心细看，在上面做出批示：悉心办理，以资防剿。

对于曾国藩而言，他要的不是“帮同办理”的虚名，而是希望能够带出一支新军，他有自己的一套理念：“于省城立一大团，认真操练，就各县曾经训练之乡民，择其壮健而朴实者招募来省。……参仿前明戚继光、近人傅鼐成法，但求其精，不求其多；但求有济，不求速效。”

戚继光练的是新军，而傅鼐办的是民团，曾国藩在这里将二者混而为一，显然是在找一个平衡点。待到日后，湘军的制度完全是照搬戚继光那一套，将傅鼐搁置一边。时隔多年以后，曾国藩才把埋藏于心的那份疑惑吐露出来：“臣自咸丰二年奉旨办团，初次折内即奏明自行练勇一千，是臣所办者乃官勇，非团丁也。”

而此时刚刚抵达长沙的曾国藩，最担心的不是已经北上的太平军，或者山头林立的天地会，而是湖南本省的军政各大要员。在此之前，团练都是在州县就地办理，省城、重镇的防务还是依靠绿营；曾国藩提出在省会长沙办团，与办团的宗旨是自相矛盾的。他在一封信中刻画绿营嘴脸，说得非常痛切：今日之兵极可伤恨者在败不相救四字。彼营出队，此营张目而旁观，哆口而微笑，见其胜则深妒之，恐其得赏银，恐其获保奏，见其败则袖手不顾，虽全军覆没，亦无一人出而援手拯救于生死呼吸之顷者。

事穷而后变，绿营的问题是与制度连在一起的，曾国藩不得不从一开始就绕过绿营兵制，走到王朝大法的外面去。于是而有湘军的兵制。

4. 出城记：长沙城的变乱与决裂

1853 年（咸丰三年元月），曾国藩踌躇满志地抵达长沙。半年后，在长沙城巡抚衙门的鱼塘口，开办了一个新的衙门，衙门的招牌上用隶书写着“湖南审案局”五个大字，而此时距离曾国藩进入长沙城已两月有余。

曾国藩在来到长沙的第二天，就向远在北京的咸丰帝呈上一道奏折。他要在省城建大团，并不仅仅为了防卫省城，主要意图在于建立一支新军。曾国藩的想法是，先招募少数人，加以严格训练，形成以一当十的效果。然后再以这批人为骨干，再招募十倍二十倍的人，使之成为一支劲旅，然后将其拉出省外，与太平军较量。事后来看，曾国藩的这份奏折很是大胆。满人对汉人向来防范甚严，兵权一直由朝廷牢牢把控，从不让汉大臣染指，更不要说建立一支类似于明代戚继光那样的“戚家军”。太平军对八旗、绿营武装的摧毁性打击，使满洲贵族陷于两难之间的选择。曾国藩的奏折写得本就含糊，说他办的是“官勇”，而非“团丁”，又或许是时局危急，没有办法的办法。

曾国藩奉了这道谕旨，将罗泽南、王鑫等人调来长沙。这一千多人，最初是以团练的名义聚集而来，到了长沙，却成为一支新军。团丁编为两营，罗泽南、王鑫各带一营。曾国藩又通过严格的筛选，从中抽调八十名精装之士，由其弟曾国葆统领，他又从中挑出六人作为自己的贴身侍卫。曾国藩认为，大团练勇中的大小头目，都必须有亲谊关系，这是将这支练勇联系为一个坚强整体的纽带，彼此之间才能荣辱与共，生死相关。

曾国藩本来只是想在政治上寻找到尽可能多的支持力量，没想到这些识于微时的故交旧友会成为后来湘军的主要将领和幕僚。这些人物本就不是安于平淡之人，很多都是湖南地界的拔尖人才。曾国藩的湘军的核心层就是由这些老乡中的杰出人物组成，不光是高层，就连“湘军”队伍中的中层和底层也都来自湖南、湖北两省。

中国人有着极重的乡情意识，当然湖南也不例外。凡自家居所前后方圆十余里内都称为“屋门口人”，平日即守望相助、互通有无；如遇上“屋门口人”与外乡人发生争斗，则不管是非曲直都会上前助拳，就算流血破财也在所不惜，所以在这一地区经常发生大规模的乡民械斗事件。

湘军中的大小将领生于斯长于斯，长期受这种地域性文化的熏陶，他们将这份乡情看得很重。曾国藩就坚定地认为“同县之人易于合心”，而他的弟弟曾国荃在用人上则奉行“不独尽用湘乡人，且尽用屋门口周围十余里之人”。在湘军发展过程中，这种“唯乡人是举”的用人观念在当时也的确能够起到凝聚人心、提高战斗力的作用。

这支军队的高明之处在于，从底层的士兵到高层的指挥官，都建立在对个人的效忠上。高级军官挑选下属，士官挑选自己的兵。建立在人与地区上的同乡情谊将这支军队从将领到士兵都牢牢团结在一起。在军队阶梯的底部，这些关系自然地从氏族关系中产生。在中层和高层将领之间，这些关系产生于师生的纽带，比如王鑫和罗泽南、江忠源和曾国藩之间；以及把兄弟或同窗的纽带，比如曾国藩与胡林翼之间，两人都对吴文镕尽晚辈之礼。湘军，这支队伍从某种意义上说是一个军官团，但在另一种意义上则是私人门生形成的“门户”。

离开湘乡的团练摇身一变成为长沙城里的一支新军——湘军。这支新的军队，作为地方最高长官的湖南巡抚可以依法“饬派”，奉了皇帝谕旨的曾国藩可以“札遣”，而罗泽南、王鑫可以不受“遥制”，对这支军队有一定的自主权。平日里的训练、饷需供应和调遣分派，实际操作都由曾国藩、罗泽南、王鑫三人负责。三人若是无法协调一致，尤其是在军队调度上，就很容易造成管理上的紊乱。

曾国藩虽然丁忧在籍，但是他却具有体制内的多重身份，几年来，除户部外，更是遍兼五部侍郎。如今，团练变成湘军，乡勇变成官勇，拥有体制内身份的曾国藩占据主导地位。他奉旨办团练事务，是上面安排下来的“差事”；前侍郎的正二品官衔，则可以在和自巡抚以下的官场打交道时获得尊重；丁忧在籍，又拥有地方乡绅的身份，使他拥有体制中人无法得到的便利。

与江忠源和王鑫不同，曾国藩不需要从头建立乡勇，只需要在已经存在的部队聚集起来的过程中找到自己的位置。曾国藩始终处于募将，而不是募兵的位置上。他从一开始就处于较高的指挥层次上，能够拥有这样的地位，一方面来自他的高级官阶，另一方面来自他在湖南乡绅中的声望和影响，也由于命运将其置于战略地位上。尽管在湘军离开湖南地界之后，曾国藩会经常慨叹自己“不官不绅”的尴尬身份，但是他却忘了，在建军之初，这“不官不绅”的身份曾经给他带来的便利，让他免去很多制度上的麻烦。

比如眼下这“湖南审案局”本就不该属于此时的曾国藩该办的事，该行使的职权。按照大清国的律法：在籍官员不能干涉家乡公务，咸丰帝下了谕旨，让他突然就拥有了练兵、剿匪乃至查吏、办捐的权力。而谕旨里也明明白白地写着“一切经费均归绅者掌管，不假吏胥之手”，没有体制内的身份，让他可以以“绅者”这一自由人的身份上省要钱，下乡劝捐，他可以自由来往于民团、官府和官兵之间。诚如谭伯牛先生所言，曾国藩没有罗、王的湘勇，却可以另行招募，建立新军。所以，曾国藩才是湘军真正的领袖。

这种关系在王鑫看来却有可能是另外一番面目，他们是种瓜得豆的人，而没种瓜也没种豆的曾国藩却成了真正的受益人。尤其当三人在军事策略的选择上出现冲突时，这种感受尤为强烈。

1853 年 6 月（咸丰三年），正受命帮办江南军务的湖北按察使江忠源，应江西巡抚张芾之请助守南昌，因所带兵勇不足，向家乡湖南发出求援。江忠源就投身镇压太平天国而言“出道”更早，此时孤悬外省，兵力单薄，向桑梓同道求援，也在情理之中。曾国藩出于与江忠源具有同党之谊，于是积极应和，与巡抚骆秉章商定，派湖南团勇 3600 人，分路赴援。

这时候，从湖南开来的新宁勇和湘乡勇，陆续抵达南昌，团练委员湘阴夏廷樾也统带 1300 人，抵达永和门外扎营。罗泽南和宁乡知县朱孙诒的 1200 人抵达南昌外围，驻扎在得胜门外的七里街。江忠源之弟江忠淑的 1000 名新宁勇也在同时赶到，在章江门外扎营。

湘军乡勇 1200 人由罗泽南率领首次出省作战，这支队伍的骨干就是罗泽南的 15 名学生。那些脱下长衫的书生，挺起长矛做笔锋，固然勇猛，但在遭遇战中还是略显经验不足。虽然闯入城内，但是阵亡 81 人，其中包括罗泽南的弟子罗信东、罗镇南、易良干、谢邦翰四人。这四人又都是王鑫的邻居、同学，以及挚友。王鑫闻讯发誓，要率领湘中子弟赴援湖北，报谢邦翰等人被歼之仇。

曾国藩本不想让湘军二度驰援，可他又想借此机会扩建湘军，直到接到咸丰帝“武昌解严，暂缓赴鄂”的谕旨方才作罢。在扩军这件事上，曾国藩与王鑫一拍即合。二人计划募兵六千，形成一支声势浩大的复仇之师。

在筹备扩建湘军的过程中，在谁统领这支部队的问题上，曾国藩却有不同的想法。他认为王鑫虽然“忠勇冠群，驭众严明”，但是“局量狭隘，只堪裨将”。募集三千到四千人的话，只能自统一营，其他各营需由他人管带。曾国藩如此安排，自然让王鑫很不满意。王鑫当然不觉得自己只是统领数百人之才（湘军初期营制并没有硬性规定每营五百人，而是上下浮动百余人左右，粗别为大营小营），内心由此埋下愤懑的种子。从此，王鑫与曾国藩渐渐疏远，与骆秉章日益接近。曾国藩在给骆秉章的信中抱怨说：“璞山不谅我心，颇生猜嫌，侍所与之札饬言撤勇事者，概不回答。既无公牍，又无私书。”

自从 1853 年（咸丰三年元月）曾国藩来到长沙，在不到半年的时间里，他就将长沙城里大大小小的官员得罪个遍。得罪文官，是因为他在行辕内设置了“审案局”。 这个“审案局”将全省所有治安案件揽入职责范围内，尤其是与土匪、通敌有关的案件，都拿到审案局来审。进了审案局，只有三种处理结果：重则立决，轻者毙之杖下，又轻则鞭之千百。

曾国藩并不尊重正常的办案程序，即使是被州县立案，尚未就审的嫌疑人，也是“闻信即提来”。湖南省各府州县，只要有人举报说，某人是土匪，或者某人通匪，他就会去抓这些人。“即时讯供，即时正法，亦无所期待迁延”，咸丰三年二月十二日，曾国藩在《严办土匪以靖地方折》中表态：“欲纯用重典以锄强暴，但愿良民有安生之日，即臣身得残忍严酷之名亦不敢辞；但愿通省无不破之案，即剿办有棘手万难之处亦不敢辞。”在这个折子里，曾国藩认为之所以会造成“巨寇”横行，一个重要原因就是以往地方查办不力，因而使“以为法律不足凭”。他将打击的范围一再扩展，“拿获匪徒，立予严讯，即寻常痞匪，如奸胥、蠹役、讼师、光棍之类，亦倍加严惩，不复拘泥成例概以宽厚为心”。

在曾国藩看来，当此多事之秋，绝不能再按常理出牌，而要下猛药，以威猛救时，从重从严惩处不法分子，以起威慑镇服之作用。在地方官与人民之间，有一种人叫“胥吏”，他们直接与人民接触，对地方官负责。他们不是国家公务员，但是他们处理很多事情，这些事情都是国家公务。他们认为，通过处理公务可以获得利益，因此，于他们而言，不管真案件，还是假案件，是真有其罪，还是被人诬告，只要有案子就成。尤其在战乱时代，原告被告都有可能向他们提供经济利益。现在曾国藩办一个审案局，地点在长沙，一听说各地有这样的案子，直接派人把那个人带到长沙，那么各府州县就有意见了，他们于是通过各种渠道，首先反映给自己的上一级——知县知州知府，上一级再往上反映，直到巡抚。在传统中国的政治架构里面，尤其在一省之内，府县的发言还是很受巡抚重视的。既然地方反映普遍不佳，巡抚自然对曾国藩有了偏见。

曾国藩在这一时期还得到一个绰号——“曾剃头”，这并不是因为他杀太平军，而是因为他在长沙开审案局，杀了太多的所谓湖南“土匪”。当时长沙的知府叫仓景恬，在他的回忆录里就记载曾国藩的审案局，仅因一个案子，就错杀了至少 4 个人。那是一个冤案，曾国藩把好人杀了，却把坏人放了。他虽然事后意识到自己杀错了，但是他也不以为意。而且“三月以来仅戮五十人，于古之猛烈者，曾不足比数”。这是一月到四月的数据。而到七月底再统计，审案局共杀掉二百多人，脑袋掉得越来越多，势头也越来越猛。

案子就是利益输送，案子就是人情往复，从布政使到知县，乃至他们所雇佣的师爷和胥吏都因此失去他们认为的既得利益和人情。曾国藩出山只有短短几个月，便落得谤名满省城，城中“文法吏大哗”，都视他为怪物与仇敌。郭嵩焘、李翰章、朱孙诒、魁联、欧阳兆熊等地方官绅和名流都给他写信，不同程度地表达了不满。巡抚骆秉章虽有心制止，但怎奈曾国藩有咸丰帝的谕旨护体“务期根株净尽”，所以“未有以难也”。

按当时的一般做法，平息地方纷乱之后，练勇或立即遣散，或削减兵力，但曾国藩既没有遣散，也没有削减兵力，反而一再扩军。由此引起的巨额饷银，也让地方府衙抱怨不已。

这是一个酷热的日子，太阳火辣辣地炙烤着湘中大地，整个长沙城就像是放置于火上的一口铁锅。南门外的练兵场上，那些穿着号褂舞刀弄棒的兵丁正在接受训练前的点名。结果出来，又是长沙协带队缺的人最多，包括那个从来不参加会操的协副将清德。

曾国藩的审案局断了文官的财路，而练勇治军又让他得罪了武官。无论是团练，还是雇勇，都应该受各省总督节制，巡抚除兼有提督衔外，不得干预兵事。湖南绿营由署湖广总督张亮基管辖（骆秉章继续接任湖南巡抚）。张亮基对湖南绿营的腐败早就不满。曾国藩是他一再请出来的，对于曾国藩打破常规。不仅没有阻止，甚至于私下给予鼓励。曾国藩不仅插手地方官军事务，甚至辣手制裁不作为的官员。

去年太平军攻城，挖通地道，炸塌南城，协副将清德吓得摘去顶戴，藏身于市民家中。事后，不仅没有受到应有的警示和制裁，还依然在军营里混日子。他喜欢奇花异草，就连下乡剿匪，也会带回满船的花木。每月五次会操，他从不参加，把时间和精力都用来伺候他的花花草草。

而曾国藩看重之人是塔齐布，此时因守城有功已升为参将，他还有一个重要身份，满族镶黄旗人。塔齐布不仅会操一次不落，还奉命缉拿了几个巨盗要犯。他还经常与其部下诸殿元按照湘军的方法训练士兵，可以说是身在绿营心在湘军。对于清德和塔齐布，曾国藩有着完全不同的对待方式。他连上两份奏折，一份参劾清德，一份保举塔齐布和诸殿元。他请求将前者交由刑部，“现当军务吃紧之际，该将疲玩如此，何以督率士卒？相应请旨将长沙协副将清德革职，以励将士而振军威”。他请求将后者破格超擢，并保证“如该二人日后有临阵退缩之事，即将微臣一并治罪”。

曾国藩的做法彻底激怒长沙城的武官，提督鲍起豹是清德的铁哥们儿，他出面发起了一场来势汹汹的“驱曾运动”。他先是以天气炎热，虐待士兵为借口，将塔齐布赶出会操的练兵场，停止日常训练。鲍起豹扬言，没有他的命令，“敢再妄为者，军棍从事”。

绿营兵和湘勇不断发生摩擦，甚至对曾国藩也是大为不敬。有些地方甚至发生了绿营兵斗殴、伤害湘勇的事件。曾国藩在一封家信中抱怨道：“今年二月在省城河下，凡我所带之兵勇仆从人等，每次上城，必遭毒骂痛打，此四弟、季弟所亲见者。谤怨沸腾、万口嘲讥，此四弟、季弟所亲见者。”三月，绿营兵与曾国藩亲兵发生冲突，甚至打烂了他的轿子。七月十三日，湘勇试枪，误伤绿营兵。绿营兵立即执旗吹号，准备找湘勇开战。八月四日，塔齐布管带的团勇与绿营兵赌钱，双方发生摩擦，标兵在此集合起来，要和湘勇开战。

当曾国藩要求严惩带头闹事的标兵时，鲍起豹将带头闹事的士兵直接捆送曾国藩的住处。结果引得绿营兵冲入公馆，刺伤门丁和卫兵。曾国藩于仓皇之间跑去向骆秉章求救，对方建议放人，平息事态。

曾国藩像是一场大病过后，一时半会儿难以恢复元气。回想进入长沙城将近八个月时，他真的没有多少顺心顺意之事。他必须思考自己的出路，长沙毕竟不是成事之地，官场生态暮气沉沉，人心难以舒张。对于曾国藩来说，几个月的辛苦付出，也仅限于保境安民，离与太平军一决生死的目标还遥遥无期。现在回头看，咸丰帝给他的“帮同办理本省团练乡民搜查土匪诸事务”的职衔，并不是一个堂而皇之的权力位置。战争激发了曾国藩身上所具有的儒学精神，而儒学精神正在化为卫道者的自觉行动。知识分子的经世致用和名教意识之亢扬一时互为交融，时时都在鼓荡人间的奋发之气。所以，总领湘军的曾国藩要时时伸出手来，在“急工事”的过程里越过“帮同办理”的界限。

面对现实世界的种种无奈，曾国藩也只能伤感地叹息：“时事方亟，臣子既不能弭大乱，何敢以己事渎君父？吾宁避之耳。”眼前的一切，都在他的意料之中。早在这一年的二月，在写给咸丰帝的奏折里，就已经为自己安排好了后路。他在其中提到衡州一带地方混乱，请求去该处驻扎一段时间。

1853 年（咸丰三年）8 月 14 日，曾国藩以就近“剿匪”为由，带领属下塔齐布启程南下。

湖南衡州的建军练兵工作，紧锣密鼓地进行了四个月。曾国藩在此期间绞尽脑汁，也费尽了心力。这支军队除由罗泽南和王鑫动员的一千来人之外，又加上由干练的满洲官员塔齐布率领的、从绿营兵中专门挑选出来的士卒组成的部队，以及来自湘乡的由曾国藩的弟弟曾国葆和其他绅士招募的新的营。

湘军的出现为大清国填补了太平军所到之处，绿营兵败退之后留下的空白地带，在旧体制还没有被战争机器粉碎之前，湘军的崛起一定会与地方法度与权力发生碰撞。咸丰三年，曾国藩在一封信中自谓“今岁以来，所办之事，强半皆冒侵官越俎之嫌”。

而这种碰撞带来上下左右之间的种种疑忌、掣肘与争斗，使力赴时艰的人常常郁闷得要死。长沙之变，让曾国藩成为省城官吏的公敌，人人都想将其驱赶出湖南地界。他之所以还留在这里，是因为他还掌握着两三千人的精锐部队，湖南境内的防剿还有赖于他。所以在场面上还要做出支持曾国藩的样子，也不得不让他几分。也就在这时，王鑫突然站出来，向省城的行政官员们表达了自己的扩军计划。对于那些恨不得曾国藩一夜之间垮掉的人来说，王鑫的出现迎合了他们想法，他们正在寻找曾国藩的替代者。

地方府衙支持湘军的资源本来就有限，支持了王鑫，就会摊薄曾国藩应该享有的资源。曾国藩得知其中环节后，大为恼火。他必须将王鑫拉回到自己的阵营，曾国藩本来对他很是看重，曾给予很高的评价：“王璞山忠勇男子，盖刘琨、祖逖之徒也。”王鑫或许没有想那么多，能够争取官府的饷银，总要好过到处找人化缘，至于曾国藩的感受，他并没有产生理解之同情。

当曾国藩听说王鑫回乡招勇，出入鸣锣摆执事，乡人为之侧目。他感觉王鑫的态度发生了变化，“意气盈溢，话涉夸大，恐其持心不固，视事太易”。所以他给王鑫写了一封很严厉的信进行“详明规劝”。信中说道：“察足下志气满溢，语言夸大，恐持之不固，发之不慎。将来或至偾事。”这样的话在王鑫听来并不受用，他扩军是为了给死难的同学和挚友复仇，至于曾国藩对他的看法，并不重要。收到曾国藩的信，他也只是一看了之，甚至连信都没回。

曾国藩又分别给巡抚、布政使、长沙知府写了一封信，信中说的还是扩军的事。他还是让王鑫作为先锋，统领两千人；而不是作为军队的指挥者，统带万人。并建言，应该让王鑫裁撤超出计划的勇丁。

曾国藩最初的计划是将这个勇军的联合体组建成大约1万人的军队，然后把它置于江忠源的指挥下，他认为江忠源是比他自己更合适的军事领导人。但是这年秋季的一些事件暴露了江忠源的新宁部队组织上和军纪上的突出弱点，迫使曾国藩得出结论：新军必须在他自己的领导下，并依照他自己的模式组建。

曾国藩并没有获得大多数人的支持，他们说他心胸狭窄，妒贤嫉能。从长沙来到衡阳，曾国藩在困顿苦闷中消耗掉两个月的时间。而此时，洪秀全的军队水陆并进，靠着强大的水师，没费多少周折就抵达武昌城下，湖北形势急转直下。太平军水师的长驱直入，给了曾国藩启发，他请练水师。咸丰帝在谕旨中回复道："所虑俱是，汝能斟酌缓急，甚属可嘉。"

太平军撤出湖北地界，全力进攻安徽，团练大臣吕贤基、安徽巡抚江忠源相继战死沙场。前者败于舒城，投水而死；后者败于庐州（今合肥），也投水而死。令人感到不解的是，那些陷入穷途末路的官员能够想到的死亡方法，都是"投水而死"。尤其江忠源之死给曾国藩刺激极大。他与曾国藩相交十余年，曾国藩很是欣赏他，并极力保举他。当年，江忠源在北京求见曾国藩。当时，天下承平已久，江忠源却认为天下大乱将至，并对天下之事侃侃而言，声震屋瓦，将茶盏拂落在地仍谈笑自若。曾国藩对他大为改观，将他送走后，对人道："我平生从未见过如此人才。"又叹道："此人虽能名满天下，但最终会因节烈而死。"江忠源没有辜负这份信任，建楚勇，守危城，在不到三年的时间，便由署理知县而升至巡抚，并最终死于忠烈。

1853年5月（咸丰三年），郭嵩焘率湘军赴江西援救楚军江忠源部。经实战观察，郭嵩焘认为太平军之所以攻无不克，多赖水军，遂向江忠源上"编练水师议，忠源韪之，令其疏请敕湖南北、四川制战船百余艘"。江忠源鉴于太平军水师的强大，劝曾国藩在衡州训练水师。

待到江忠源转战安徽战场，他遇到了可怕的对手，太平军中的翼王石达开此时正坐镇安庆主持全局。石达开的军队先后攻克集贤关、桐城、舒城，迫使一代名将江忠源自尽。

太平军的凌厉攻势让远在京城的咸丰帝感受到了一阵阵寒意，他已经顾不了太多，曾国藩从帮办"团练"到自办"官勇"，他已经不再细究两者之间有无不同，而是仓皇地选择了信任。曾国藩要求拨饷购炮造船，他也毫不犹豫地同意。曾国藩在接到咸丰帝的谕旨后，立即投入水师的组建中。他又一次反客为主，将湘军的经费使用和人事控制等权力控制在自己手上。随着湖北战争警报的解除，湖南援军也可以留驻省城，不用再分心北上，两处折腾。在曾国藩的建议之下，长江上游急需建立一支水陆大军，与驻扎在南京、扬州城外的江南、江北两大营遥相呼应。由此，曾国藩获得了经济优先权，省府要向他供应造船募勇的经费，他甚至在奏请办理水师的当天，就奏请截留广东解往江南大营的军饷。因为湖北戒严，这一笔共计十万两的军饷正好滞存长沙，他申请从中抽提四万两。当时湖南省库也仅三万两的现金储备，曾国藩获得这样一笔巨款，很快在经济上站稳了脚跟。

站稳脚跟的曾国藩重新做回老大，当朝廷需要湘军出省作战，他可以挑选自己信任之人带在身边。很显然，此时的王鑫并不是他所信任之人。虽然他知道王鑫是能征善战之辈，但在自己需要支持的时候，王鑫却背叛了他，这让他耿耿于怀。骆秉章、罗泽南、郭嵩焘、刘蓉等人虽然从中调解，但二人已心生罅隙，难以再捏合一处。从此，创立湘军的三个湘乡人各自发展，无不牵制。王鑫将自己的战略重点放在湖南省境，罗泽南留在衡阳，而曾国藩继续扩充湘军，准备随时跨省而战。

第三章

太平图景中的凶兆

——“小天堂”的军事突围与谎言困守

1. 入城记：恰似苟且图欢日

1853 年 1 月，北京，这是一个异常寒冷的冬天，大风夹杂着黄沙，空旷之地被无形之手画下一圈圈弧形的波痕，枯瘦的树影透着死亡的气息，北方大地陷入生命复苏前的苍白。两湖战场上的一败再败，让久居圆明园的咸丰皇帝坐卧不宁。他终于体验到了其父道光帝的苦楚，为君不易，做大清国的皇帝更是不易。

从前方传回的军报显示，太平军正在向长江下游的富庶之地发动进攻，虽然坚固的城墙会暂时阻挡他们前进的步伐，但战争的形势并不明朗。绿营兵的战斗力在鸦片战争中已经被西方的军舰和火炮撕扯得七零八落，太平军虽然比不得洋兵，但是要依靠清军的现有实力，改变太平军的战略宏图也是不容易完成的任务。如果说，还有什么不确定的因素，那就是各地的团练队伍，尤其是曾国藩训练的那支湘军。

在此之前，咸丰帝已将向荣擢升为钦差大臣，“专办军务，所有军官文武统归节制”。而借故发配吉林的前陕甘总督琦善，也同样被召回，以三品顶戴署理河南巡抚。而两江总督陆建瀛，也被授予钦差大臣，带兵西进去堵太平军。这个崇尚自由，一天都不想在紫禁城里待的帝王正在经受政治上的最大考验。三个钦差大臣，像是三颗棋子被钉在三个不同的方向。他想的是，三路合围，将太平军歼灭于湖北战场，不能再让他们四方流窜，到处点火。

年轻的皇帝沉溺于风月之事，他是在逃避现实，还是为了忘掉忧愁？尤其是老师杜受田去世之后，他觉得自己成了唱独角戏的戏子被孤零零地抛在舞台中央，文武大臣、黎民百姓都成了挑剔的观众，而造反的洪秀全更是不将他放在眼里。他每天的工作，就是背诵那些事先拟好的台词，按照台本上的剧情设置唱念做打，即使这样，他还是无法得到观众的满意。如同这眼下的局势，他想的是三处各击，而现实却是一处着火两处观火。

向荣，这个战场上的老油子，与太平军交手三年，深知其中利害。他既不突前，也不拖后，与敌人保持能看见对方，却又不招惹对方的观望状态。而琦善的江北随太平军的攻势保持平行移动的状态，同样是观望，多了一份送君千里的不舍。

陆建瀛，这个将个人性命看得高于一切的湖北沔阳人，扼守鄂赣交接广济县境内的老鼠峡。他无可幸免地与太平军正面相遇，先头部队又不出意外地全军覆没，所幸的是他的逃生本领还过得去，驾着扁舟第一时间逃离了危险地带，并一鼓作气从九江逃到安徽省城安庆。安徽巡抚以为来了救兵，还没来得及高兴，这个被吓破了胆的钦差大臣，又只身逃往南京。

1853 年 1 月 12 日清晨，武昌城下，这本是一个极为平常的日子，若是没有战争，人们已经沉浸于新年即将到来的祥和气氛中。坐在轿子里的洪秀全感到一阵阵眩晕，这一刻他觉得自己仿佛拥有了某种神奇的力量，可以改天换命。胜利带来的喧哗与躁动，让他仿佛活在一个盛世的慵懒之中。

洪秀全是坐在一顶由十六名轿夫抬的豪华轿子里进入武昌城的，当他轻轻掀开帘子的时候，还是被眼前的一幕惊呆了。他看见全军与全城百姓以最高的礼节——跪迎他的到来，每个人脸上都洋溢着笑容。湖北巡抚衙门已经被临时换作“天王府”。刚刚过完四十一岁生日的洪秀全，迎来了人生最美妙的时刻，他用朱笔书写“天朝门”“天朝殿”。他的国生来就是天朝，生来就是天国，他才是名副其实的天王。

武昌，号称“九省通衢”“神州中央”，这里是长江、汉江交汇处，十里长街，百货充盈。眼前的花花世界，对于那些长年在农村辗转、生活的太平军将士来说是新鲜而刺激的。洪秀全没有理由不高兴，武昌是他占领的第一座省城，也是他从广西偏隅之地发兵以来夺取的第一座大城市。

武昌城内热闹非凡，也由此上演了一幕幕闹剧。比如设立所谓“进贡所”，勒令全城民众缴纳粮食、金银、鸡鸭、茶叶和其他物质，不放过每一条街道每一家店，名为“上贡”，实为变相的掠夺和抄家。当那些处于社会底层的将军和士兵，打开城门，进入这个花花世界之后，看到那些饱食终日、衣冠楚楚的富人，所能想到的是动用杀富济贫的手段，让这个世界成为小农平均主义的一块试验田。

洪秀全、杨秀清下令，一切财物归圣库。短短几天，就接收城中各种军需物资和府库银两，总价值一百多万两。城中许多大富人家乘着月黑风高之夜逃离，没办法带走的资财被没收，而选择留下的则要将其财产的十分之一捐入圣库。

在武昌，太平天国对民众采取创造性措施，将他们按照性别、年龄和身体状况分别送入各馆：凡年在十五岁至五十岁的男子编入正牌馆当兵作战，而处于两端的老人和孩子则编入牌尾馆，女人编入妇女馆（女营），有疾病者编入能人馆，残疾人编入老疾馆。

在武昌，还有另一场闹剧。曾经屡试不中的洪秀全则在自己的王国里大开科举，堂而皇之地实现“不靠清朝试，让自己来开科取士”的誓言。为了防止没有人来报名参加，洪秀全事先命令把识字的人登记造册，如有隐瞒自己的儒生身份，一律以清妖看待，格杀勿论。考试时，又派人把考生强行押入考场充数。这样的科举考试，结果可想而知。

就在武昌过除夕那天，洪秀全亲自挑选女人，扩充自己的后宫，选数六十，图个吉利。于是，他派蒙得恩在武昌大选美女，作为自己的寿礼。由于缺少官服，百官们身穿戏子演戏用的戏服，络绎不绝地穿梭于“天王府”。老百姓们载歌载舞，鞭炮声经久不息，仿佛外面已经是一个歌舞升平的世界。武昌俨然成了一大剧场，城内爆竹如雷，街巷地上爆竹纸厚一寸多。

2 月 9 日，农历新年刚过，洪秀全和杨秀清就决定放弃武昌，他们于这座城市，只是过客。太平天国将士们怀揣着“小天堂”的梦想在这座历史名城度过了令人难忘的天历新年。他们并不想在此做长久的停留，因为他们的目标在他们反复吟诵的圣诗里，他们的“小天堂”就在不远的前方。

江水浩荡，不舍昼夜。虽然还没人站出来公开“小天堂”究竟在何处，但从现实意义考量，它已经不是一个具体的方位之所，而是一股驱动内心的力量。太平军的规模是在战斗中发展壮大起来的，对于生活困顿的底层民众而言，所谓的信仰，能让一个人变得完全受自己的梦想奴役。古斯塔夫·勒庞在《乌合之众》中说：“对历史而言，个人命运可能隐藏在很小的一个小数点里，但对个人言，却是百分之一百的人生。”杨秀清以他的组织身份，几乎一夜之间便将涣散的民众整饬成军，太平军的兵力由湖南时的五万人增至十万人。待到他们离开武昌时，五十万大军号称有天兵百万，浩浩荡荡如水漫四方。

这时候已经没有什么能够阻挡洪秀全的军队对于“小天堂”的向往。而小天堂究竟在哪里？翼王石达开认为应该西去四川，可成王霸之业；洪秀全主张北上河南，取中州之地，逐鹿中原；但东王杨秀清则认为沿江而下，南京才是真正的“小天堂”。无论去往何处，轻易放弃武昌则是战略性的错误。太平军攻下各府城，大多都是穿城而过，没有留下官与兵，建立基层政权。

1853 年（咸丰三年）2 月 9 日，这一天正是太平天历的大年初二，武昌城内狂欢后的人群已经随风散去，回归于现实的太平军所要面对的第一个问题便是：他们的下一站在哪里？去四川，去中原，还是去南京？每个人的理由都充分得不容辩驳，谁也说服不了谁。于是，逼得杨秀清又闹了一回天父附体传话的把戏。天父的话至高无上，天王也只有无条件的服从，容不得辩驳。

太平军带走一百多万银两，也带走了收揽的人才和女馆人员，分水陆三路夹江东下，洪秀全乘坐“龙船”随中军行动。这艘体积庞大的龙船，整体造型极为夸张。龙头为船头，后有龙尾，整个船体金光闪闪，船上插满黄旗，两旁安设十余尊大炮。

太平军有船两千余艘，遮天蔽日，声势撼人心魄。水陆并行，五十万人的队伍首尾难见，让沿途的清军闻风丧胆。后来洪秀全乘坐的这艘有着象征意义的龙船被太平天国作为吉祥物摆在天王府侧，以此炫耀天王的丰功伟绩。

3 月 8 日，太平军陆路前锋部队抵达南京即古金陵城下。第二天，石达开等主力部队也抵达。南京攻坚战正式拉开序幕。紫金山下玄武湖畔的南京自古以来是兵家必争之地，曾为六朝古都。明朝开国皇帝朱元璋在此开基立国，明成祖朱棣迁都北京后，这里仍是陪都。清代以北京为都城，以盛京（沈阳）为陪都，南京改为江宁。当时文人墨客又习惯于用古名金陵。让人遗憾的是，在此建都的朝代享国都不长，只有东晋达到 103 年，其他都不超过百年。

南京是当时中国重要的政治、经济中心之一，为清国管辖苏、皖、赣三省，兼理漕、河、盐三务的两江总督的驻所。杨秀清将“小天堂”所在地放在这里，也是因为他了解这块地方。而此时，那个将身家性命看得高于一切的两江总督陆建瀛已逃回南京，躲进衙门，每日诵经念佛，他信奉的是观世音菩萨。

他甚至向周边寺庙招揽僧人，还专门派人前往九龙山恭请武僧，而太平军得悉，便让将士们剃了光头混入南京城，伺机而动。他并不指望用现实的武力改变一切，他相信超现实主义才能够改变现实，他请人在城门旁边糊了一个两丈多高的纸张，一帮和尚超度那些无法安息的灵魂，保佑南京城完好无恙。

原来赶到南京协防的江苏巡抚杨文定见到如此场景，预感大事不妙，也出城而去，他要去防守南京后方的镇江。陆建瀛、杨文定的做法让咸丰帝大失所望，他立即下旨将陆建瀛革职逮问送刑部大堂治罪，授江宁将军祥厚为钦差大臣署理两江总督，组织南京城的防御。几日后，心头怒气仍难消除，又追加一旨抄没陆建瀛的全部家产，并将其子刑部员外郎陆钟汉革职。

皇帝的愤怒，陆建瀛再也没有机会领受。当坐在轿子里的他，被太平军将士从轿中拖出来的时候，还没来得及自报家门，身体就被刀捅出了几个窟窿眼。这个胆小怕战的清国官员一路逃到南京，还是没有逃过太平军的刀斧。

死在太平军刀斧之下的又岂止陆建瀛，还有已经授职尚未奉旨的继任钦差大臣祥厚。如果说前者是怯懦保命者的代表，而祥厚却是一个随时做好牺牲准备的勇敢者。在太平军凌厉的攻势下，他们还是走上殊途同归的道路。

陆建瀛、祥厚的死带来的扩展效应正慢慢发酵，守军放弃了抵抗，四散而逃。这是一场极为惨烈的攻防战，太平军展开猛烈攻击，踏着同伴的尸体逐级而上，不眠不休，南京城在冲天的血光中沦陷于太平军之手。

这些日子以来，咸丰帝总是处于极度焦虑之中。他在批阅奏折的时候，显得漫不经心。他既想知道来自南京的讯息，又害怕收到更为不利的消息。这种复杂的心态，与他的父皇道光帝当年差不多。时至今日，他在政治上的所有努力，都与他当初的愿望相反。太平军的表现完全打破了他的政治构想，那些夸大其词的奏折，像是故意在挑战他的底线。惹得他不是把奏折狠狠掼在地上，就是长叹一声，把它扔进奏折堆里。

当南京城沦陷的消息传来时，咸丰帝居然没有暴跳如雷，而是站在原地，陷入长久的沉默。这个时候，他会想到谁？难道是他的父亲——道光帝？如果那个资质平庸的皇帝还活着，他会如何应付眼前的局面？在自己的血管里，永远存在一条与他联系的秘密通道，不管他愿不愿意。

咸丰帝落泪了，当着满朝文武大臣的面。虽然他不愿意待在紫禁城，但是圆明园的风月情怀，始终无法将他的内心照亮，相反，正逐渐将他推进深不可测的黑暗中。

1853 年 3 月 28 日，太平天王洪秀全乘坐六十四抬的大舆在千军万马的拥簇下进入这座帝王之城——南京。洪秀全，这个从广东省花县官禄布故乡出发的男人终于走到了历史舞台的聚光灯下。19 世纪的中国，所有的变化都猝不及防，甚至洪秀全本人，在他走入南京城的途中，他一定会产生一种梦幻般的感觉。那个屡试不第的乡村书生，那个在《劝世良言》里寻求精神慰藉的中年男人，终于走到了自己的人生巅峰。

洪秀全对于他的帝王角色没有丝毫的不适应和不习惯，生为天王，人间帝王又算得老几。他身穿黄绣龙袍，足蹬黄绣龙鞋，轿夫也是清一色的黄马褂，头戴黄礼帽，大轿前数百面旗帜，上百面锣鼓开道，大轿边是两百名赐穿黄马褂的“御前侍卫”，后面跟随着上万名“天王府”的牌刀手，在百余万天国子民与开国诸王的跪迎下缓缓行进。这是何等气势，何等辉煌的排场。这位“上帝次子”当起人间帝王真是有模有样。时人汪士铎记录：“（太平军）皆红巾，短衣窄袖，或红或黑，赤足，红绿长巾，又以花巾绕项，持刀矛，或骑或马，亦间有戴竹盔者，以二十五人为一队，队伍甚肃。”

洪秀全进入金陵后，宣布建都，改为天京。天京的一切遵循“小天堂”的规则，军队称“天军”，老百姓称“天民”，法规称“天规”，其后，又创造了“天将”“神将”等“天”字辈的名词。杨秀清为表示建都南京的无比正确性，将太平天国的高级笔杆子们找来，就建都天京乃出自天父之意，各自著文立说。那些为利益而驱的文人将天意与洪秀全的天国做捆绑式推销，有人在文中写道：“天降非常之人，必界以非常之任；天定非常之任，必界以非常之珍以佑之。”“今日建都于斯，实天父大作主张，天兄有担当，故名之曰天京焉”，等等。这些文字都被录入《建天京于金陵论》，印刷出版。殿前右史何震川因参与撰写，而被连升三级。当洪秀全再度提到要迁都河南，杨秀清假托天父下凡，责骂洪秀全说：“你要迁都河南，就是想变妖，该打屁股。”在迁都这件事上，洪秀全又一次败给杨秀清。

由于权力的不受制约，已经没有任何力量能够阻挡洪秀全和他的战友们投奔享乐的步伐，也没有人会善意地提醒他们，在革命尚未取得成功之前，这种享乐是一种危险的信号。当然，也不是所有人都陷落于建都南京所带来的狂欢之中无法自拔，有清醒者看到了太平图景背后所蕴含的不祥之兆。比如，功勋卓著的罗大纲就看到了其中的隐忧：“过早建都，从军事上讲，不仅给了清廷喘息休养的机会，也使南京成为太平军北上夺取政权的一个沉重的包袱，太平军的战略，将因此由攻转守；从政治上讲，则将一支纪律严明的军队变成了一个矛盾丛生、贪欲横行的官僚系统。”

天堂就在身边，这的确容易让人产生幸福的眩晕，让人迫不及待。天王洪秀全已经顾不了太多，他兴奋地在第一时间颁布了诏书：

地转实为新地兆，天旋永立新天朝。

一统江山图已到，胞们宽草任逍遥。

洪秀全和他的战友们陷入瓜分胜利果实的疯狂之中，那些从广西一路追随而来的兄弟成了管理这座城市的新主人。一万名工匠花了六个月时间，将两江总督府衙改造为富丽堂皇的“天王府”，这里成了天王生活起居的地方，而天国重大的事务处理都在“东王府”。那些在阳光下排列的廊柱和重叠的飞檐，赤裸裸地展示着它的气派与奢华，而欲望和欢乐，则藏身于每一个角落。

南京城里，天王表现出毫无节制的奢华，对每一个身边人来说，都是一种刺激和腐蚀。据张德坚《贼情汇纂》记载，建成的天王府方圆十余里，比明清故宫大一倍多。“外为太阳城，内为金龙城。自金龙殿至最后面的三层楼，共九进，表示九重天庭之意。墙壁用泥金彩画，地面铺大理石，门窗用绸缎裱糊，栋梁俱涂赤金。里外雕琢精巧，金碧辉煌，极其气派豪华。”

为了让天王在人间“小天堂”享受到天堂的待遇，“天王府”配备了庞大的官员队伍，左右侍臣四十八人，职同检点，左右史官四人，专门负责记录天王言行，职同检点；掌朝仪二人，负责制定礼乐，职同检点，左右通赞八人，负责传达天王的诏旨，职同检点。这样在天王身边具有“检点”职务的高官就有六十二人，还有职同指挥、职同将军的管马、管车、管膳食的官员，总数超过一千六百人。除了这些，还有后宫庞大的女眷队伍。

太平天国自金田起义后 ，一直实行男女“分营”制度。本以为来到“小天堂”，就可以恢复正常生活，但一如既往地严苛。平常人包括情欲在内的一切私欲都受到禁止，即使是夫妻，每个星期也只能见一次面，还有旁人在旁边监督，夫妻之间行房事要被双双斩首。许多妇女被编入军事单位，各有战斗岗位。而这样的规定只是针对普通天国官员与百姓而言，对于洪秀全以及其他上帝的子女，如东王杨秀清、西王萧朝贵、翼王石达开是没有约束力的。他们这样告示天国中的男女：“众弟兄当努力杀妖时，非苟且图欢之日。”

洪秀全宣称婚姻天定，娶美女是听“天父”的旨意，所以起义一开始，就大肆搜罗美女，充实后宫，在永安时，妃子就达数十人，定都天京后，后宫的人数更是大大增加，据其子洪天贵福被俘虏后交代，说有母后八十八人，而另一种说法是一百零八人，宫女则有上千名。

这是一种精神上的不平等，而这种不平等给予民众的惊惶，更甚于物质上的不平等。而此时，洪秀全、杨秀清正沉浸于权力带来的无限自由中。

2. 北伐记：是生路，还是死地

面对太平军的凌厉攻势，咸丰皇帝一下子乱了方寸。不知从什么时候开始，这个年轻的皇帝在遇到烦心之事时，已经发不出一个帝王的咆哮之声，他习惯于站在圆明园九洲清晏的台阶上，沉默地望向西天的云彩。1853 年 1 月的这个傍晚，当他又一次站在某个台阶固定的位置上，心里一遍遍默念着的，是一份已经酝酿了很久的《罪己诏》。

在用过各种办法之后，这个在史学家看来命有些苦的皇帝期冀用这样一份《罪己诏》的诚意感动上天，其中有言："朕为天下之主，不能察吏安民，致令盗贼肆行，闾阎警扰……每念生民涂炭，抚育无方，即：再三引咎自责，亦属虚文。惟又恐惧修省，叩吁昊苍，省予之辜，拯我穷黎。"

这份看上去略显诚意的《罪己诏》经由礼部和各地大员刊刻誊黄，宣示中外。

帝王的"罪己诏"折射着中国古代政治文化传统的某些特点。国家危难，帝王"罪己"， 借此消除民怨。"罪己诏"诚然有欺骗性的一面，但也包含着帝王对自身过错的反省，其中不乏真诚的忏悔。咸丰这么做，显然已经意识到清国的社会矛盾和治理危机已经走到了分崩离析的边缘地带，不然一国之君何至于此?

咸丰帝下定决心颁布《罪己诏》，以图消弭天怒人怨，挽回世道人心，匡扶江山社稷于风雨飘摇。这已经不是咸丰帝第一次颁布《罪己诏》，去年春天（1852 年）他就已经颁过一次，求上天宽宥，民众原谅，臣子尽心用命。而这一次语气更为恳切，可字里行间流露出的诚意并没有让紧张的局势得以缓解，反而愈演愈烈。随后不久，沿长江东进的太平军先后攻破九江、安庆。自洪秀全的军队从广西金田起义以来，咸丰帝已先后从 18 行省调集外省兵丁

84700 人，连同本省兵丁近 10 万人，随时雇募的壮勇还不包括在内，而为此投入的军费银更是高达 2510 万两。咸丰和他的官员们并不是无所作为，他们策划了一系列方略部署，并投入实施，但最后还是在残酷的现实面前败下阵来。失望的君主将参与前期剿杀太平军的官员挨个处罚，甚至下令让广西巡抚劳崇光派人密访太平天国各首领家族的祖坟，“尽行掘发，以消逆焰而除戾气”。这种毫无道德底线的幼稚行为，并不能改变烂糟糟的时局。

对于咸丰帝来说，最让他头痛的是手中能够调遣的兵力越来越少。太平天国占领南京后仅十天，紧随其后的是钦差大臣向荣率领的 1.7 万绿营军，在城东南孝陵卫绵延而下十八座大营，它就是长年围困天京的“江南大营”；几天后，又一钦差大臣琦善，也就是鸦片战争时期与英国人谈判的两广总督，他率北路清军赶到扬州附近扎下达营，直接威胁扬州和天京，它就是“江北大营”。南方各省可以调遣的兵力，除已溃散外，尽归于江南大营，而北中国的部分兵力集中在琦善的江北大营。两大营的任务是攻克洪秀全的巢穴——天京，咸丰帝自然不能过分削弱兵力。

对于咸丰帝来说，这是一个无可奈何的选择。太平军已经将长江中下游的各省清军，狠狠地扫荡了一遍，各地驻防的军队越来越少。他们虽然拼尽全力保住了南昌，但九江、安庆、庐州（今合肥）先后落于太平军的手里。洪秀全、杨秀清在这时候做了一个正确的决定，建立皖赣根据地，并以一部分兵力攻入湖北。

面对着一次又一次的失败，咸丰帝也承认在某些关键岗位的关键环节用错了人。可除此之外，他并没有在《罪已诏》里为自己找到更为客观的理由。对于排兵布阵的战争部署，已详尽到何处设防何处进兵；对于太平军将领和士兵的处置，他也尽可能地收买和利用。前方传回的奏报，他从不过夜，当日事当日毕。前方将帅要兵，便调动十八行省精兵十万，就连关外龙兴之地的部队都动用了，还有各地的乡勇；前方粮台要饷，连内务府都压缩开支。至于用兵之道，贵在赏罚分明。三年来，各地督抚换了个遍，该革职拿问的绝不含糊，该抄家的就抄家。

对于帝王来说，“罪己诏”往往是他的最后一招，若是此招无效，也只能被动地等待天命裁决，天意弄人。

1853 年 5 月，太平天国天官副丞相林凤祥、地官正丞相李开芳等人，率军两万北伐，直捣幽燕之地，攻取北京。这支军队人数不算多，却大多是从广西一路打先锋的精锐部队。

洪秀全指令林凤祥、李开芳等将领，要他们“师行间道，疾趋燕都，毋贪攻城夺地縻时日”。北伐军要以迅雷不及掩耳之势直捣清军心脏地区，而不要纠缠于一城一池。即使为了军队的补给而攻城，也不能过多地消耗时间，更不能展开阵地战。北伐是洪秀全、杨秀清用来解除这种军事压力的一剂良药。时任英国领事密迪乐道出了太平军北伐的真实意图：北伐军之目的，不在于大举进攻北京，而只是作为牵制之师，分散清军北方兵力，使其不能大举南下进攻太平军。太平军北伐是在太平天国面临极端险恶的历史环境下做出的战略决策。

林凤祥、李开芳率领的北伐军从扬州出发，一路望风披靡，连克滁州、临淮关。五个月之后，兵锋直抵天津郊区的静海。太平军在静海驻扎期间，虽然遭到清军的包围，但仍有不少地方百姓冲破清军的封锁支持太平军。如静海西边就“有人运卖粮草猪鸡等物”接济太平军。另据清人郝福森撰《津门闻见录》载：“有大胆无知愚民，暗绕道贼营卖茶、卖点心者……可见汉奸不少。”天津城里的一些商铺户主也设法接济太平军，如“王莲品、杨长源、张、穆等姓，均与贼通，常送贼营食物”。此时，就连咸丰帝也觉察到其中端倪，他在上谕中发出疑问：“该大臣（僧格林沁）屡次奏称贼粮缺乏，何以数月之久尚能固守？况贼中枪炮尚多，可见该逆米粮、火药并未断绝，且恐附近愚民暗中接济。”

消息传来，京城里的王公贵族已经悄悄地收拾细软开始谋划自己的逃亡之路，而咸丰帝的情绪此时已降至冰点，他甚至想到了煤山下吊死崇祯的那棵歪脖子老槐树。野史记载，在这段难熬的日子里，沮丧至极的咸丰帝曾对恩师杜受田的儿子杜翰说道："天启当亡国而弗亡，崇祯不当亡而亡。今豫南北皆残破，贼已渡河，明代事行见矣。设在不幸，朕亦如崇祯不当亡而亡耳。"

这段不可尽信的传言虽然说明不了什么，但是"山雨欲来风满楼"的情势已不可阻挡。此时太平军镇江守将罗大纲致书英国驻上海领事称："依揆情势，须俟三两月之间，灭尽妖清。"在华的外国人几乎都认定爱新觉罗的王朝行将崩溃，京城里逃亡的脚步声和暗夜里的叹息声，连远在伦敦大英博物馆里沉浸于理论著述的马克思也听得到，他从那一份份来自东方的邮电信息里了解到比现实更糟糕的中国，他写道："中国皇帝因预料到北京快要失陷，已经诏谕各省巡抚将皇帝的收入送到其老祖宗的封地和现在的行宫的所在地热河，该地距万里长城东北约八十英里（约 129 千米）。"

前后五个月，横跨五省。太平军的凌厉之势，让远在京城享受着圆明园旖旎风光的咸丰皇帝也能感受到寒意逼人。他仿佛已听到大厦将倾时，那根撑天梁柱发出的断裂之声。情急之下，他将盛京、吉林、黑龙江、察哈尔、陕西、甘肃、河南、山东、直隶，绥远城、密云……[①] 从京城门户之地到西北边地要塞，能动的兵马都动了，能用的将领也都用了。每天从京城发往各地的谕旨，十之八九都是调兵遣将。这难免会让人想到十三年前的鸦片战争，一样的火急火燎，一样的凌乱无序。他先是将钦差大臣一职授予文渊阁大学士、直隶总督纳尔经额，因战争失败，钦差大臣的帽子又落到了内阁学士胜保的头上。被摘了帽子的纳尔经额只落得斩监候的下场，让人看得目瞪口呆。

在一本名为《醒睡录初集》的笔记体书中，则为我们描绘了一幅大清皇帝逃离京城的悲壮画卷：这一日，咸丰帝召集王公四辅六部九卿会议，眼睛里看见的是悲戚之色，听到的是嘤嘤抽泣之声。咸丰帝一声断喝："哭不济事，要准备长策。"有人建议放弃京城，另图他处，或是北逃盛京，或是西去长安，或是逐鹿中原。

---

① 盛京指今辽宁省沈阳市；察哈尔省指今张家口、大同、宣化等地区；绥远城指今呼和浩特市；直隶指今河北省。

咸丰帝实在听不下去，慨然道："弃大业而出奔，古所耻；谕各省勤王兵，势无及。国君死社稷，礼也。然与其坐而待亡，不若出而剿贼。惟遣师督兵，战而捷，则长驱直捣，灭此小丑而还；不捷，则深沟高垒，待勤王之师不迟。"

这段笔记，显然是在刻意美化君王的形象。在天崩地裂的现实面前，大清国的皇帝成了放手一搏的赌徒，在捷与不捷面前，无奈地做着两手准备。而与之相呼应的则是记录皇家档案的另一则记录。1853 年 10 月 10 日，当前方误传太平军已攻占距离北京仅 180 公里的定州（今定州市），咸丰帝在紫禁城乾清门外举行仪式，授惠亲王绵愉为奉命大将军，颁给锐建刀，授科尔沁郡王僧格林沁为参赞大臣，颁给纳库尼素光刀，又命六弟恭亲王奕䜣参与京城巡防。

咸丰帝抬出皇叔绵愉，只是借重他的皇族声名而已，真正扛鼎之人还是参赞大臣科尔沁郡王僧格林沁。这个来自科尔沁草原的蒙古汉子虽有粗野之风，但也颇有谋略。清朝时期的蒙古地区，早已不复昔日黄金家族的神韵。尤其是在准噶尔汗国势力被彻底扑灭后，让这个曾经无比辉煌的草原帝国，成为时间深处早已被风化变形的僵尸骷髅。

甚至在血缘上，清朝皇帝也通过联姻名正言顺地融入了"黄金家族"。清太宗皇太极的三位皇后全部来自蒙古科尔沁部（成吉思汗之弟哈撒儿的后裔），包括著名的孝庄皇（太）后在内的这几位蒙古皇后的姓氏（博尔济吉特氏）其实就是成吉思汗姓氏的清代译法。道光皇帝的孝静成皇后也是一位博尔济吉特氏的"黄金家族"女人，她的儿子比她更加有名，即恭亲王奕䜣。

僧格林沁所在的科尔沁蒙古，则因为与清朝皇室的关系密切，成为一个王朝权力格局中不起眼的注脚。僧格林沁早年较为惨淡的人生经历，就是毫无希望的真实写照。但僧格林沁个人又是幸运的。年仅 15 岁的他在伯父的帮助下承袭了郡王爵，随后被接到京城居住。在爱新觉罗氏的权力机构中，像他这样的底层贵族所能选择的人生路径只能是执行与效忠。

惶惶然不可终日的咸丰帝对于眼下的时局，显然是过于悲观了。那些呼啦啦奔腾而来的北伐军并没有强大到不可战胜，总共只有两万余人，又是孤军深入，长途奔袭四千余里，早已是强弩之末。到了天津附近便无力继续向前，只能在静海县独流镇固守待援。

李开芳、林凤祥的北伐军在进入黄河流域，接近清王朝腹地后，已深感兵力不足，缺乏后援。此时太平天国除了天京还有部分城防部队，此外就只有诸王卫队，各衙倌杂役、勤务人员可充预备梯队，已没有足够的机动力量。太平天国定都天京时，总人数有五十万，这是将男女老少一并计算，而真正的有生力量不过十多万，北伐去了精兵两万，保卫天京及附近地区四万，其余大多用于西征。

西征大军进攻南昌，久围而不得其效，已专攻湖北，天京受到向荣江南大营的威胁和牵制，扬州则受到江北大营琦善的部队围攻。在无兵可调、无将可用的境遇下，杨秀清还是派出一支由夏官又正丞相曾立昌率领的扬州撤出的守军，组成北伐军。这支不足一万人的军队有着梦幻般的开局，在一个多月时间里，先后攻占桐城、舒城、颍上、蒙城和河南永城，顺利渡过黄河，进入山东，连克单县、金乡、巨野等县城。北伐援军如入无人之境，随得随弃二三十座府城、县城，所过州县即使有人想拦，也拦不住。

这支军队的人数犹如滚雪球一般，一度暴涨至四万多人。他们中的大多数是沿途的捻子、盐枭、破产农民、溃勇、游民和白莲教成员，成员结构颇为复杂。当他们攻下一座城池时，会很快暴露自己的流民本色，成群结队出现在大街小巷，疯狂掠夺，然后一哄而散。这样一支队伍如同滚雪球，顺境时人员递增倍至，而遇到逆境时又快速地分崩离析，兵败如山倒。

这支北伐援军一路上跌跌撞撞，虽然也曾取得过火烧五座敌营的战绩，但还是像无头苍蝇似的，寻路南逃。而在逃跑的过程中，竟然被一个区区几百人的团练打得找不着北。统帅无能，累死三军，待到这支北伐援军回到天京时，已所剩无几。据清人奏报，北伐援军在途经颍上时只有二三百人，后又经过安徽地方清军和江南大营军队的拦截，最后活着回到天京的人少之又少，几乎是全军覆没。后来李秀成将这支北伐援军，称为“天朝十误”之一。

“误调丞相曾立昌、陈仕保、许十八去救，到临清州之败。”“误因曾立昌等由临清败回，未能救李开芳、林凤祥，封燕王秦日纲复带兵去救，兵到舒城杨家店收回。”

北伐援军失败之后，杨秀清还打算再派出一支援军，东路拟由天津渡江北上，但因浦口失陷未能通过而不了了之；西路秦日纲率军北上，为了壮大北伐军威，更是将秦日纲擢升为燕王，以为横行“幽燕之地”。但秦日纲军至安徽舒城即南折回，向杨秀清打报告说“北路妖多”。两路援军也就在这一场接一场的闹剧中彻底画上句号。

而此时已深入天津，苦苦等待援军而不得的北伐军，只能成为一支孤军。让这样一支孤军去完成推翻清王朝的任务，显然是不切实际的做法。有事后诸葛亮式的人物做出了种种假设，比如太平军全力经营江南之地，现实谋取南中国，再与摇晃的清王朝做最后的战略决斗，谁先倒下去，还真难说；比如，若是洪秀全、杨秀清不贪恋天京城里的荣华富贵，而是全军推进，谁主沉浮，也未可知；比如，太平军从武汉出发，经河南直接扑向北京，结局也不好说。

在这些方案中，太平军偏偏选中的是一条“死亡之路”。天时地利人和，三者都不利于北伐军。北伐军虽仅剩一万余人，但仍保持着旺盛的士气。李开芳分军突围南下，接应来自天津北上的援军。而林凤祥则继续坚守连镇，困守在连镇的北伐军选择继续坚守连镇，等候援军到来。

1854年2月5日，在北方寒冷的天空下，北伐的太平军除了要应对来自“清妖”的围追堵截，更要面对难以适应的气候。朔风四起，那些早已习惯了热带雨林气候的两广兄弟，如今只能在北方的冰天雪地里靠回忆取暖。他们离开故乡已经太远，既缺少保暖的衣物，又没有抵御寒冷的常识，每天只能潦草地吞咽着北方的玉米和高粱。

他们在静海固守了三个多月后，只得沿着运河向南突围。太平军将士们冒着凛冽的寒风，身上穿着单薄的衣裤，裸着破裂的双足，踽踽行走在苍茫的北方大地上。而他们的身后则是僧格林沁派出的蒙古马队，在辽阔的旷野上，北伐军将士根本无法抵挡马队像风一样来去的冲击。在当时参与此次撤退的读书人陈思伯所著的《复生录》中记载：“（林凤祥）明知冒雪履冰，贼咸伤足，而不稍加爱惜，趋之夜行泥途，死去悍贼过半。”也就在这个奇冷无比的夜晚，北伐军将士因冻足落后，或冻伤路边被杀的就有数千人。这是一次失败的突围，让北伐军大伤元气。

一路退却，一路遗尸，这样一场毫无头绪可言的大撤退，也将北伐军逼进死亡之路。最后退到东光附近的连镇，以数千残兵剩将面对僧格林沁最精锐的蒙古铁骑。

北伐军在天津静海的固守不前，让咸丰帝看到了转败为胜的契机。原先定下的保卫京都的战略，已经彻底转变为消灭北伐军的战略。可是，天津近郊与河间束城的两次突围，虽然减轻了京师压力，但却无法逃避咸丰帝的责难。

连镇，在今河北省境内，地跨运河两侧，名曰东连镇、西连镇。林凤祥领着数千太平军与僧格林沁率领的两万清军展开对抗，这本是一场毫无悬念的战争，可过程却比想象得艰难而漫长。在此之后的一个月里，李开芳、林凤祥的北伐军主力，被僧格林沁的骑兵牵制于冀中河间、任丘之间的束城和米各庄等村，两军互有攻守，也各有伤亡。北伐军的统帅之一吉文元就战死于此。

当北伐援军撤出临清州南下时，北伐军还在苦守阜城，等着援军到来。在他们辗转来到连镇的第三天，北伐援军已在逃跑中溃散。而这一切，在没有现代通信设备和现代交通工具的情况下，北伐军还蒙在鼓里。北伐军与北伐援军像是出现在两个不同时空里，各自为战。直到 1854 年 5 月下旬，北伐军才知道在天京城里坐享革命胜利果实的洪秀全、杨秀全没有抛弃他们，而是派出了援军，援军已进入山东地带。这个消息虽然姗姗来迟，但终究是来了，令北伐军将士们感到鼓舞，据称是一个广东大脚妇女送来的密信。

于是，北伐军很快做出了战略调整，由林凤祥留守连镇，李开芳南下接应援军北上。

而此时，遥远京城里的咸丰帝在圆明园里早就等得不耐烦了，他在僧格林沁的奏折上毫不掩饰自己的情绪，如此写道："朕数日未阅军报，即觉烦闷难堪。今早忽接军报，以为必可得手。及细阅情形，仍属敷衍。若不赶紧灭尽，何日是了！又借口冰雪皆融，若早能歼灭，焉致今日之费力，断不能再宽时日！"

皇帝急，僧格林沁也同样着急，但着急解决不了问题。天时地利人和都不占的林凤祥，只能靠自己。他采取固守不出，偶尔派出小分队突袭，打得敌军措手不及。僧格林沁防不胜防，又时时担心太平军突围而去。林凤祥，这个勇猛的广西汉子在连镇坚守了十个月，这么长时间估计连他自己也没有想到。随着季节的日渐变冷，时间被战争揉搓得越来越长，北伐军陷入缺衣少粮的恐慌之中，高粱吃完了，黑豆也吃完了，接下来也只能吃草根树皮。

以数千兵力面对僧格林沁最精锐的蒙古铁骑，居然坚守了十个月。如今翻阅连镇地方志，关于这场战事有着触目惊心的描述，夏日里尸体堵塞运河，尸臭熏天，数十里之内乡民无敢用水者。十个月的时间，漫长得就像是一个人的一生，而那些幸存下来的将士们开始动摇了。他们饥肠辘辘的肚子，决定了他们所做出的选择。连镇围城里的将士实在撑不下去，他们中的很多人开始寻找机会逃离这里，前后共计三千余人，占围城里总人数的一半。

1855 年 3 月 7 日凌晨时分，当僧格林沁发出总攻的号令时，北伐军虽有心杀贼，却再也没有力气提刀。他们只能以饥寒之身，与清军展开血肉相拼，白刃相接。林凤祥在连镇陷落时，也做了清军的俘虏。并很快被押解至北京。僧格林沁在一份奏折中写道："该逆（林凤祥）受伤甚重之后，藏入洞中，复又服毒。现在抬至大营医解。拟即委派大员护解槛送赴京。并令沿途察看地形，设若该逆奄奄将毙，立即就地凌迟，以免幸逃显戮。"

在清廷严刑逼供下，林凤祥仅留下一份数百字的《供词》，录下其身世及经历，别无他言。第二日，在北京菜市口刑场被凌迟处死，时年三十一岁。时人潘士安目睹林凤祥受刑之时"刀所及处，眼光直视之，终未尝出一声"。

1855 年 3 月 9 日，咸丰帝终于接到僧格林沁的红旗捷报，脸上露出多年不曾显现的笑容。当日他连下两道谕旨，一是擢升僧格林沁为博尔多勒噶，命其移军高唐，扑灭北伐军李开芳部，并命将师老无功的钦差大臣胜保押解回京；二是自己将于一个半月后于西陵，祭拜其父道光帝和各位列祖列宗，感谢他们护佑大清。

咸丰帝大部分时间都是待在圆明园里，除了责备他的荒淫无度，也应对其抱有“同情之理解”。一个精力旺盛的君主接手这么一个烂摊子，太平天国气焰嚣张，沿海一带暗流汹涌，他如此喜欢园居生活，据说与紫禁城里的某条制度有很重要的关系。宫中有个机构叫敬事房，所谓“专司皇帝交媾之事者也”，也就是专门管理皇帝与后、妃的房事。

他待在紫禁城里，那套宫城里的祖宗之法就是一个个有形与无形的枷锁，让他动弹不得。在一本《清代野记》的书中有过说明，年轻的皇帝对这个连皇帝行房事都要遵循“祖制”的规定肯定不满意，但是祖宗之法又不能随便更动，于是，选择于圆明园等不必奉行此一制度的行宫进行规避。虽然这有妄猜之嫌，但也符合咸丰的性格特征与人生大势。

除了一些大型礼节性活动需要回到紫禁城做必不可少的背景墙外，咸丰的大部分时间都在圆明园中。虽然他在登基之初，就有诏停止大兴土木，可是在圆明园里并没有得到执行。连胜保都看不下去，说：“游观之所，焕然一新。小民窃议，有累主德。”可咸丰帝根本听不进去，他最为享受的事，莫过于驾着一叶扁舟，漂荡于福海之上，然后驻足于蓬莱瑶台。放眼两岸，宫女们穿梭往来，裙裾摇摆，让人一时忘了世间烦恼。

北伐军的败亡从援军溃散，李开芳与林凤祥分兵两处时就已经注定。李开芳领军一千人南下山东高唐，并在夺取并坚守高唐州的二百八十多天里，与十倍于己的清军进行了三十多次激战，而且次次打垮敌人。咸丰帝虽然对前线的战事不再充满信心，但是兵力如此悬殊，却换来如此不堪的战果，让他大发脾气。一气之下将胜保拔去花翎，革职留营。等到僧格林沁攻陷连镇，带着他的蒙古铁骑和七千乡勇接手高唐州的军务，胜保也就只落得发往新疆效力赎罪的命运。

林凤祥没有突围，死守连镇，李开芳是和林凤祥协商之后走高唐的，一方不突围，另一方也只能为牵制清军而死守一处，不能弃道义于不顾。李开芳一直坚守到最后，直到僧格林沁挥师南来时，他才预料到连镇的林凤祥已了结战事，李开芳这才毫不犹豫地做出撤退南归的决定。

弃城而出的李开芳率领七百人向南狂奔四十五里，在夜半时分进入冯官屯。僧格林沁引运河水灌进冯官屯。这项工程虽然耗时耗力，但却让李开芳和他的残余部队陷入一片汪洋泽国。进退无路的李开芳虽然抱有求生之念，但也只能无奈地接受僧格林沁的招抚。

清人姚宪之在《粤匪纪略》所载，僧格林沁用水攻淹了冯官屯之后，十六日，"巳刻，开芳遣一人送降禀，僧邸令限午时先缴军械，方准投诚，半时许，果缴器械，遥见数十人张红伞拥开芳来"。僧格林沁害怕他们趁机突围，一万多人在左右两翼围困，将李开芳等八十八人全数擒捉。

当时在僧格林沁军营效力的张集馨在他那本著名的《道咸宦海见闻录》中记载李开芳投诚后一幕：1855 年 3 月 16 日，粮台海昆圃着人来请张集馨等人前往大营，说是李开芳投诚……到大营，问知李开芳在僧格林沁的营帐内坐。当张集馨等人进入营帐，李开芳等人赶紧起立。李开芳等人在清军大营中谈笑自若，与平日并无二样。

在张集馨的眼睛里，投诚而来的李开芳"头裹花洋布手巾，身穿月白紧袖小袄，青色皱绸单裤，短袜，红色绣花鞋。面色黄白，瘦颚耸立，双目下注，两鬓皆长发"。僧格林沁向李开芳保证："我既准你降，我断不杀你，将来江南，我还要带你同去立功，不卜平定江南，你有何计？"

李开芳回答："江南瓜镇各营，我可招致，若专恃兵力，转难得手。"

僧格林沁道："你说得对。大将军惠亲王（惠瑞亲王绵愉，咸丰三年授大将军，留京督师）欲见你一面，即打发你回，随我南下。你在京谅无多耽搁也。"

不知是僧格林沁太过狡诈，还是李开芳太过天真，自我感觉太过良好。他居然和僧格林沁面对面地讨价还价，他建议僧格林沁不要杀太平军中的广西人。他说："若是广西人投出，也准免罪不杀，广西人何乐而不投出？若广西人纷纷投出，则南京不难破了。"他这时候还幻想着成为清军的一名将军，带领军队去进攻天京。他愿意去打南京，招安同伴，还为此推荐一名姓沙的将军随其一同前往，并向僧格林沁打包票，若是不拿下南京，甘愿接受应有的处分。

李开芳及部将黄懿端等七人被押解进京，其余八十余人被当成祭品，开膛取心为清军在连镇、高唐、冯官屯被北伐军击毙的八千多阵亡将士祭奠。1855 年 6 月 11 日，李开芳等人被凌迟处死。清人龚淦的《耕馀琐闻》记载，当刽子手将其押往刑场时，"已被数刀，犹能仰首张望。正绑黄懿端上身，一脚将刽子手踢死，挣脱欲逃，兵丁等惊而却步。数武官共以枪刺倒，乃得受刑"。

3. 西征曲：是挽救危局，还是荣耀之歌

1853 年 6 月 23 日，北方已进入炎炎夏日，空气里弥漫着干燥而热烈的暑气。这一日的紫禁城分外热闹，乾清宫前的广场上卤簿如云，金声玉振，庄严的礼仪散发着四海同庆乾坤再造般的祥和气氛。

宫墙里的太监宫女们穿梭如鱼，行礼如仪，其中有些资历的拨着手指头算，爱新觉罗的王朝已经有二十七年没有举办如此规模的盛典，上一次举办这么大规模的盛典还是道光八年平定新疆的张格尔叛乱，那时候，当今皇上还没有来到这个世界。按照清朝制度，如此宏大的庆典也只有在大胜之后才可以举行。当此南方军务吃紧之际，咸丰帝却铺排出这样一招一式都按照祖制的大场面，虽然有颇多令人指摘之处，但也有着振奋人心的积极作用。在这一日的谕旨里，咸丰帝乐观地表示"现在北省军务告蒇，河北一律肃清"。

乾清宫前的这场庆功仪式，也只是咸丰帝为京城解围，长吁而出的一口气。在他看来，僧格林沁扑灭北伐军的功劳，有如再造大清王朝。他颁赐恩赏出手阔绰，居然让僧格林沁以亲王"世袭罔替"。按照清代制度，皇帝之子可封亲王，而亲王以下的子孙，一般都要降袭，如亲王之子降袭郡王，郡王之子降袭贝勒，

贝勒之子降袭贝子，贝子之子降封镇国公……僧格林沁以蒙古贵族进封亲王，已属特例，此次再获“世袭罔替”的破格待遇，可见咸丰帝对时局的错误估计。

北伐虽然重要，但令人不解的是，只有两万人的北伐军却不是太平天国的主力之师，甚至连一支重要的偏师都算不上。或许在咸丰帝看来，太平天国的北伐军是一支重要之师，将其视为工作重点或中心，将帝国的优质资源都投放于此。与北方的胜利相反，此时的长江流域却陷入巨大的军事危机之中。

太平天国在派兵北伐的同时，又派出西征之军。如果说，北伐意在夺取政权，那么西征则是为了巩固天京的安全。西征是为了夺取安庆、武昌、庐州（今合肥）等长江中下游重镇。

当太平军沿着长江东下以狂飙突进之势冲垮安徽、江苏两省的绿营经制，定都天京后分兵西征之时，作战性质已转为战略进攻与战略经营。西征军分两批离开天京，一批是由春官正丞相胡以晃、夏官副丞相赖汉英和检点曾天养等率领，千帆竞发，溯江而上。

太平军从武昌顺江东下，攻占安徽省城安庆。这个消息传至京城，朝野上下，无不震惊。军报以六百里加急送入京城，而此时，安徽庐州人李鸿章正在琉璃厂的一间书肆打发闲暇时光，听闻太平军进入自己家乡的消息，李鸿章连忙找到安徽老乡，时任工部侍郎的吕贤基，怂恿他上书朝廷，调派人马夺回江淮战略要地。

吕贤基认为李鸿章很有战略眼光，文笔也好，便让李鸿章代为执笔奏折。结果奏折呈递上去后，咸丰帝命吕贤基担任安徽团练大臣。吕贤基没想到自己竟被直接派到前线，全家老小都陷入悲伤之中。吕贤基情急之下对李鸿章说：“君祸我，上命我往；我亦祸君，奏调偕行。”于是李鸿章与吕贤基一同返回安徽。

这时候，另一支西征军在安徽境内造出了巨大的声浪。这支军队犹如一只滚动的雪球，沿途多有流民、小商贩等投身其中。长江中下游各省清军，已被太平军扫荡了一遍，地方官手中的兵力少得可怜。当李鸿章返回庐州时，安徽这片土地已是满目疮痍，昔日的花红柳绿早已支离破碎，留下的，只是战争的硝烟与血腥。

太平军先后占领安徽和州（今安徽和县）、芜湖、安庆等地。安庆位居天京上游，扼江淮要冲，太平天国相当注重安庆的战略定位。二十四岁的翼王石达开已由天京来到安庆，主持西征和安徽战事。这个年轻的太平天国将领行事谨慎，善于用兵，他非常清楚安庆的军事价值。他将原有的城墙加高五尺，周边广设炮位，全力打造一座固若金汤的大城，让它成为翼蔽天京，攻取湖北的前进基地。

翼王石达开坐镇安庆，先是攻克集贤关、桐城、舒城，帮办团练大臣、工部侍郎吕贤基兵败自杀。长江江面上从未像现在这么热闹，而明眼人从热闹处看到的却是一个大时代的悲凉。长江，已经不再是一个庞大的王朝不可缺少的生命源头。太平军水师如水中鲫鱼沿着长江逆流而上，往来穿梭，飘忽莫测，辽阔的江面之上不见清军的一筏一舟。

江西防守的困难之处，在于兵力的单薄。清军虽拼命保住武昌，但是九江、安庆、庐州（今合肥）相继陷落于太平军之手。西征路上的太平军如有神助，遇水搭桥逢山开路，就势建立起皖赣根据地。前脚刚站稳，后脚又发兵攻入湖北，接连克复武穴、田家镇、蕲州。张亮基奉旨降调，新任湖广总督吴文镕战死于黄州府城外二十里的堵城。节节胜利的西征军将士，从水陆两路再次包围湖北省省会武昌。

历史经验告诉我们，一支经过战争洗礼的军队，它的作战能力总能得到大幅提高。旷日持久的和平固然有利于国家建设与百姓生活的安定，但对于保持和提高军队的战斗力来说，它却实在是一个不小的考验。太平军所战多为江南省份，而这些省份已经很长时间没有经历大规模的战事，绿营兵平时承担各种差使杂役，沾染了各种官场习气，久而久之，取巧、偷懒、钻营、逢迎等无所不能，对日常训练更是不放在心上。

曾国藩说：“兵伍之情状，各省不一。漳泉悍卒，以千百械斗为常；黔蜀冗兵，以勾结盗贼为业；其他吸食鸦片，聚开赌场，各省皆然。大抵无事则游手恣睢，有事则雇无赖之人代充；见贼则望风奔溃，贼去则杀民以邀功……”太平军自金田起兵到定都天京的短短两年三个月内，不但打败了云、贵、粤、湘、皖、川应调入桂的绿营军队，还沿途扫荡了桂、湘、鄂、皖、赣、苏六省的绿营体制。

1853年的清王朝在政治、财政、军事各方面已很难压制太平军的凌厉攻势，也没有足够的力量来满足地方对朝廷的期望。咸丰帝和老成谋国者们期待着能在地方寻找和依靠新的力量来挽救这场危局。

有仗可打，无兵可带，这也是咸丰帝最为头疼之处，南方各省可调之兵，除去已溃散外，尽归于向荣之江南大营，而北中国的部分兵力则汇集于琦善的江北大营。而江南、江北两大营又肩负着不可动摇的使命，攻克太平天国之巢穴是压倒性的政治任务，无论如何也要保障。对于咸丰帝而言，扑灭太平天国的北伐军也同样不容闪失，至于西征一路，他这个皇帝手中无兵，也没有任命统兵之人，只能任由地方各自保全，各找出路。

这虽是一个无可奈何的选择，却也是帝王心思的轻重拿捏。一万人留守安庆，一万人则由赖汉英和曾天养率领继续向武昌进发。

在江西战场上，国舅赖汉英在占领湖口后，战船驶入鄱阳湖，一举攻克南康府。

江西处于腹地，军事地理位置相对而言不是那么重要，清政府在此不设八旗，只设绿营，而绿营的数量与其他省份相比也相对较少。由于防守兵力的单薄，江西的地方大吏在面临严峻的形势时显得尤为紧张，不得不四处请援。太平军经过两湖之时，其作战意图主要在于战略上的前进，并无意于滞留一地。作为下游的江西既可以请求安徽、江苏两省的支援，也可以向邻省福建、浙江发出求援之声。江西的防务必须更多地依靠本省的军队，请援的对象也因战事的进展而变得不确定。

当时九江、南昌两地兵力都极为单薄，巡抚张芾决定放弃九江，坚守南昌，并调率军赶往江南大营而路过九江的湖北按察使江忠源到南昌协防。

江忠源接到张芾的求助信后，率领一千三百多名楚勇，急行军三昼夜，长途跋涉四百余里，先太平军两日赶到南昌。江忠源来到南昌之后，张芾像是迎来了一颗大救星，他深知江忠源对太平军作战有成功经验，而且富有谋略，于是将王命旗牌交给了江忠源，让他统领全军。不但“悉以军事委之”，而且“谕令文官府、道以下，武弁参、游以下一切战守事宜俱听岷帅节制”。

江忠源的到来虽然给张芾带来无限希望，但一时无法消除江西绿营与团练长期疏于战事而对战争产生的恐惧心理。在太平军围攻南昌前一日，驻守南昌的九百多人的团练慑于太平军的兵威，竟溃散了几近一半。显然，没有经过战阵的南昌团练是难当大任的。

绿营兵不但团练懦弱，也同样是一支畏战之师。南昌合围后，江忠源为稳固防守，严厉禁止守城士兵逃跑。某日，“有一兵谋缒城走，立斩以徇”。太平军从天京发兵西征时，清方官员都以为这是“胁从思维”“分邦逃逸”，直到太平军攻占安庆后，清方才确认这是太平军回师西征。而当太平军攻占江西湖口后，南昌已是一片混乱。“城中文武官，逃出城者百七十余员”，“省城自候补县至佐杂等官，先行逃走外县”，“绅民走匿四十余人”。南昌攻防战前夕，江西一省无论就防守军队的数量与作战能力，还是对战争的认识与心理上的准备都无法对抗太平军的进攻。

江忠源与张芾以“南昌兵单，且未经战阵”为由，“请饬两湖督抚及向荣、曾国藩遣援”。而朝堂之上也有人附和说：“逆匪分窜江西，现因该身兵单，拟由楚多发兵勇，派魏干员统领，前赴江西会剿，灭此股匪胜于防范戒严。”因此，咸丰帝也就急忙“谕令湖广督抚迅速拨兵应援。”

太平军抵达南昌以后，开始大造营垒、挖壕沟，并利用战船对南昌进行封锁。赖汉英指挥太平军开始攻城，在猛烈的炮火掩护下，太平军将士纷纷用云梯攻城。江忠源手握战刀亲自督战，清军无人敢消极抗战，个个舍命向前，因此，太平军的攻势难以取得实质性的进展。

由于太平军用云梯无法攻破城池，赖汉英决定实施地道攻城。太平军在德胜门轰塌城墙六丈有余，乘势攻入，由于清军的殊死反击，才无功而返。江忠源守护下的南昌让赖汉英率领的太平军陷入一筹莫展的境地，由于久攻不下，太平军西征主力被牢牢地吸附于南昌城下，而清方的各路援军正陆续向这里赶来。

太平军在西征战场上的一路奏凯，逼着咸丰帝不得不打着灯笼在时代的暗夜里寻找可用之人。曾国藩的湘军引起了他的注意，他遂一次次督促曾国藩率部出湖南，跨省作战。

因武昌危急，咸丰帝命曾国藩的湘军，随同绿营兵增援湖北。于公于私，曾国藩都没有拒绝的理由。湖广总督吴文镕是他戊戌年会试座师，是一个于他有大恩之人。吴文镕从贵州巡抚任上奉调为湖广总督，途经长沙时，邀请曾国藩来长沙一见。曾国藩因军务繁忙，难以抽身前往 。吴文镕到武昌后，多次请曾国藩派勇援助，并奏请朝廷下令调派。

此时湘军刚刚开到湖南整训，根本不具备远征作战的能力，就在曾国藩犹豫不决之时，咸丰帝又接连下了两道谕旨。冒着有负恩师与君命之大不韪，曾国藩依然固执己见，没有派出一兵一卒。他写信给恩师，要他坚守武昌，说等几个月湘勇训练好了后再出兵。就在战死前两日，吴从镕还在写给曾国藩的信中感慨到，自己是被逼来到前线，必死无疑，环顾皖赣鄂湘四省，唯一能与洪杨作战的，只有曾国藩在衡州训练出来的这一支人马。

对于吴文镕之死，曾国藩怀有深深的愧疚。生性稳重的曾国藩，不同于那种感情外露，容易大起大落的轻薄之人。自从他跟着唐鉴研习程朱理学后，更是自觉要求为人处世、办事治学，多用理智，少用情感。他崇拜，甚至在一些生活细节上刻意模仿那种喜怒不形于色、从容淡定的古代名相风度。

在曾国藩犹豫不决之际，南昌城久攻不下，杨秀清下令撤围。

西征军由南昌回撤后，至九江即转向湖北，这时原在安庆周边活动的太平军胡以晃部向庐州方向发起进攻。庐州是清王朝失陷后所设的安徽临时省会。咸丰帝急诏江忠源赴任安徽，江忠源即将赴任的是正二品安徽巡抚。作为湘军的开山人物，江忠源是一位难得的军事人才，在蓑衣渡击败太平军，继而又在南昌城屡次挫败太平天国西征军主力的赖汉英。

江忠源向各处求援，各路清军多达两万余人，形成了对太平军的外包围圈。

太平军虽士气旺盛，但始终无法攻破庐州城墙。坚固的堡垒往往会从内部突破，而这一次幸运之神不再眷顾江忠源和他身边忠诚的楚勇。飘洒在庐州雨夜里的那股血腥的味道，生涩地将空气凝固。就在江忠源站在城头指挥作战时，他的合作伙伴庐州知府胡元炜却领着数百绿营兵打开了城门，向太平军将领胡以晃举起了投降的白旗。终于，一切都结束了，新任安徽巡抚没几个月的江忠源，率领一帮家乡子弟组成的楚勇奋力厮杀，但寡不敌众，江忠源眼看身边的楚勇越战越少，无奈之下，便想率兵突围，却被太平军团团围住。

那一刻，江忠源只能将手中的长刀指向自己的喉咙，血喷薄而出。亲兵虽然夺下他杀死自己的刀，但已经无法夺走他杀死自己的心，江忠源最后还是跳入水池自杀。这一幕难免，却突然应了曾国藩第一次见到他时说的那番预言："此人必立名天下，然当以节烈死。"

无论是战场上，还是官场上，江忠源都是曾国藩可以信任并依赖的朋友。吴文镕、江忠源的相继而亡，如同自己的内心大厦被抽去一根根支柱，他的心里有一种空荡荡的感觉。此后，曾国藩为江忠源所书写的神道碑铭中有说："公尝疏请三省造舟练习水师，又尝寓书国藩，坚属广置船炮，肃清江面，以弭巨患。其后国藩专力水军，幸而有成，从公谋也。"

4. 湘军崛起：旧体制与新力量的斗争与妥协

1853 年的冬天，湖南衡州（今衡阳），曾国藩在此练军已有些时日。自古有言，插起招军旗，自有吃粮人。衡州因为地处湖南省南部地区，即使是冬天，只要每天有太阳升起来，这里就显得温暖如春。穿境而过的秀美湘江，在阳光的照耀下，越发显得清澈动人。大自然不会因为人类的野蛮和文明，而增减无度，厚此薄彼。

衡州、衡山、祁阳等地历来是船民汇集之处，奇怪的是，那些忙于生计的船民并不打鱼，而是以长途运货为生。自从近两年来，太平军在湘江、洞庭湖一带燃起熊熊战火，自由来往的民船不见了，船民们的生活受到很大影响。离开水的船民，既无田可耕作，也无一技可养家，想要活下去只有另寻路径。当他们得知曾国藩在衡州招水勇，就连橹工的饷银都能养活一个家庭，便纷纷赶去投军。一则启事贴出，应征者便有两三千人，曾国藩从中挑选出一千五百人，同时建三个营。

曾国藩在军务之暇，刻苦研习程朱之学，相对于纸上得来，他更看重的是学问的经世致用。在如何将理学用之于身心修炼及事业建立这方面，他是一个成功的践履者。他将人生的入世诀窍梳理归并为“八本”：读书以训诂为本，诗文以声调为本，事亲以得欢心为本，养生以少恼怒为本，立身以不妄语为本，居家以不晏起为本，做官以不要钱为本，行军以不扰民为本。他甚至会想到，等长毛平定之日，他会在湘乡老家起一座宅子，专门用来典藏皇上的诰封和赏赐之物，以及自己这些年来所写的奏折底本、诗文日记和图书，他会将“八本”刻于梁柱之上，并将这个有着特别意义的宅子命名为“八本堂”，他要将其传至后世，永葆曾氏家道兴旺。

两个月前，咸丰帝连续三次降旨，令曾国藩尽快从衡州发兵，堵住太平军南下，并进而北上救援武汉。接到皇上的谕旨，曾国藩以“湘军刚刚开到衡州整训，不具备跨省作战”的能力，拒绝发兵。

12 月 12 日，咸丰帝再次催促曾国藩率部开赴安徽。为了防止曾国藩不肯听命，他放下皇帝的身段商量道：“该侍郎忠诚素著，兼有胆识，朕所素知。谅必能统筹全局，不负委任也。”

咸丰放下帝王的身段，却没有换来想要的结果。曾国藩还是拒绝发兵，理由是，向广东订购的洋炮还未到，饷银缺口很大，船也不够用，军队无法开动。对于咸丰帝的一逼再逼，曾国藩只能答以“明春乃可成行”。曾国藩在复奏中，强调办水师的客观困难，也说到他与骆秉章（湖南巡抚）、吴文镕（湖广总督）、张芾（江西巡抚）和江忠源（安徽巡抚）四位大员商定的“四省合防之道”“以剿为堵之策”。水师之出，“不能草草一出”。

曾国藩的态度让咸丰帝很是不满，他在朱批中挖苦道：“今观汝奏，直以数省军务，一身克当，试问汝之才力能乎？否乎？平日漫自矜诩，以为无出己之右者，及至临事，果能尽符其言甚好，若稍涉张皇，岂不贻笑于天下？着设法赶紧赴援，能早一步即得一步之益。汝能自担重任，迥非畏葸者比。言既出诸汝口，必须尽如所言，办与朕看！”

一个23岁的年轻人，自觉被一个43岁的中年男人的官术与计谋玩弄，情急之下口不择言，把本应慎重对待的军情批奏，演成一段民间戏文般的绝妙台词，更能体现历史与人性的真实。咸丰帝的严斥之语让曾国藩也是心惶惶然，他连忙再次上奏，将自己无法出战的理由逐一列出。武昌危急，咸丰帝再次想到曾国藩的湘军，下旨“刻日开行”　。为了堵住曾国藩的口，他直接在谕旨中称：现在已逾正月下旬（阴历），船、勇当早齐备，广东所购洋炮谅已陆续解到。

湘南暮冬之夜，天气仍然寒冷，彼时彼刻的曾国藩感受到的却是内心的燥热。他已做好了发兵的准备，从少年到青年到中年，他一直渴望能在有生之年建立大功大业，做这世上的非常之人。投身于这样一场堂堂正正的讨逆之战，应该有一篇像样的檄文。他在《讨粤匪檄》中向天下宣布：“本部堂奉天子命，统帅二万，水陆并进。誓将卧薪尝胆，殄此凶逆！救我被掳之船只，拔出被胁之民人。不特舒天子宵旰之勤劳，而且慰孔孟人伦之隐痛。不特为百万生灵报枉杀之仇，而且为上下神祇雪被辱之憾。是用传檄远近，咸使闻知。”

这是一篇极具煽动性的檄文，它打着“名教”与“人伦”的旗号，号召全国民众为“卫道”而战。太平天国崇洋教弃孔子，将中国几千年礼仪扫荡殆尽，曾国藩说他们“无庙不焚，无像不灭”，以此挑动万千民众对太平天国的仇恨情绪。用马克思的话说：“他们全部的使命，好像仅仅是用丑恶万状的破坏来对立与停止腐朽，这种破坏没有一点建设工作的苗头。”

此时，曾国藩的湘勇已是一支强大的生力军。共有陆师十营、水师十营，各类船只四百余艘，火炮四百余位，官兵水手共计一万七千人。

曾国藩从衡州出师的当天，太平天国的西征军将领之一，也就是翼王石达开的胞兄石祥祯带领三万将士以摧枯拉朽之势攻下岳州府，知府弃城逃亡。

接着华容、湘阴等县相继攻克。整个湘北，大半已落入太平军的手中。曾国藩本来准备进入湖北，结果在岳州遇到太平军主力而大败，只得退缩于长沙。长沙本是他创建湘军的起始处，也是他的逆旅，被太平军逼入长沙，这让他觉得面上无光。

1854 年 4 月 28 日的靖港之战，是曾国藩一生引以为耻的败仗。湘勇水师被太平军打得大败，增援的陆师也闻败而溃，整个靖港镇上，“活捉清妖曾国藩”的呐喊声响彻云霄。曾国藩又气又急，他以文弱书生之躯持剑而立，将一面军旗插于江边，上书“过此旗者斩”。可溃散的士兵犹如被狂风卷起的落叶，由不得自己。他们绕过军旗，逃命而去。看着江水般席卷而来的太平军，以及四散而逃的湘勇，曾国藩灰心至极，苦心经营了一年，期望建立不世之功的湘勇，在两军阵前竟如此不堪一击。他纵身跳入江水之中，希望用死亡来洗刷今日之耻辱，被幕僚们七手八脚从水中救起。

曾国藩死志已下，但既奉命办事，他要给皇上一个交代。于是，当夜又提笔写了一封遗折：“为臣力已竭，谨以身殉，恭具遗折……谨北向九叩首，恭折阙廷，即于今日殉难……”他又向弟弟交代几句办理后事的话：“吾死后，赶紧送灵柩回家，愈速愈妙，以慰父亲之望，不可在外开吊。”此时的曾国藩内心应该是平静如水的，他考虑最多的是，究竟该以何种方式离开这个世界？

就在曾国藩陷入痛苦绝望之时，忽然从湘潭传来塔齐布、彭玉麟等人大捷的喜讯。湘潭水陆全胜，将曾国藩和整个湘勇从死亡线上又拽了回来。湘军连连获胜，迫使该处太平军退出湖南。已经备下棺木写下遗书只等死亡来临的曾国藩，闻知此讯在兴奋之余，也进行客观而冷静的分析。既然是整顿军纪，就要下重手。胜将扩军，败营遣散，包括他的弟弟曾国葆在内，一律开缺回籍。曾国藩对于湘军将领有着极为严苛的选拔标准：“带兵之人，第一要才堪治民，第二要不怕死，第三要不急名利，第四要耐辛苦。四者似过于求备，而苟阙其一，则万不可以带勇，带勇须智深勇沉之士，文武经纬之才。”

经过两个月的休整，湘军很快恢复元气，又率领一万余人，北上进攻岳州。太平军能征惯战的老将曾天养退出岳州，在城陵矶阻击北上的湘勇，结果死于塔齐布之手。曾天养之死是西征太平军的一大损失，太平军由此全部退出湖南。曾国藩也评价："其人是一好手，资格最深。"1854年10月14日，湘军主力攻陷武昌。湘军一支强大的水师，先后几次将长江、汉水江面的太平天国一千余艘战船歼灭，完全控制长江水面。太平天国武昌守将国宗提督石凤魁和地官副丞相黄再兴弃城而出。

曾国藩的报捷奏折，以日行六百里的速度飞送京城。对于已经习惯了失败的咸丰帝来说，湘军的表现过于惊艳。他甚至有些不相信自己的眼睛，朝廷多的是报喜不报忧的官员。不久前才收到靖港大败的讯息，如今又来了一场湘潭大捷。就在咸丰帝犹疑不决时，湘潭籍的翰林院编修袁芳瑛告诉他湘潭大胜的消息，咸丰帝龙心大悦，当日就犒赏了他一个江苏松江知府的肥缺。不久，上谕下达，嘉奖同日攻克武昌、汉阳之功，并任曾国藩为署理湖北巡抚。在此之前，曾国藩由于靖港大败自请处分，咸丰帝按惯例将其礼部侍郎的底缺革去了。当岳州、城陵矶和武昌获胜的消息相继传来，咸丰帝对曾国藩刮目相看。尽管曾国藩出山时为彰显其孝道，宣称守制期间不受议叙，咸丰帝仍授其三品顶戴。

对于君王恩赏，曾国藩内心激动之余，想到自己尚处于守制期，如果不摆出入情入理的姿态，难免会招致非议。他在奏折中忧虑道："武汉克复，有提臣塔齐布之忠奋，有罗泽南、胡林翼、杨载福之勇鸷，有彭玉麟、康福之谋略，故能将士用命，迅克坚城，微臣实无劳绩……臣母丧未除，葬事未妥，若远就官职，则外得罪于名教，内见讥于宗族。"

曾国藩的高姿态让咸丰帝越发激动不安，他朱批道："览奏感慰实深。获此大胜，殊非意料所及。朕惟兢业自恃，叩天速赦民劫也。"

咸丰帝从不吝啬自己该颁的奖赏，他当日授曾国藩二品顶戴，署理湖北巡抚。茅海建先生认为，咸丰帝在这里并非不肯实授此职，一是皇恩不可一日加于身，若再立功绩，又将给予怎样的恩赐？二是曾国藩以孝道自榜，上次给他三品顶戴都遭到推辞与拒绝，若真实授，他肯定不会接受，反为不美。

守制期间任署理也是规矩，此时不妨效之。

恶行应该一次干完，恩惠应该是一点点地赐予。当时，咸丰帝获悉湘军攻陷武昌省城的奏报后，欣然大喜，他对军机大臣、大学士祁寯藻说：“不意曾国藩一书生，乃能建此奇功。”几日后，他要任命曾国藩署理湖北巡抚时，祁寯藻也回应道：“曾国藩以侍郎在籍，犹匹夫耳。匹夫居闾里，一呼蹶起，从之者万余人，恐非国家福也。”这样一句话，在爱新觉罗·奕詝听来，尤为刺耳。

马基雅维利在《君主论》中说：“君主对于信任他人或者采取行动务须慎重；不要滥用仁慈。应该慎思明辨，以免由于过分自信而使自己流于轻率鲁莽，或过分猜疑而偏狭不能容人。君主最好既被人畏惧又被人爱戴。明君应当立足在自己而非他人的意志之上。”很显然，这个资质平庸的年轻人不是一个合格的君王。

大学士祁寯藻所说之言，犹如一声惊雷炸响，咸丰帝陷入长久的静默之中。一个洪秀全已经搅得天下大乱，如果再出一个叛国者，爱新觉罗的江山也就难保了。 这不是咸丰帝一个人的忧虑，这是长期以来满洲贵族对汉人官员不予信任、排斥所致，也使朝廷对曾国藩的湘军持保留态度。当然有人排斥，就有人重用汉臣。大学士、军机大臣文庆就曾谏道：“欲办天下事，当重用汉人。彼皆从田间来，知民疾苦，熟谙情伪。岂若吾辈未出国门一步，懵然于大计者乎？”虽然咸丰帝已认识到，牢固大清基业，应付“内忧外患”，离不开汉大臣，以及他们手里所握有的武装组织。但清朝以少数民族入主中原，历来的传统是汉人办事，满人掌权，这种不平等的权力运行格局已根深蒂固。

王闿运在《湘军志》中说：“湘军之制，则上下相继，将卒亲睦，各护其长。其将死，其军散，其将存，其军完。”湘军中养成了一种风气，除非招募、选拔过自己的顶头上司，其他人无论官职大小、地位高低，皆拒不从命。所以，湘军各尊其长最终直达曾国藩的道德权威控制体系是湘军最大的组织特性。李鸿章在《曾国藩神道碑》中说：“公治军，谋定而后动，折而不挠，重如山岳。诸将化之，虽离公远去，皆遵守约束不变”，曾国藩只需“一纸”，湘军便可做到“千里赴急”。他在时，将士听从他的智慧，即便守制，湘军将士可以不听从朝廷的召唤，但也一定会听从曾国藩的指挥。

自古以来“兵为国有”的根本制度不灵了，湘军成了他个人的私家军。咸丰帝越想，内心也就越发不安。一番思虑，七天后，他就急匆匆地收回成命，改曾国藩为兵部侍郎衔，专办军务，不再署理湖北巡抚。同时，命令曾国藩率湘军沿长江东下，进攻江西。

咸丰帝态度的转变，曾国藩很快就领略到了。君王的朱批充满着虚头巴脑的腔调：“朕料汝必辞，又念及整师东下，署抚空有其名，故已降旨令汝毋庸署湖北巡抚，赏给兵部侍郎衔。”

虽然品级没有变化，但一为实权，一为虚衔，孰轻孰重，一目了然。看到这里，这个精明清醒又怀揣建功立业理想的政治家突然感到一阵莫名的悲凉。此时的曾国藩有一种置身危崖的感觉，“即使攀爬到最高处，最后的结局依然是毁灭，而不是达到永恒的幸福之源”。所谓“木秀于林，风必摧之”，他甚至想到了东汉太尉杨震为权贵所迫自杀的故事，他为自己的前途命运深深地担忧。

自攻占武昌至水师前队进入九江江面，湘军作战节节奏凯，曾国藩也暂时忘却眼前身后的忧患。人生如此艰难，且行且乐吧！他的军队已迅速开抵九江城下，吹响攻城的号角。他有足够自信与乐观的理由，只要拿下九江，不日即可直捣金陵，将洪秀全的天国从这个地球上抹去。曾国藩认为：“长江之险，我已扼其上游，金陵贼巢所需米石油煤等物，各路半已断绝，逆船有减无增，东南大局，似有转机。”

他甚至上奏，请朝廷饬令各路统兵大臣督抚要防堵将要流窜的太平军残部，俨然以拯救乱世的功臣自居。让他始料未及的是，前方江西等待他的将是长达两年半的梦魇般的岁月。

也就在曾国藩踌躇满志之际，太平天国派石达开、罗大纲赶赴西线指挥，此时已抵达江西。太平军只守不攻，湘军毫无办法，双方历大小百余战，一时战事呈胶着状态。曾国藩的湘军水师精锐由于轻敌径直冲入鄱阳湖内，太平军塞断湖口水卡，又修筑攻势，架上火炮，使其不能复出。从此，湘军水师被肢解为外江与内湖两队，无法形成强大的战斗力。1855 年 2 月，太平军再次发起攻击，直取曾国藩的座船，在这万分危急的关头，曾国藩又一次投水自杀，被左右再度救起。曾国藩做梦也不会想到，石达开这个太平天国的年轻王爷，这么快就将他和他的湘勇水师置于死地。湘军水面优势丧失殆尽，太平军乘机往湖北进攻，第三次攻克武昌。

至 1856 年 4 月，在前后不到半年的时间里，石达开以摧枯拉朽之势连克七府四十七县，加上原来已占有的九江、湖口、彭泽，总共为八府五十县。曾国藩被迫困守于南昌和南康两府地区，文报不通，联系中断，甚至连所送的家书都要用隐语蜡丸，雇用长夫乔装打扮后潜送，军事上的失败可谓到了最低点。

最让曾国藩痛心不已的，是湘军第一号悍将塔齐布的呕血身亡，以及罗泽南在南昌城下中弹身亡。塔齐布是曾国藩一手带出来的，在一年多的时间里，他由一名守备，迅速成长为湖南水陆提督。曾国藩需要塔齐布冲锋陷阵，也需要通过塔齐布向外界传递一个满汉亲密无间的信息，以此消除朝野内外的各种猜忌、嫉妒之声。

罗泽南是湘军的首创者之一，钱基博在其所撰《近百年湖南学风》一书中，曾直言“无泽南，无湘军”，于是，有人将其奉为“湘军之父”。罗泽南年长曾国藩三岁，二人虽是同乡，但究竟相识于何时，不见文字记载。罗泽南的名字第一次出现在曾国藩的文字里，是在道光二十四年七月二十日与父母书，其中有云：“六弟今年正月信，欲从罗山处（罗泽南）附课，男甚喜之。”

后来曾国藩曾在致弟书中言道：“罗山兄读书明大义，极所钦仰。”

曾国藩就任团练大臣后，“于是始治兵长沙。命罗泽南、王錱等领军三营，仿明戚继光束伍成法，逐日操练。是为湘军创立之始”。

郭嵩焘后来说：“曾文正公初募湘军，专依罗泽南、王錱。”湘军初创之时，曾国藩的确很孤立，罗泽南是他麾下最得力的将领，而且因为理学治军的理念一致，两人一直相处得很好。王錱与曾国藩发生矛盾，罗泽南正在江西，所以也无法调和二者。罗泽南培养了很多弟子，但这些弟子的成长主要是在战场上，其理学精神对弟子在后来的湘军影响很大。罗泽南战死后，由其弟子李续宾接统其军，“治军一守罗泽南遗法”，曾国藩也依然持续理学治兵的传统。

如今在战事进退维谷，越发不利的状况下，塔齐布、罗泽南的相继而亡，又怎能不令曾国藩黯然神伤？从咸丰二年十二月出山以来，四年过去了，其中的光荣与屈辱，正如眼前奔腾不休的长江水，一波未平一波又起。这几年，他究竟得到了什么？论官职，依旧只是个侍郎。江忠源带勇，从署理知县升到巡抚，胡林翼带勇，也从道员升到了巡抚。

而这一刻，千里之外的京城，有很多双眼睛在盯着曾国藩，其中就有咸丰帝。他们一方面催促他赶紧去镇压太平军，一方面又对他加以限制。为了不让他在湖北坐大，又将其赶进江西、安徽的战争核心地带，使其在血与火的拼战中消耗实力。眼前的危局，以及战争的走向，都让心存远志的曾国藩感到沮丧。

军事上的连续失利、江西地方官僚的排挤，以及中央朝廷的猜疑造成了曾国藩在江西处境的极端困窘，更造成其精神的极度痛苦。曾国藩后来曾如此描述自己在江西的情形：“方其战争之际，炮震肉飞，血瀑石壁，士饥将困，窘若拘囚，群疑众侮，积泪涨江，以夺此一关（湖口水卡）而不可得，何其苦也。”曾几何时踌躇满志、动辄以统筹全局为己任，发誓要挥师东下直捣金陵的曾国藩在江西陷入了太平军的重重包围之中，愁苦不能自拔。

第四章

失控的神权

——天京内讧以及向死而生的出走

1. 天治与人治：杨秀清的通天之术

1855年（咸丰五年）的夏日将近的时候，南京城的天空晦暗不明，雨水也缠绵不休，玄武湖岸畔的绿树红花、白桥黄瓦，被雨水浸润得越发清凉。不远处，巍峨的天王府在苍穹之下透着某种难以言说的神秘与肃然，金色的城墙像是披挂上了一层璀璨的光芒。这座建成不久的天王府方圆十余里，比北京的紫禁城还要大上一倍。外为太阳城，内为金龙城。那些交织错落的殿堂像是一枚枚巨大的果壳，自金龙殿到最后面的三层楼，共有九进，表示九重天庭之意。

这是八月的晌午时分，洪秀全在一场午睡的混沌梦境中听得通报，东王已进朝门。他猛然惊醒，忙不迭地起身整装，待他急匆匆地迈出寝宫，东王杨秀清已抵近眼前。

杨秀清责问道："为什么这么久还不开宫门？"

洪秀全急忙跪奏："求天父恩赦小子延迟之罪。"

杨秀清刚从天王府返回东王府不到一个时辰，就急促地返回。洪秀全本以为前线又传来重大的消息，可并非如此。杨秀清是来找天王的原配赖莲英谈话，吩咐她要谨慎为天王挑选妻子。在安排好天王府内宫之事后，赖莲英向洪秀全示意："凡事尔若想不到，宜与尔清弟商酌为可。"

堂堂一国之主的天王陛下，在天父附体的东王面前，就像是一个耳提面命的孩子，无条件地接受对方的指责、教育和开导。杨秀清曾经看中天王府的两个女官，想将她们占为已有。于是，他代天父下旨，以洪秀全虐待宫女为名，要杖责洪秀全四十大板。有人只看到了杨秀清的大逆不道，却看不到定都南京后，洪秀全日益消退的革命意志，以及需要有人时时给予警醒的现实。

在《天父下凡诏书》中记载，天父（杨秀清）指斥洪秀全踢怀有身孕的娘娘，教子无方，欲借这些家务事杖责其四十大板。洪秀全对这次"杖谏"不但表现出乐于接受的态度，还称赞杨秀清的谏言是"金玉药石之语""至情至理之言”，更是夸张地表示要以此作为“万世典章”。

在这貌似友好的氛围中，洪秀全主动提出“二兄之袍服至足，不用缝先”的提议，摆出一副“发现问题，立行立改”的民主姿态。并在兴奋之余，下诏破例在金龙殿设宴招待杨秀清等人。杨秀清对洪秀全的态度很是满意，认为洪秀全这样就能成为“万世之主”。

宫墙之外，洪秀全、杨秀清被天国的宣传机器塑造成人格完美的最高典范；而在宫墙之内，他们的肉体却从精神的高台跌落尘埃，成了彻头彻尾的享乐主义者。祝勇先生曾说：“当天王躺在红宫的床榻上，醉眼迷离地欣赏嫔妃曼妙的舞姿的时候，将士们在军营里抗拒着寒冷与饥饿的恐吓；就是帝王在女人暖洋洋的怀抱里感受惬意与骚动时，士兵们在攀越绝望的冰山。”在表面的正义之下，天国的道德底线也在发生着扭曲和变化。

在进入南京城的半年时间里，洪秀全集中精力营造他的天王府，派人到各地去采集奇花异石，并从各王府征集侍从、宫女来参加营建天王府，洪秀全亲自监工，多次对侍从、女官辱打，甚至处死。这些行为自然引得朝臣的不满，洪秀全对朝臣的态度并不重视。杨秀清假借天父之口，劝告洪秀全：对待幼主不可“任其心性”，宜使其从小就“体会物力维艰”，将来才能做到“节用而爱民”。体恤臣下，对犯有过错的部下要“宽恕”“教导”，不要任意打骂、诛杀。

定都南京后，洪秀全一直避处深宫，让高高的红墙将自己包裹起来。这些高大宏阔的建筑把南京分割成两个世界：一边是平民的市井，一边是王府的特区。军政事务均由东王杨秀清出面处理，这种现象不禁使局外人疑惑不解，也引起人们的种种猜测。民间和朝廷上下一度盛传洪秀全早已死去，而那个待在天王府里的不过是一个傀儡。1854 年 6 月，英国使节麦华陀一行来访时，对这个问题一直讳莫如深。他们事后在报告中写道：“至于像太平王（洪秀全）这样一个人是否真的存在？”

天王洪秀全掌握最终的决策权，东王杨秀清则出面统筹全局，这种权力格局早在 1848 年的春天就已经确定下来。当时的杨秀清借着“降僮术”

成为天父上帝的代言人，天父上帝“在杨秀清处在一种神附状态时通过他的声音传播旨意”。这一年的秋天，萧朝贵也“成了天兄耶稣向洪秀全及天下其他拜上帝教众传话的代言人”。两种上天传达意旨的媒介都得到洪秀全的承认。

当天兄或天父附体下凡的时候，洪秀全不再以不可一世的“太平主”自居，而是作为“弟弟”或“儿子”接受教谕，俯首听命。自定都南京后，杨秀清的个人欲望急剧膨胀，又加上“天父下凡”这块屡试不爽的金字招牌。以出行为例，杨秀清的仪仗队多达千余人。当他以东王的身份朝拜天王时，他称天王为“二兄”，自称“小弟”，并且与众官一同下跪山呼万岁，态度还算恭敬。当他毫无征兆地在某一刻宣布天父附体时，洪秀全会脸色突变，向他下跪，并表现出唯命是从的姿态。

我们不难揣测，这时的洪秀全陷入自己也难以解释清楚的人格分裂之中。他的情绪随时游走于凡俗与神界之间，而情绪的开关却握在杨秀清的手中。有时候，杨秀清会在同一个地点先后以两种面目出现，而且无缝对接得毫无破绽。

作家吴钩曾说：“洪秀全是以拜上帝会的精神导师的身份成为太平天国最高统帅的，他理所当然是这个神权政权的‘君师一体’的主宰。”然而，作为精神导师的核心权力——传达和解释上天“最高指示”的权力却被杨秀清、萧朝贵两人分离出去。尽管洪秀全通过显灵，解决了他的权力系统与天堂保持紧密联系的问题，但这种显灵之权力与天王身份的分离状态，对于一个在逻辑上需要高度集权的神权体系来说，将是一道潜在而致命的裂痕，这意味着天王主宰的权力结构是不完全封闭的，对异己分子而言是有隙可寻的。

如果说杨秀清在洪秀全面前还无法做到百无禁忌的话，那么，在太平天国的文武百官面前，他完全是无所顾忌。就连与其同为“上帝之子”的北王韦昌辉、翼王石达开见了他，也要行下跪礼。杨秀清也承认，韦昌辉到东王府殿前议事时，“尚有惊恐之心，不敢十分多言”。“有时，当上帝直接通过杨秀清下凡宣谕时”，“洪秀全本人不时要出宫迎接东王，跪在天王府门槛处恭接圣旨，而杨秀清则静坐养神”。

1856 年（咸丰六年）的春天，也就是太平天国丙辰六年。此时的太平天国呈现出蓬勃的上升态势。湖南儒生李如昭评述道：“是时，武昌、南京属管之地，粤人出示安民，开科取士，禁头变服，按例征粮，农工商贾各安其业，俨然有王者风。”在李如昭这样的儒生看来，改朝换代已是不可逆转的趋势，“依大势看来，粤今乱清，犹昔清之乱明耳……然清今受困于粤，与明初受困于清者，势之相去不远矣”。然而就在这种大好形势下，南京却到处弥漫着诡谲与杀气。

此时，大清和太平天国这对势不两立的死敌，正处于僵持不下的状态。虽然洪秀全、杨秀清的天国正呈现强劲的上升势头，但并未真正撼动大清国之根本。正如英国人卡尔·马克思所说，看来北京的咸丰和南京的洪秀全，暂时都无法彻底伤害对方。

曾国藩的湘军在长江中游势如破竹的攻势，已因前一年在九江、湖口的失利而归于暂时的平淡。湖南人的军队被分割为湖北、江西两个战场，无法拧成一股强大的合力，战争也因此陷入胶着状态。而长江下游地区，江南、江北两个大营几万清军将洪秀全、杨秀清的军政要地——天京、镇江和瓜洲（今扬州市邗江区），包围得风雨不透。尽管如此，清军却始终无法找到攻破坚城的办法，更缺乏战而胜之的勇气和准备。

咸丰帝要的是战争的结果，而不是一味地听入局者强调客观理由。当曾国藩困守不前时，他却下达谕旨严厉责备：“曾国藩水陆各军，日久未闻接仗，虽鄱湖以内一律肃清，而九江终未克复。该侍郎不知饷糈艰难，日甚一日，何堪顿兵不战、坐耗军需耶？”

由于上海失陷，小刀会失败，以及广州解围，爱新觉罗·奕詝渡过了他执政以来最艰难的时期，几处口岸的海关收入和购买的西洋军火，已经可以源源不断地运往战场。此消彼长，太平军水师在此前两年间丧失殆尽，一度拥有的“制江权”拱手让于清军。就在年轻的皇帝和他的官员乐观地以为天京指日可下之时，太平天国的翼王石达开大肆进军江西，连克八府四十二州县，再一次将战争拖入不可预测的轨道。

战争的胜负成了帝王情绪的一张晴雨表，而“苦命天子”咸丰帝内心所承受的苦楚又何止一两处。西南各省的反清势力屡剿不止，而曾帮他们解除广州之围的英国人，还有法国人、美国人和俄国人，却在这时提出“入城（进入广州城）”“进京换约”的要求，背后又藏着怎样的算计与阴谋。北方僧格林沁、胜保等部精锐将全部精力用于“拱卫京畿”，而南方那些装备相对精良，又刚刚在对抗“红军”（天地会）的血战中积累丰富战斗经验的武装力量，并不敢贸然而动。

“日光之下，并无新事”，对于爱新觉罗的王朝而言，能在摇摇晃晃中保持平衡就已经是最好的状态。这种不破不立、因循守旧的状态，是咸丰帝一直所向往并致力于打造的理想国。而打下南京、建都立国的洪秀全、杨秀清也在一心营造着自家的乐园，也有着过太平日子的心思。但谁也没有想到，一场意外的事故，却打破了这个看似牢固的战略平衡局面。

这场事故的始作俑者，不是别人，正是执掌太平天国军政实权的杨秀清。

自 1853 年定都南京，杨秀清成了太平军真正意义上的军政统帅，虽然他犯过许多战略性的错误：立国不久，就贸然派出最精锐的两万人马北征，并导致全军覆没；西征时又各处用兵，战线拉得过长，导致了战场上风云变幻，起落无常。

太平军从广西打到南京，这般神速，采取的并不是暴力碾压式打法，而是凌波微步式地跳跃过来。例如，长沙就并未攻破。按照时人张德坚的《贼情汇纂》记载：“（杨秀清说）已骑虎背，岂容复有顾恋？今日上策，莫如舍粤不顾，直前冲击，循江而东，略城堡，舍要害，专意金陵，据为根本，然后遣将四出，分扰南北，即不成事，黄河以南，我可有已。”

到了 1856 年的春天，内战双方陷入僵局，谁也无法取得压倒性的胜利。生动且残忍的战场，突然成了一个不死不活的植物人。对于开疆拓土的太平军来说，这种不死不活显然是致命的诱惑。也就在这时，杨秀清让世人见识到他的军事指挥才能，这个从战争中学会战争的男人，也在战争中实现了“天父附体”。

他手里拥有一个完美的道具——一支军队，这支军队便是活跃于皖北地区的陈玉成、李秀成、涂振兴、陈仕章、周胜坤部。这五人都是太平天国定都后，在血与火的考验中成长起来的新生代战将，此时都已升至太平军“佐将”中较高的级别——六官丞相（仅次于王和侯）。这支军队不光有优秀的将领，更有战斗力强悍的士兵，他们大多是部队老兵和基层军官，又汇合了刚刚投奔归附的原捻军李昭寿部，军纪虽有不佳，但战斗力值得期待。

如果说每个人在这个世界都有一方舞台，那么属于杨秀清的这方舞台更具有奇幻色彩。他站在舞台中央，将手中那只精美绝伦的道具发挥到了极致。诚如清人陈徽言在其所著《武昌纪事》中评论：“（杨）有事传令，以次而下，奉行甚速。贼所倚赖者，秀清一人而已。”那些新生代战将不知有天王，只知接到的战术指令都来自东王，也难怪李秀成会赞叹，“不知天意如何化作此人”，天意化身的杨秀清具备了更敏锐的战略头脑和眼光。

太平军总兵力与清军并不在一个量级层面上，但杨秀清却在南京周边完成了“两大一小”的战略布局，即要在江西、湖北两大战场上开疆拓土，更要在扬州、镇江、苏州这一方向的小战场有所突破。与外围战场的奋进之势相比，太平天国首都南京则长期处于清军的江南、江北大营围困中，并且是一围三年。杨秀清好像并不急于解围，而是在坚城自保的前提下专注于远方诸战场的胜利。

1856 年的杨秀清如有神助，西征军虽遭遇过短暂的挫折期，但是很快被翼王石达开强力纠错。皖北太平军从天京以西江面渡江，绕过天京城和江南大营，直奔镇江而去。镇江是天京的东部屏障，也是太平天国与来自上海的各国官员、传教士等会晤的前哨。

杨秀清从天京上游调遣西征人马，前来解救下游的镇江。这支人马由刚刚复职的顶天燕（燕王改称，级别高于侯爵）秦日纲统一指挥，麾下五员“新生代战将”都是丞相，这支军队的将领级别完全超过征北军（三丞相一检点）和征北援军（一丞相）。这是定都以来，杨秀清在一个战略方向所能派出的最强阵容。虽然湖口之战有石达开、胡以晃等大人物，但并非“有意识的布防”，而是军队败退或驰援时为时势所迫形成的“无意识合作”关系。

清方没有想到太平军会动用如此强大的阵容，匆忙之间，派出原本围攻镇江的江南大营副帅余万清撤围堵截，头号悍将张国梁也从东路追堵。双方的精锐之师缠斗一个多月，十九岁的陈玉成驾着一叶小舟抵达镇江，太平军内外夹攻，击破围城的吉尔杭阿，并打退了增援的张国梁部。大败江南大营围军，焚其十六座营盘。

接下来的一幕出乎所有清方将领的意料：太平军径直越过长江，在太平军江北唯一据点——瓜洲登陆，然后直接扑向江北大营驻地扬州。翌日拂晓，向江北大营发起猛烈攻击，并摧毁对方在虹桥、朴树湾和三汊河等处营盘一百二十座。江北大营主将托明阿不得不舍弃扬州城，江北大营经此一败便形同瓦解，几年都未曾恢复元气。

秦日纲部开始向东进军，直到从瓜洲渡江，返回镇江城外的金山。在此期间，石达开部连克太平府、宁国府，进军天京城南的重要据点秣陵关，死死地困住江南大营最精锐的张国梁部。

秦日纲率领军队猛攻困守高资烟墩山的吉尔杭阿部，经过连日会战，先后击破吉尔杭阿、虎嵩林、余万清等部，杀死八旗副都统绷阔、江宁知府刘存厚，迫使吉尔杭阿自杀，几乎全歼了这支曾消灭小刀会的清军人马。

秦日纲等人或许并不知道杨秀清的全盘计划，他们认为救援镇江的任务已超额完成，转战四个多月的人马早已疲惫不堪。就在他们准备回京复命之际，突然接到杨秀清的一道严令。《李秀成供词》中记录：“不欲攻打向营，我等回报，向营久扎，营坚不能速战进攻。东王义怒，不奉令者斩。不敢再求，即而行战。次日开战，移营由燕子矶、尧化门扎寨四营。”

这时天京城外的重镇溧水已被石达开攻克，天京城里的太平军也已经出城扎营，原本包围天京的江南大营，此刻反成为太平军反包围中的一步死棋，杨秀清显然已经胸有成竹——到了击溃江南大营的时候了。秦日纲、石达开和天京太平军分四路猛攻江南大营，仅一昼夜就将向荣全军击败，次日向荣被迫放弃孝陵卫等地营盘和要地句容，退守丹阳。

杨秀清随即派秦日纲等追击向荣，同时让石达开回援武昌，北王韦昌辉等进军江西。

围困天京三年有余的江南大营首次被击破了。消息传至京城，年少气盛的咸丰帝好像并没有感到现实的紧迫。诚如茅海建先生所说："他早已不在乎长江流域一城一地的得失，只看重京畿地区的安定。北伐军被消灭之后，他松了一口气，但时时关注太平军是否会再度北上。"当向荣向皇帝诉苦谢罪时，咸丰帝只是谴责和揶揄："何至如此大败，一再而退，展布全无。殊属辜恩之至。著奋勉以补前愆。趁此枭獍萃集，未必不转好机会，尔若豫存拿问发遣，以遂脱离之心，是真丧良也。料尔或不出此。"

咸丰帝已经忘记，也就在一年前，向荣曾以兵力单薄而无力攻破天京，向皇帝请调江北大营兵力助攻。结果换来咸丰帝的一通训斥："汝必欲江北兵，可将汝首送来！"如今身逢惨败，又受到皇帝的无情讽刺，向荣在丹阳城中气愤忧闷而死。对于向荣之死，咸丰帝还心存疑惑，他曾当面问过江南大营翼长张集馨。张的回答是："向荣以一介武夫，受皇上重恩，负国家重任，与逆匪相持四载，反为贼劫营挫败，自然对不住皇上。向荣又是病躯，闻其愤激而死。"

太平天国解除了自建都以来的威胁，上海、香港的外国人则纷纷预言，中国内战胜负已分，太平军将很快夺取江浙，并随即再次北上，清廷的崩溃只是时间问题。而此时最得意之人莫若杨秀清，他认为这一切都是他的功劳，是他的通天之术，是他一个人将太平天国由低谷推向国势、军势的顶峰。

2. 天京事变：天王编导的一场闹剧兼悲剧

1856 年 8 月，东王杨秀清以天父的名义将天王召到天王府，两人进行了如下对话：

天父（杨秀清）道："尔与东王均为我子，东王有大功劳，何止称九千岁？"

天王（洪秀全）应："东王打江山，亦当是万岁。"

天父（杨秀清）道："东世子岂止是千岁？"

天王（洪秀全）应："东王既万岁，世子亦便是万岁，且世代皆万岁。"

后人在解读"天京事变"时，习惯于将这段对话作为打开历史真相的密钥。

许多人将"万岁"与"君王"等同起来，进而将杨秀清逼封万岁与篡位等同起来。其实在太平天国，万岁只是一种封号，与君王不是一回事。杨秀清让洪秀全封自己为"万岁"，也同时封东世子（杨秀清的长子）为万岁。杨秀清并不满足于"九千岁"的称号，逼洪秀全封他为"万岁"，自然闹得太不成话。令人不解的是，作为一国最高位置的君王，古往今来又有哪个是要别人封的？杨秀清如果真要篡位，他只要天父附体就行了，当时军政大权都在他的手里，又何必要洪秀全先来封他万岁？

有人说杨秀清在太平天国里太过张扬，对天王以及诸王多有不恭之处。说他每日沉浸于骄奢淫逸的生活，纵情声色，但试问当权力不受制约，财富不受限制，又有谁能抗拒他根本无法抗拒的诱惑？从某种意义上说，城外的血雨腥风，城里的春暖花开，让他们感受到了现实的分裂以及身体里弥漫的毒素。天王之下的军民，实行男女分营，肉体关系被视为邪恶，夫妻同宿都要被双双斩首。而天王府却养着妻妾数人、宫女千人。每逢天王生日，他身边的御林侍卫蒙得恩便会献上六名美女，由天王宠幸。

每个人都有弱点，不同的是这弱点寄生于谁的身上。洪秀全和他的官僚们都沉浸于虚妄的自信中，他甚至说出："朕睡得紧都做得王，坐得江山。"我们可以顺着洪秀全纵情享乐的逻辑线索，推知其他诸王，包括东王杨秀清。

就在洪秀全与杨秀清对话不久，东王府的佐天侯陈承瑢告密：杨秀清要在称万岁那天，废除、软禁洪秀全，取而代之。

陈承瑢在秦日纲、胡以晃进王爵后，是太平天国首席天候，位居太平天国第七把交椅。在东王府兼理国家事务，还担任天京卫戍司令。法国哲学家狄德罗说："有时一架精神错乱的钢琴往往以为构成这世界的全部谐音都发自于它的琴键内部。"在天京城站稳了脚跟的洪秀全很快便成为这样一架疯狂的钢琴。他坐镇在金碧辉煌的天王府内，在金龙城、太阳城以及数千名御林军的拱卫下，弦歌达旦，美女环绕，悠然自得地享受这帝王般骄奢的生活。他虽然无心理政，但是对控制权力还是一点也不含糊。他的诏书从起草到颁布都有一套严格规则和程序，印玺及供书写用的黄缎都是天王专用之物，极不易伪造。

他送出的两道入京勤王密诏，很快就到了正在江西督师的韦昌辉和近在丹阳前线的秦日纲手中。据说洪秀全也有密诏送给在湖北率部作战的石达开。在这里需要交代一个事件，杨秀清在1856年8月15日的一次天父下凡中宣布："秦日纲帮妖、陈承瑢帮妖，放火烧朕城矣，未有救矣。"陈承瑢是朝中地位很高的行政长官，来往于洪秀全与杨秀清之间，而秦日纲是带兵将领，在天京担任过卫戍部队首领。两人都是实力派，杨秀清突然宣布他们帮妖，在太平天国的高层领导集团中造成很大的影响。

在《李秀成供词》中记载："韦昌辉与石达开、秦日纲是大齐一心，在家计议起首工事之人，后东王威逼太过，此三人积怒于心，口顺而心不息。"杨秀清常假托天父下凡，让洪秀全下不了台，更勿论诸王及将领。他曾在大庭广众之下，命令扒下韦昌辉的裤了，打屁股数十下。又有一次，韦昌辉之兄与杨秀清的一个妻舅争夺房屋。在杨秀清的威逼之下，韦昌辉居然建议对其兄处以五马分尸的酷刑。时人张德坚在书中预测"杨（秀清）与昌辉互相猜忌，似不久必有并吞之事"。

韦昌辉从江西前线领三千人马昼夜兼程，9月1日夜潜抵南京，由陈承瑢接应入城，随即包围了东王府。与此同时，秦日纲也率亲兵从丹阳前线秘密返京策应。

"北王本人及其随从部下将士，未被怀疑，当即取得许可京城，在短短数小时内，其部下已按预定计划，分布在各要害地点。所有通向东王府的道路，完全为进攻军所占领，断然的打击，有如霹雳突然从天而降。"在美国传教士裨治文的《关于东王北王内讧的通讯报道》中记录，这篇文字是根据一位被称作肯能的爱尔兰冒险家的口述整理而成。口述者是东王杨秀清的座上宾，他在天京闲住了三个多月，经历了天京城里那个不平静的日与夜。

东王府并不是一座寻常王府，周围六七里，围墙三尺厚两丈高，坚固异常。东殿部分高官或有自己起居的宅第，绝大多数侍从人员不分白天黑夜在府中待命。其中 1600 名参护，即有名的东王卫队——牌刀手，亦非等闲之辈。其他杂役人员，要是拿起兵器，也不是不会厮杀的人。更重要的是，当时天京城内尚有杨部万余人，占据峨眉岭、五台山、虎贲仓等制高点，他们都接受过作战训练。

在那个极为恐怖的夜晚，遭到韦昌辉、秦日纲部太平军突袭的东王府成为一座人间地狱。大多数太平军将士，曾经都默诵过洪秀全的《克服困难诏》："神爷试草桥水深，如何吃粥就变心？不见天兄舍命顶，十字架上血淋漓……"如果钉在十字架的耶稣，看到兄弟相残的这一幕，身为"天兄"的他会说什么？如果说，钉十字架就象征自我否定和甘愿受苦，那么，向自己的兄弟姐妹举起刀斧，没有自我否定，只有血肉淋漓的奉献。沉沉暗夜陷落于腥风血雨中，遇害者的惨叫呻吟不绝于耳，幼儿、老人、妇女也难逃屠刀索命。天明时分，杨秀清的首级被悬挂示众，城内贴出告示，宣布杨秀清"窃据神器，妄称万岁，已遭天殛"。

洪秀全对杀了杨秀清这个既成事实，并没有过多非议，但对韦昌辉的行劲他是不满意的。他表示诛杨是出于无奈，东王部属是无辜的。杨秀清逼封万岁，是他个人行为，与他"所属部众"并无关系。韦昌辉举起屠刀的手再也不愿意放下，这也将自己逼入悬崖的边缘。此时的洪秀全已经意识到事态的严重性，他劝韦昌辉收手："尔我非东王不至此。我本无杀渠意，而今已拿戮之。此属又何辜？毋乃伤天父好生心，以宽纵为宜。"洪秀全这句话在韦昌辉听来尤为刺耳，他愤怒道："我为渠除大害，今反责我而欲沽名耶。"

洪秀全想要利用天王的权威，下令惩治天京事变的祸首韦昌辉和秦日纲，借以求得杨秀清部属的谅解，以便重整朝纲。然而，洪秀全已无法控制局面，他的诏令在韦昌辉、秦日纲和陈承瑢的策划下，成了一件杀人的工具。

这是一道精心谋划而成的诏令：说在诛杨的过程中“北王及其将领们超越了天王诏旨所定的范围”“其中为首者韦昌辉应鞭刑四百”“杨秀清部下尚存者，都被召往观看北王服刑受辱的场景”。

那些忠于东王的太平军将士大多是质朴的农民或城镇游民，他们或许无法理解虚幻的宗教理想，追随天父天王天兄来到这里，只是为了能够吃上一顿饱饭，待到日后打下千里江山，能够实现“耕者有其田，居者有其屋”的人生理想。而这一夜，眼神里闪烁着惊惶之色的太平军将士对这个世界有了新的认知，而这新的认知是建立在个体对于死亡的恐惧，对于他们长期以来所信奉的“天父、天兄”的神学理论的破坏基础之上。在自家兄弟疯狂起落的刀斧面前，他们见识到所谓“共享太平”不过是一个残忍的笑话。马克思在他所写的《中国纪事》一文中评价道：（太平天国运动）给予民众的惊惶比给予老统治者的惊惶还要厉害。明眼人清楚，太平军将士的刀剑固然能够抵挡得住来自“清妖”的攻击，却无法阻挡来自内部的腐烂。

几乎是同一时间里，天王府东西两座宽敞的朝房已进入三四千名北王韦昌辉的亲兵。他们掩盖上厚重的边门，静静地埋伏起来，等待再一次与同胞战友兵戈相向。待东王部众走进这座黄金打造的宫殿，他们看到的不是韦昌辉受“鞭刑”的画面，而是光耀令目的兵器。

历史由胜利者书写，有人为洪秀全推卸，说这一切是韦昌辉利用天王诏旨设下的陷阱。可以肯定的是，洪秀全对韦昌辉洗劫东王府并没有指责，对事件的扩大化也是毫无作为的，天京内讧事态的不断恶化与此相关。因此，有人将洪秀全视为幕后指使者，并不是没有道理。

或许是洪秀全的态度激怒了韦昌辉，又或者是杨秀清的部众遍布南京城让他缺乏安全感。尼采说过：“当你凝视深渊时，深渊也在凝视着你。”韦昌辉举起屠刀的手再也没有放下，他义无反顾地跳进罪恶的深渊，成了人人皆曰可杀的乱臣贼子。《李秀成自述》也说：“后北王杀东王之后，尽将东王统下亲戚属员文武大小男妇尽行杀净，是以翼王义怒之。”

据德兴阿、翁同书奏报：八月二十五六等日，见有长发尸骸不可数计，由观音门漂流出江，内有结连捆缚及身穿黄衣黄裤者。当经探得金陵逆贼内乱，自相戕杀，首逆杨秀清已被杀死，并杀杨逆党羽多人。核与各营、县所报相符。

清方由此进而探得天京城内发生了内讧，杨秀清已被杀死，“并杀杨逆党羽多人”。从观音门漂流到江面上的长发尸骸多到无法计数，内有一些尸身被捆缚在一起；城里的秦淮河也是布满尸首，河水几乎为之断流，前后共有两万多人倒在血泊之中。

9 月中旬，督师湖北的石达开突然丢下战场不管不顾，慌忙赶回天京。他后来在《石达开供》说，达开领众在湖北，闻有内乱之信。韦昌辉请洪秀全诛杨秀清，洪秀全不许，转加杨秀清伪号。韦昌辉不服，便将杨秀清杀死。达开返回金陵，要与他们排解。

石达开入城之后先去见洪秀全，并“得其情”，然后才去见韦昌辉，二人“语不合”。所谓“语不合”，无非是石达开规劝，让韦昌辉停止杀戮，尽快回到正常轨道上来。此时的韦昌辉已成骑虎之势，而洪秀全也对韦昌辉起了疑心。二人话不投机，让韦昌辉认定石达开没有和他站在同一个立场上，对石达开便起了杀戮之心。石达开连夜缒城而出，赶回安庆去了。韦昌辉彻底与石达开撕破脸，声称“不去石氏，吾患未已”，并将石达开在京家属十余人全部杀死，“天王救之不及”。在这段时间里，太平天国的政令及天王诏旨的颁布是韦昌辉、陈承瑢等人操纵的。石达开出城之后，悬赏格捉拿石达开的诏令应是出自韦昌辉之手。

《李秀成自述》也说：“北王在朝，不分清白，乱杀文武大小男女，势逼太重。”韦昌辉比杨秀清有过之而无不及，洪秀全完全处于被架空和操纵的地位。洪秀全绝非平庸无能之辈，当他在韦昌辉的疯狂杀戮声中猛然惊醒过来，并被一道一道的诏旨左右着命运时，他开始在暗中组织力量，物色可靠的人才来帮助他完成诛杀韦昌辉的任务。

上帝让其灭亡必让其先疯狂。11 月中旬，疯狂的韦昌辉走上了他的灭亡之路。他带领本部军队进攻天王府，公然与洪秀全决裂。因天王府围墙高大，没能攻下，他便扬言要用火攻。就在这时，天王府里传出号角之声，墙头上突然升起翼王的红字蓝边四方军旗。而在此之前，韦昌辉就听闻石达开从武昌前线抽调四万名将士，连同安徽驻军，东进至安徽宁国，上奏洪秀全处死韦昌辉，否则他将举兵“清君侧”。当天王府上空飘扬起翼王的军旗，韦昌辉和他的部众都以为石达开的军队已经开进天王府，于是一哄而散，只留下孤零零的韦昌辉品尝着死亡来临前的苦涩与恐惧。

所有的罪恶，在时间面前都保持着惊人的一致，就像是携带基因的遗传载体。有一天，凶残无道的刽子手也要接受上帝的裁决，而这一切对于信奉上帝神话的人来说无疑是一个莫大的讽刺。走到众叛亲离的韦昌辉既没有夺权的实力，又无法逃出城，他藏匿于白下路北王府附近马号的马棚内，被搜索的太平军官兵揪了出来。北王的朋友和党羽受到株连者只是极少数。诛戮韦昌辉事件，仅仅付出了斩杀二百人和交战两天的代价。时人张汝南《金陵省难纪略》中记载：韦昌辉是被肢解而死，其肉被割两寸许，悬放于城中各栅栏，并标注“北奸肉，只准看，不准取”。天王派人将韦昌辉的首级送到宁国，让石达开检视，同时召他回京。

石达开众望所归，合朝文武一致推举他提理政务，并推他为“义王”。与此同时，追随韦昌辉大肆杀戮的秦日纲、陈承瑢也被诛杀。但是，叛乱并没有就此结束。“天京事变”后，太平军中流传的歌谣说：“天父杀天兄，江山打不通，回转故乡仍旧做长工”，曾播撒于他们心中的“天父无所不在，无所不知，无所不能”的神话被戳破，对于依靠上帝信仰来维系军心的太平军而言，这是一个十分危险的信号。

这场充满血腥的内讧让洪秀全坚定了一个想法，他将事变发生的原因归结为异姓掌权。于是，他将自己的兄弟、侄儿、外甥、女婿等亲近之人封赏到重要岗位，旧的权力中枢已经解体。作为首义诸王仅剩的一个异姓王——石达开很快就感受到了来自天王的猜疑与戒备，他不愿意成为下一个杨秀清或是韦昌辉，因为他是石达开。

次年春夏之交，石达开在天京城里的处境越发艰难。虽然他在“天京内讧”这样重大的政治动荡之后稳定了政局，但总是让人感觉像是走入了洪秀全“设计”的权力游戏中。洪秀全连续任命洪仁发、洪仁达为安王、福王，主持军政，节制石达开，同时消除石达开的权力，并在一定程度上限制他的自由。

“合朝同举翼王提理政务”的舆论越沸腾不休，洪秀全在他的天王府里越睡得不踏实。石达开本来在太平军中的威望就极高，举兵时的衮衮诸王，如今就剩下他和天王。李秀成也说，在首义诸王中独服翼王，认为他“谋略甚深”。 而太平天国的对手更是将石达开视为劲敌，曾国藩认为“贼渠以石逆为最悍；其诳煽莠民，张大声势，亦以石逆为最谲”。李秀成在供词中说：“翼王与安、福二王结怨，被押制出京”，安、福二王不过是洪秀全的两颗棋子，没有天王的授意，其他人是不敢动这个念头的。此时，有着战略思维的石达开已经看到自己必死的命运，更重要的是，他已经在心里为洪秀全和他的国敲响了丧钟，尽管他是如此不情愿。此时的他唯有一走，或可保全自己。洪秀全用自己的方式给他留了这一条出路，他若再不觉悟，也就很难再有机会。

石达开的出走，并不意味着他的背叛，他虽然是率领十余万精锐部队负气而去，但始终打着“太平天国”这面大旗。石达开的出走，使太平军的实力锐减，一时之间“朝中无将，国中无人”，很快便从战略进攻转入战略防御乃至退却阶段。湖北、江西的版图全部沦陷，南京外围的一些城池也相继失守。到1858年初，天京再次陷入清廷江南大营、江北大营的围困之中，几乎成为一座孤城。

那些在“天京事变”中幸存下来的太平军将士茫然不知所归，他们不仅没有尝到 “小天堂”带来的幸福感，反而认识到“小天堂”不是幸福地，而是鬼门关。如果说在此之前，他们的征战杀伐是用生命在向天国事业的顶点攀登，那么随着海拔的上升，他们突然发现，“脚下所踩的这座冰山，正在面临着不可避免的缓慢消融”。当曾国藩听到石达开出走的奏报时，他很是兴奋，并志得意满地说，与太平军作战，“昔如移山，今如拉朽”，他甚至夸下海口说，“洪杨股匪不患今岁不平耳”。

第五章

一个总督的春天与劫数

——第二次鸦片战争是怎样爆发的

1. 入城与修约：叶名琛的无为而为

1855 年（咸丰五年）秋天，一桩突发事件在本就不平静的南海掀起了滔天巨浪，而长居圆明园的咸丰帝，此时正沉迷于醇酒妇人所带来的人生欢愉中。天下纷乱如斯，他的眼前虽有良辰美景，但也有力不从心的苦衷。这个二十多岁的年轻人当政以来，没有过上一天轻松的生活。“世界上任何一个人都可以将自己的悲伤倾诉于密友、家人、幕僚，以减轻内心的压力，但中国的皇帝则不然。”

他还能做什么呢？躬勤政事是乱，荒淫无道也是乱。醇酒妇人，不过是升斗小民贪恋的美好生活，让人颓废，也让人麻醉。明眼人都看得出来，他这个皇帝又岂能不懂？每日沉迷于此，不过是在逃避，逃避皇帝身份所带来的天大责任，逃避不为外人所道的苦衷。就连野史作者也有记载，“咸丰季年，天下糜烂，几于不可收拾，故文宗（咸丰帝）以醇酒妇人自戕”。今朝有酒今朝醉，美人虽在怀，但江山终究是他胸口永远的痛。率土之滨，莫非王土。这一天，在昏沉的夜色里，他再次将哀伤的目光投向了遥远的南方。

“亚罗”号是一艘经常出没于南海的划艇，它的船体构造与动力技术介乎中西之间。船的主人是一个在香港居住了十年左右的名叫方亚明的中国人，船是他从别人手中买过来的。

这个精明的中国人在 1855 年 9 月，将“亚罗”号在香港殖民政府登记，并领了一张执照。这张全是英文的执照让这样一艘中国船有了自己的名分，它成了一艘中国人造的英国船，与其他在香港制造的英国船没有区别。有了香港殖民政府颁发的执照，“亚罗”号就可以悬挂英国旗和受到英国政府的保护。

“亚罗”号的全部水手都是中国人，只有船长肯尼迪是一个爱尔兰人。肯尼迪也表示过，他不过是一个挂名的船长。就是这么一条在中国制造、为中国人拥有、由中国水手操纵、在中国水域航行的船，却受到英国政府的保护。

如果这条船在海上行驶，船头再挂上米字旗，那不难辨认出它是受英国保护的；但当它驶入一个中国的口岸，根据英国船例规定：下旗抛锚，船长登岸，那么这条船无论从哪个角度来看，都跟停泊在它旁边的那些中国船没什么区别。

1856 年 10 月 3 日，“亚罗”号像往常一样驶入广州，一场意外就这样成为另一场阴谋的道具。在此之前，“亚罗”号曾经雇用了两名助理领水员，他们是梁明太、梁建富。此二人身份并不简单，他们还兼职在海上干着劫掠财物的买卖。就在不久前，他们撞上了两艘中国货船。两艘货船的主人是广州当地的绅士，名叫黄连开。劫案发生时，他也刚好在船上。在双方火并的过程中，黄连开跳水逃脱。

不巧的是，当黄连开抵达广州城，在口岸装卸货物时，突然发现“亚罗”号也停泊靠岸。黄连开当场认出了梁明太，因为此人的相貌有着醒目的标志，缺了两颗门牙。在双方交战时，海匪梁明太表现得极为活跃，腰缠红带，头缠红巾，不断招呼同伴，向黄连开的货船开火。

黄连开带人与其周旋，并寻求地方官府的援助。清方水师千总梁国定马上带兵登上“亚罗”号，梁国定和同他一起上船的同僚事后表示，他们抵达“亚罗”号时，既没有看见任何旗帜，也没有看到船上有外国人出现，船上只有中国水手。于是，他们顺理成章地将这条船作为一条中国船来处理，并带走船上 12 名中国水手。

当“亚罗”号的 12 名水手被梁国定带走后，“亚罗”号的挂名船长肯尼迪立刻跑到英国领事馆向英国驻广州署理领事官巴夏礼报告。报告的内容是：中国水师拘捕了他管辖下的一条英国船上的水手，并粗暴地扯下桅杆上飘扬的英国国旗。

在接到肯尼迪的报告后，容易感情用事的英国人巴夏礼立即向他的上司、刚刚出任英国驻华公使、香港总督、五口通商事务总督的包令爵士报告了此事。这本是一个小事件，且其中疑点重重，包令却借此大做文章，用他的话说，“希望能在浑水中摸一些鱼”。巴夏礼在写给两广总督叶名琛的信中说，他当时就派人去调查，调查的结果，令他相信“英国船‘亚罗’号在海珠炮台附近升起旗帜停泊的时候”，被中国水师拘捕了差不多全部水手，“还扯下我们的国旗，这对我们来说，真是奇耻大辱”，并要求中方道歉，放人并保证今后不再发生类似事件。

两天后，两广总督叶名琛同意释放 9 名水手，但巴夏礼拒绝接收。同时，包令照会叶名琛：“如不速为弥补，自饬本国水师，将和约缺陷补足。”由此可见，英方想要通过“亚罗”号事件达到另外的目的。

叶名琛在复照中说：“‘亚罗’号不是英国船而是中国船。一只中国海盗船，有时为了掩护自己的非法行动而挂起它无权悬挂的英国旗；更何况，此事件发生时，则根本没有悬旗。”

巴夏礼在给叶名琛的信中，流露出极为强硬的语气。信的开头就说：“我要让阁下注意一下需要立即洗雪的奇耻大辱……以你的才干来说肯定会使你立即承认，这种公开的侮辱一定要得到同样公开的洗雪方能罢休。”这封信以武力胁迫作为结束，其中充满了异常躁动的情绪字眼。肯尼迪的报告与巴夏礼所得到的有关“亚罗”号事件的报告都不足以解释这种躁动与不冷静的背后，究竟笼罩着怎样不可告人的迷雾。

如果追溯这种躁动情绪的源头，1854 年的春天是一个无法回避的季节。那应该是一个慵懒的午后，可广州府衙里连空气都是沉重的。两广总督叶名琛如坐针毡，整个珠江三角洲烽烟遍地，而广州处于战区中央。对于那些要推翻爱新觉罗王朝的人来说，广东是最为理想之地。这里是全国最富庶的省份之一，而对外贸易是国家税收的重要来源。

战略上，身处广东可以同外国人友好往来，就算得不到他们在外交上的承认，也可以从他们那里买到军火和给养。这里聚集了许多秘密会党成员，同时民间社会游荡着难以计数的对朝廷不满的农民、随时面临失业的码头工人和刀头舔血的盗匪，他们都有可能成为起义队伍中的一员。

1854 年的广州，没有成为太平军的天下，却成为天地会红兵的天下。那些举着红色旗帜、头上扎着红色方巾的红兵，像是一簇簇红色的火焰在广东地界熊熊燃烧。火势迅速蔓延，很快吞没东莞、佛山、花县、三水、顺德等大小县城。红兵从水陆两处抵近广州城下，没人统计出有多少支队伍，也没人给出一个具体的数字，有说二十万人，也有说十万人出头。不管怎样，他们有着一个共同的目标——攻下广州。

咸丰帝下令从邻省调拨一些部队增援，但此时南中国的军力已陷入山穷水尽。好不容易凑来七千官兵，但远水救不了近火，根本无法杀开一条血路，接近广州城。广东其他各府县也是泥菩萨过河，不但无法抽身援救，而且还向叶名琛发来告急文书。“屋漏偏又逢阴雨”，英国驻华公使包令在接到英国政府的“修约”指令后，也向两广总督叶名琛发来了照会。所谓“修约”，也就是对鸦片战争后英、法、美迫使清朝签订的第一批不平等条约进行修订，而修订的内容集中于开放内地、取消子口税、鸦片贸易合法化等。

晚清时期，两广地区一直是中国祸乱的根源。洪秀全的太平天国运动发端于此，而孙中山的革命活动也起于此，这绝非偶然与巧合。此地各种势力盘根错节，社会矛盾错综复杂，匪患不绝，夷情叵测。在此为官，身处“贼乱”与“戎祸”两大危险之中。而从摆脱危险的可行性角度分析，“贼乱”是最先需要解决的问题。

叶名琛字昆臣，湖北汉阳人，1807 年出生于一个诗书官宦人家。其祖父和父亲曾是体制内的小官，相对而言，他们在金石文字上的成就要远远大过他们在体制内的品级。比如其父叶志诜，25 岁入翰林院，蹭蹬半生，也不过是一个从七品的内阁中书。叶名琛是家中长子，从小受到家庭熏陶，父祖教诲，加上自己勤奋攻读，年纪轻轻就与弟弟叶名沣“以诗文鸣一时”。26 岁中进士，改翰林院庶吉士，散馆授编修。对于汉人知识分子来说，编修是一个非常荣耀的职称，也是今后有机会飞黄腾达的起点。29 岁，外放陕西兴安知府。兴安是个山区，与民风强悍的湖北、四川接壤，三教九流以及无业游民汇集于此。他再次搏出声名，一年后擢升山西雁平道。后历江西盐法道、云南按察使、甘肃布政使。他几次迁调，历经数省，行程几及万里。就当时交通条件而言，他花在旅途中的时间定然不少，他在各处任职期间也极其短促，直到最后落脚广东。年仅 39 岁叶名琛就升至省级大员，距其离开翰林院不过十年而已，其间他还丁母忧在家守制 27 个月。

1846 年，叶名琛被授为广东布政使，第二年擢升广东巡抚。按照清朝官员晋升制度，他完全称得上青云直上，早年得志的典范。在封建专制时代，一个官员的进退荣辱除了个人的努力和才能，很大程度上取决于帝王的心意。叶名琛的仕途走向，离不开道光、咸丰二帝对他的信任和宠幸。

1852 年 5 月，时任两广总督徐广缙调往广西镇压太平军，叶名琛署理两广总督兼管理五口通商事务的钦差大臣，开始独当一面。他走向前台的最大考验在 1854 年，这一年，天地会的红兵从水陆四面围攻广州长达三月之久。清政府在南中国的统治中心，广州城竟然成为一座孤城。为了生存，他必须得赢，虽然他从未处身如此险境，从未被吓得“一夕数惊”，但表面上仍要故作轻松，装出稳操胜券的样子。

定都天京之后，太平军从未忽视过广东的战略地位，他们曾派人进入广东地界联络秘密会党，企图使之“同时并起”。虽然在咸丰帝的谕旨里接连出现“悉数歼擒，搜捕净尽”“务期净绝根株”等常规词汇，但是沉浸于圆明园风月里的皇帝并没有务实的对策。叶名琛，这个陷入绝境的总督也禁不住大发牢骚，抱怨他所有的精锐几乎全被调出省境镇压势头更为猛烈的太平军，他手中仅有兵勇一万余人。

形势危急、人心波动，在一份英国领事馆的报告中如此描述：“从广州向四乡及澳门、香港逃难的人络绎不绝。开始是有钱人，现在则不那么富裕的人家也大量出逃。”

考验一个官员的能力，往往是在形势一发千钧的关键时刻。这个沉默寡言的汉阳人，只用了半年时间就证明了应对战时危局的能力。几乎每打一仗，他都会让人绘制地图，图上不但标明战区的地形，并要标明居民分布状况和双方的军事态势。如果是在水上作战，地图上还会注明可能影响船只进退的风向。天地会红兵人数虽多，但却是一个松散的组织。各红兵首领之间常因战利品分配不均而引起争执，就连外国人都能看出“各股叛军之间似乎目标和行动都不一致”。

叶名琛将自己的指挥部设在可以俯瞰全城、雄视江面的观音山镇海楼上。在这里，他指挥了许多关键性的战役，目睹了无数次恶战。这里是军事意义上的制高点，也是他政治生涯的巅峰所在。1854 年至 1855 年间，两广总督叶名琛带头在辖区内扫荡、肃清太平天国及其天地会党羽，手段极其残忍。尤其是天地会红兵暴动，让广州这座处于中国政治经济前沿的南方城市成为一座恐怖之城。目击行刑场面的容闳在其《西学东渐记》中所述：“至则但见场中流血成渠，道旁无首之尸纵横遍地。盖以杀戮过众，不及掩埋。”这个在美国接受过八年教育的年轻人，在晚年撰写的回忆录中，如此写道：整个大学阶段，尤其是最后一年，中国的可悲景况经常出现在我的脑海，令人感到心情沉重，“故予尝谓知识益高者，痛苦亦多，而快乐益少。反之，愈无知识，则痛苦愈少，而快乐愈多”。在这样一个受到西方教育洗礼的人看来，血流如渠的刑场中充斥着来不及掩埋的无头尸体，吸饱了腐血的泥土，以及夏日里弥漫的毒雾一般的空气。

叶名琛在广州大肆搜捕太平天国党羽和参与秘密会社的暴民，不讯口供，捕得即杀，据估计有七万五千人丧生于容闳看到的这座刑场。当时在广州的英国人记录了这场大规模的集体性屠杀中的某一个场面：

——数千人死于刀下，数百人以十二人为一组绑起来丢入河中。

——在短短的 4 分钟内，我看到熟练的刽子手砍下了 63 颗人头。

——现场有数只箱子，等着装砍下的囚犯人头，送到总督面前，以证明已经执行应行的处决，但砍下的人头太多，箱子装不下，最后只好把耳朵（右耳）装箱，仅此亦箱箱满溢。

而在英国人的记录里，这位总督大人简直就是一个杀人恶魔。

叶名琛的成功上位绝非偶然，在这样一场难度极高的守城之战中，他几乎做到了残酷而完美的收场。不但以少胜多，将红兵逐出广州地区，还迫使他们退往广西。在颇不宁静的南中国，打造出一副与纷乱时局截然不同的现实面貌。相对于广西局势的溃烂无常，此时的广东“有如世外桃源”。在很好地应对本省事务之外，叶名琛还主动派兵援助江西，为湘军购买洋炮。由此，叶名琛成了咸丰帝在南中国最放心的地方大员，一切提议决策，无不言听计从。先授其为协办大学士，再授体仁阁大学士。

叶名琛在地方事务和平叛中表现出化腐朽为神奇的能力，为君王所倚重。但是作为通商事务钦差大臣，叶名琛却遇上了大麻烦。他的麻烦不是当下的麻烦，是麻烦一直存在，而他一直在逃避。早在 1846 年 4 月，时任钦差大臣、两广总督耆英和时任香港总督、英国驻华公使德庇时在虎门签订协定，相互同意入城问题的解决，应延展至一个更适当的时机。英国人强求进入广州城，绝对不符合条约的文字和精神。

英国人的理由很简单：中国开放的五个通商口岸除了广州，外国人都能携带家眷住于城内。比如上海的外国人“不问城内外，皆可听其游处，如土著矣”，其他口岸也与上海相同。广州是中国对外贸易的第一道大门，英国人在此的活动是最为密集的。但在这里，他们未被允许进城，而是限定在城外沿河的商馆区。英国人认为，头等重要的是，尽早有效地永久地确立他们出入广州城的权利。

英国人提出“入城”请求不到一年，便急不可待地发动进攻并夺取虎门和省河的所有主要炮台，在破坏了清军门户，炸毁火药库之后，又钉住了 827 门大炮的炮眼。接着，英国人下达最后通牒，耆英迫于无奈接受“入城”这一协定，“自今日起两年后英国官员和人民可以自由进城”。1848 年（道光二十八年），耆英通过活动，回到京城担任了内阁职务，处理英国人入城这个十分棘手的问题便落到了徐广缙的身上。徐广缙却无论如何不肯答应，他否认前一年耆英与对方达成的协定，说即使耆英答应过，也是在迫于无奈做出的让步，也是不算数的。他向道光帝奏称：“臣思进城一事，实属万不可行。”

当时的英国驻华大使文翰两次照会徐广缙，都遭到对方严词拒绝。于是，文翰为自己无法“入城”找到合理且有力的依据，他向英国政府陈述：不用武力，试图进入广州城是万万不能的；即使中国官员愿意做出让步，他们也无法说服自己的人民。坚持进城，不仅无益，而且有害；贸易在商馆进行，也是很好的；因为进了城，只能将英国人暴露出去，让当地居民羞辱，从而引起两国之间不必要的麻烦。

让我们再次回到 1854 年，那个让时任两广总督叶名琛烦恼不已的春天。

这时候的香港总督兼驻华公使也已换作英国人包令，包令在他上任后的第二天，就向他的政治对手叶名琛发出照会“在广州城内，在你的公署里”会晤。这封照会只是他一厢情愿的想法，却没有让接到照会的人感受到善意。叶名琛认为这是英方企图重新启动“入城”问题的谈判，心里自然产生抗拒之意。在这个问题上，他和他的前任徐广缙有着同样决绝的态度。于是，复照以军务繁忙为由拒绝了对方会晤的请求。

在外人看起来，风光无限的叶总督在南中国这块政治敏感度极高的地方，干得并不逊色于他的任何前任。由于对中英两国签订的《南京条约》存在不同解读，英国人屡次要求入城，而城里士绅官民对之又抱着强烈的敌视态度。如何安抚民众情绪，又不开罪洋人以致酿成冲突，更重要的是他有自己明确的态度。如此一来，他不仅仅需要扮演一个中间调停人的角色。

包令不是一个容易对付的人，这个自诩精通上百种外语的英国人，有着更坚定的决心和并不盲目的自信。他曾经出任过广州领事，1849 年那场中英双方的“入城”较量，他是亲历者。对于这件事，他的态度更为坚决，不惜动用武力进入广州城。当然，在反对“入城”这个问题上，他的对手叶名琛也同样是坚决的。

当包令提出会晤的请求时，叶名琛没有给他机会。不过叶名琛的拒绝采用的是一种较为和缓的方式，他第一时间复照，并以公务繁忙作为拒绝会晤的理由。两颗坚硬的石头无法碰撞出火花，是因为它们没有撞在一起。茅海建说：“毫无疑问，他（叶名琛）是用一种最消极的方法来维护国家和民族利益，而这种不合西方外交惯例的方法又使西方使节极为恼怒。”

德比伯爵也认为此时的包令有一种进入广州城的偏执狂：“我相信，他（包令）真的梦见自己进入广州了。我相信，这是他清早醒来的第一个念头，也是他入睡以前的最后一个念头，他要是半夜醒来，这个念头也会出现。只要能在广州衙门受到正式的接待，他会认为，同这件事所得到的巨大利益相比，任何牺牲都不为大，任何通商中断都不足惜，任何流血都不足悔。”

而当时担任《纽约每日论坛报》伦敦通讯记者，埋头厘清他对资本主义之看法的马克思，却认为："如果包令博士真的害了想进入广州城的‘偏执狂’，这是由于在他背后有一位头脑冷静的白人首脑鼓励了这种偏执狂，并且为了自己的目的把这种偏执狂从潜热状态煽成了吞噬一切的焰火。”

叶名琛的无为而为，让沉溺于迷梦中的包令很快作出判断：在中国，没有人比叶名琛阁下更公开地断言要把我们排斥在广州城之外，并阻止中英人民之间商业和社交关系的加强和推广。

一周后，包令向叶名琛发出一封长篇照会。照会开篇即言："本公使恭奉谕旨，抵中土之后，应及提论，首及本闰七月初六（8月30日）为万年和约（《南京条约》）约议扣计十二年期满，按照善后约（《虎门条约》）第八条所载，凡又新施予及各国者，英人亦一体同邀之词，自可援佛兰西（指法国）、亚美利加（指美国）二国条款，向贵国确要，以前所定和约，重行订酌会议也。”

这封照会的主旨是修约，但是因为其中罗列了六项其他事务，冲淡了主题。本就对“入城”一事格外敏感的叶名琛，又一次被“入城”二字重重地撞击心扉。“修约”在他看来有纸上谈兵之意，而“入城”则有可能是兵戎相见。照会中提到的修约是指修正1842年的中英《南京条约》和1843年的中英《虎门条约》及其附件。

英国人要求修约的依据是1844年中美《望厦条约》第三十四款："和约一经议定，两国各宜遵守，不得轻有更改；至各口情形不一，所有贸易及海面各款恐不无稍有变通之处，应俟十二年后，两国派员公平酌办。”

1843年中英《虎门条约》第八款："设将来大皇帝有新恩施及各国，亦应准英人一体均沾，用示平允。”

既然英国有权提出在1854年修约，那么享受最惠国待遇的美国和法国，也同样享有这一权利。当年参与签订和约的耆英看不透英方台面下的算计，他从“天朝”大皇帝的视角来看，既然“怀柔远人”，就应该做到一视同仁。给予其他国家的一切“新恩”，英国均可“雨露均沾”，自动享有。会错意的叶名琛在复照中对“修约”一事只字未提，让急于破城修约的包令很不满意。他再次发出照会，要求与叶名琛在广州总督署会晤。

叶名琛此时对“修约”才算有了清醒的认知，他对英方的答复是“俟届期再议”，并再次拒绝英人入城会晤的要求。他在给咸丰帝的奏折里，充满自信地表示：“臣唯有相机开导，设法羁縻。”叶名琛的态度非常明确，能拖则拖，拖到英国人自认无趣，一了百了。而此时的咸丰帝将全副身心都用在剿灭太平军，广州城交给叶名琛，他还是放心的。

咸丰帝在谕旨中也传递了这份信任：“叶名琛在粤有年，熟悉情况，谅必驾驭得当，无俟谆谆告诫也。”这时候，叶名琛的前辈或同僚不少人都在纷乱不息的时代淘洗下退出或倒下，而像曾国藩、李鸿章这些后来的佼佼者还只是初露峥嵘。当时有一位英国观察家竟将叶名琛誉为“现在全国之第二号人物”，可见他在当时的清朝政治格局中有着足够的威望。

君臣二人在外交事务上的和谐共舞，是建立在屏蔽第三方的声音基础之上的。但是对于第三方的香港总督兼驻华公使包令来说，不达目的又怎会轻易离去。他始终坚持自己的观点：“以单纯行动，而没有一支堂皇的兵力助其声威，欲求从中国人方面取得任何重要让步，是毫无希望的。”

叶名琛愿意在城外仁信栈房会面，而包令则坚持在两广总督衙署进行会晤。至于修约，叶名琛以不熟悉条例，或作他语，或默然无语。此时正值天地会红兵大起义的非常时期，广州城在风雨飘摇中艰难前行。

2. 广州之变：不会再有和平了

有人说，叶名琛的悲剧，是他看不清楚这个世界，世界变了，而他这个老派官僚却依然活在自己的世界里。但我相信，叶名琛对于世界的了解，远比我们想象得更为广大，尽管未必是准确的。

他知道克里米亚战争的爆发，尽管他认为英国人战败了；他相信英国人进入广州城，只是为了收税，以赔偿对俄国人的赔款。尽管他认为和他相信的是选择性的，而不是客观存在的真相。这时广州的形势已很紧张，而叶名琛仍保持着镇静自若的姿态，因为他过于相信手中掌握的情报。他在部署军务时，会说出“凡敌人饮食动作，我皆有人探报，不遗细微”。对于叶名琛收集掌握的这些情报，也有人提出质疑。广东布政使江国霖就当面问询：“中堂所用探报，自然都可信？”叶名琛闻后怫然斥之。

叶名琛曾当着番禺、南海知县的面说：“从前林文忠公好用探报而反为探报所误，偏听故也。我则合数十处报单互证，然后得其端绪。”遗憾的是，他所根据的材料也大多是传闻，或捏造，或来源于一些公开发行的报纸，结论自然大谬。

比如他在得到英、法与俄进行克里米亚战争的情报后，饶有兴致地上奏：俄军在陆路大败英、法等国军队十几万人，并以军舰 30 余艘攻入英国国内。英国女王乘轮船前往美国、法国，并派其弟前往大吕宋（今西班牙）、荷兰等国搬救兵。他指出：“俄国犹强盛如前，英国似有力不能敌之势。”这份不知从何处得来、颠倒了双方胜负关系的错误情报，居然成为他判断眼前形势的依据。

这些来路不明的情报使叶名琛的态度越发强硬，也使他对“失败”一方的英、法多了一份轻蔑之意。从某种意义上来看，中国近代史上的许多祸患是由士大夫所固有的官场原则酿成的。他们不愿意改变，而这种不改变酿成的保守性根深蒂固。在与外国使节打交道的过程中，与以往舰船火炮的威胁相比，叶名琛和他的那些同僚也仅感到刮来一阵风，根本没当一回事。

早年接受乾隆接见的英国人马戛尔尼说：“如果在中国有一个政治上强大、经济上有影响的商人阶级，那么中英间的困难将会少得多。”中国的士大夫是农业帝国培养出来的，他们的思维、行为习惯深受所处文化的浸染，有所局限。而西方特使也并不了解中国，以他已有的礼仪、法律自居，故而双方不能彼此理解。

比如此刻，身为香港总督兼驻华公使的包令已经受够了叶名琛的无为而为，他不愿意再在这个“顽固不化的官员”面前浪费时间，他决定北上。1854年6月，这个自视过高、容易冲动的英国人决定绕开石头一样硬的总督大人，前往上海和天津，另辟与清政府交涉的渠道。他很快在上海，与美国公使麦莲向江苏官员交涉修约一事。

叶名琛都解决不了的事，江苏官员也是知难而退。就在这时，咸丰帝的最高指示从北京传来，他让英、美公使南下，一切外交事务只能与叶名琛商谈办理。咸丰帝的态度，又将英、美、法三国使节逼回让他们头疼不已的叶总督那里。他们再次要求照会叶名琛，尽快修约。而这一次，叶名琛则用一句“小行变通则可，大事无权办理”的话搪塞对方，这句话虽是敷衍之语，但也是一句大实话。

拒绝解决问题，问题就永远不能解决；一味躲避困难，困难就永远不能克服。叶名琛曾经与人说：“羁縻外人之术，在使彼之理屈而我之理伸。”虽为办理夷务的钦差大臣，他却一味地选择躲闪。究其心理，在他傲慢的姿态下，隐藏着的又何尝不是内心的畏惧，即“心惮洋人诡谲，虑既见而受辱”。与其陷自己于困境，不如干脆拒绝与他们会晤。

1854年（咸丰四年）9月，三国公使再赴上海。江苏巡抚吉尔杭阿已经觉察出三国对“修约”一事不会轻易放弃，他上奏提议“可否钦派重臣会同两广总督妥为查为”，其意是削去叶名琛办理外交之权。吉尔杭阿的建议受到咸丰帝的痛斥：“是何言语，该抚竟出诸口？揽奏曷胜痛恨！……该抚所奏各情，未必不受人要挟，被人欺蒙也。”

英、美、法三国代表抵达天津海河口外，他们急切的脚步暴露出不可告人的一面。经过一番交涉，英方向清政府正式提交了修约要求18条，美方也提出修约要求11条。当时有位刚从北京的俄罗斯文馆回来的老师描述：皇帝对于洋人的要求十分火大，只有少数几个大臣敢跟皇帝说与外交事务有关的事。清帝国国力日蹙之时，谣传咸丰把一个帝王的大部分时间用来骑马，带着他宠爱的妃子在圆明园的树林里驾马前行，日子过得悠然自得。本就对西洋事务心存厌恶，当咸丰帝看到那些条条框框的要求更是一头雾水，遂下旨：除在三项枝节问题上可到广东与叶名琛继续商讨，其余全部予以拒绝。

待到包令从白河口空手南返后，就向英国政府力言必须对中国动用武力。不过此时英、法国正苦于克里米亚战争，无力对付中国。而精明的美国政府对于内战形势尚不明朗的中国，采取的是避免选边站，坚持中立立场，主张再观望一段时间。英法结盟也始于克里米亚战争，法国派出葛罗男爵，与英方的额尔金勋爵共同指挥这支远征军。三国代表又一次悻悻而归，不同的是，他们都没有去找叶名琛继续交涉修约之事，三国第一次修约活动失败。

就在这时候，叶名琛主动给包令发来一份请求，请求在省河上执行护卫任务的英国军舰共同消灭“艇匪（天地会的水军）”。照会有言：“惟得悉贵国兵舰此刻亦泊省河护卫，为此照会贵公使，通力剿匪。”包令在接到叶名琛的这份来函后，以为双方会晤的机会来了。他在回信中表明英国政府的绝对中立，又说“鉴于情势所迫，我将与海军上将并战船数号，于下星期三前赴省垣”。可是，包令很快就陷入更彻底的绝望，因为叶名琛拒绝接受他入城会晤“讨论他们深感兴趣的事情”。

包令在广州城外又一次吃了闭门羹，由此更觉得清朝官员都是“自大无知顽固不化”的人。而他一个接一个的要求和喋喋不休的抱怨，全部集中于“入城”与“修约”两大永恒不变的主题，也让两广总督叶名琛更确信英国人是贪得无厌的。对此，他只能报以不闻不问的态度。有人一直揪着叶名琛“六不”的小辫子不放，说他“不战、不和、不守，不死、不降、不走”；“相臣度量，疆臣抱负；古之所无，今之罕有”。当时体制内的人，实在不知道该如何与洋人打交道，“刚亦不吐，柔亦不茹”，人家软硬不吃。打，不在一个军事层面上；谈，不在一个话语体系里。端着天朝上国的架子，赔着下等臣民的脸子。本该给自家进贡的蛮夷，却让自家吃尽了苦头。

1856年，中美《望厦条约》已满十二年，美国驻华委员伯驾联络英、法，再次向叶名琛提出修约，被拒绝后，决定第二次北上。或许是觉得成功的希望过于渺茫，美国人的提议并没有得到英、法两国的呼应。或许是因太平军击破江南、江北大营，内战形势趋紧。咸丰帝命叶名琛“可择事近情理无伤大体者，允其变通一二条，奏明候旨，以示羁縻”，并告各省，对外交涉事件归叶名琛办理。

对于叶名琛决绝的态度，咸丰帝在感到欣慰的同时，也有着隐隐的不安。他在谕旨中，命叶名琛“妥为驾驭”，如果各国要求“实止细故”，不妨“稍事通变”；如果各国“妄事要求”，“即行正言拒绝”。他还特别强调，叶名琛“勿峻拒不见，转致该夷有所借口”。

叶名琛依然故我，以不变应万变，好让那些凹眼隆鼻的“夷人”知难而返。人性是一座火山，尽管它多年未曾喷发，其上还覆盖着一层理性，国家、宗教和文化的青绿。在火山与青绿之间存在某种协调机制。时间越久，我们会越发关注那片青绿，而往往忽视它是一座火山。

包令无可奈何，只有大发牢骚。他说：“虽然我们不断地向广州的这位总督大人施加压力，但是到目前为止，他仍不为所动。对待这个不可雕琢的愚顽之辈，可真没有办法。”而他在另一份私人信件中，更是不加掩饰地流露出绝望的心情，他说“真不知要用多大的力量才能压倒这位钦差大臣，也许就是把广州城摧毁了也不行，因为他似乎决心不做一点让步，而我们则无法强迫他同我们接触”。他由此得出结论，除非使用武器，否则不会有什么结果。

英国商人也对包令失去了耐心，对他的外交能力提出了质疑，认为他“判断能力差，又不具备通过谈判达成新协定所必不可少的才干”。就在美国全权委员伯驾北上交涉之时，包令已经在向伦敦方面要求炮舰。若要实现修约，“一支代表缔约国各自国家的威武舰队，应于明年五六月间会同于北直隶（渤海湾）”。

包令准备率领一支由轻型武装轮船组成的“准海军”第三次北上，恰在此时，爆发了所谓“亚罗”号事件。包令也承认“亚罗”号船的执照已过期无效，无权悬挂英国旗，不在英国保护之下，但是那些登上船的中国人并不知道这一点。言外之意，那些登上船的中国人扯去英国旗，是有意识地带有侮辱性的行为。英国驻广州署理领事官巴夏礼要求清方在 24 小时内满足英方要求，释放全部被俘的 12 名水手，并向英方书面道歉并保证以后不再发生此类事件（撕扯英国国旗及抓捕英方水手）。

叶名琛同意释放水手，但拒绝向英方道歉，他声名“亚罗”号已经超出英方注册的时限，它是一只名副其实的中国船，与英国人无关。至于扯去英国旗帜，更是子虚乌有。

对于“亚罗”号这件事，后来接任包令的英国全权公使的额尔金有着非常精辟的见解。额尔金给妻子的信中，提到英方向两广总督叶名琛发出最后通牒时，他如此写道：“在我的最后通牒中，根本没有提到那令人厌恶的亚罗事件。对我们来说，亚罗事件是一件丑闻，除了那几个曾受损害的人物外，我有理由相信所有人都同意我这种看法。”当时香港一家英文报纸《每日新闻》也写道：“值得庆幸的是，额尔金所采取的设想措施，都清楚表明与亚罗事件无关……亚罗事件已再没有辩论的余地，而为他辩护的人早已在这场舌战中退了下来，逃得无影无踪了。”

1856 年 10 月 23 日（咸丰六年），三艘英国军舰越过虎门，攻占广州东郊的猎德炮台。叶名琛此时正在阅看武乡试，闻报后宣称“不会有事，天黑自然会走的”，并下令水师战船后撤，对入侵英舰“不必放炮还击”。随后，巴夏礼照会叶名琛，宣布时任英国驻东印度和中国区舰队司令西马縻各厘已经率军到来，占领并毁坏了许多炮台，使清军的防御体系受到了重创。

27 日，西马縻各厘赞同包令的意见，认为现在是提出要求履行“条约义务”的适宜机会，因此命令照会叶名琛，除原有要求外，又“要求所有外国人都可同中国当局打交道并进入广州城”。对于“入城”问题，叶名琛仍一如既往地保持沉默。英军炮轰督署，每隔五分钟至十分钟发射一次，直至日落。督署的门役兵丁逃匿一空，叶名琛却“坐二堂上，绝无惧色”。这一天，叶名琛发了两份公文：一是通告，号召广州军民“勠力同心”，对来犯英军“格杀勿论”，并开出赏格，杀敌一名“赏银三十大元”；二是给美、法等国领事的照会，声称英军已炮击广州，清方“无暇保护贵国民人”“倘有疏失，唯向英国巴领事官是问，勒令伊赔偿也”。

28日午后，英军又开始炮轰，并于日落时分将广州城南的城墙打开一个不算大的豁口。29日，英军于猛烈的炮火过后，分数路攻入广州城。英军司令西马縻各厘在巴夏礼等陪同下，实现了入城的梦想，他们大摇大摆地由城门进入，直到总督衙门。

叶名琛从未放弃和谈，尤其是在英军攻入广州城后，这份感情变得越发强烈。

他一方面尊重民众的愿望，另一方面避免同外国人发生无谓的争端。用他自己的话说：“无事则安民抚夷，有事则用民以防夷，方为正办。至于琐屑细故，亦不得不量为变通，借示羁縻。固不可失之操切，致启衅端；亦不可过于府从，有损国体。”这便是叶名琛的外交政策，他也一直奉行着这一原则。英方的炮弹打开了广州城的大门的同时，也送来了英军的三份照会，要求道歉、入城，皆为叶名琛所拒。

亚罗事件的炮火并没有摧毁叶名琛的信心，他仍希望通过和平谈判解决争端。他任何时候都愿意坐下来谈判，即使对方已完全放弃谈判准备诉诸武力。叶名琛派出一名知府与英方会谈，询问对方军事行动的真正目的。西马縻各厘表示，如不开放广州城，就不停止军事行动；巴夏礼更是宣称：“总督不许我入城，不与我相见，我定破此城！”

整整一个月，炮击数千处，照会十余道，中英两国实际上已经进入战争状态。清军城防一破再破，珠江上的清军炮台一陷再陷。英军的节节胜利，让所有人都认为广州的城门不会关得很紧。以包令为首的英方人士想以胜利者的姿态进入广州，进而解决多年悬而未决的问题。

此时的叶名琛，已不再是人们心目中那个传统意义上的文官。他于1853年刚刚执柄两广总督时，即率军全歼高州的凌十八，受封太子少保；随之而来的席卷广东全境的天地会起义，也被其一一击破，并由此拜相体仁阁。相对于十余万红兵围困广州半年、广州外围城市失陷十余座的狂风巨浪，眼下英军的军事行动，只能算是一场毛毛雨。对于见识过大场面的叶总督而言，英军的炮火虽然给他带来了不小的麻烦，但他绝不会被吓破了胆，认了㞞。

英国人几次进犯广州城，叶名琛镇定自若地指挥军民水陆两路迎击，曾多次击退英军。这场战争表现得很是复杂，形成各种各样的战线。清军既无舰队能与英军正式作战，也只好采用零散的、不正规的，但十分困扰敌人的战术。

1856 年 10 月 29 日，英军进入广州城，遭到清军的顽强抵抗，在街道上和从房屋中射击，英军伤亡近三十名，这是英人自报的数字。

1856 年 11 月 6 日，清军战船二十三只，在敌军炮击下，展开反攻。西马縻各厘也不得不佩服地说："这些沙船立即发起最猛烈的反攻，并意志昂扬地持续了至少三十五分钟。"

1856 年 11 月 8 日晨四时，四只放火筏顺流而下，一只停在英军舰头上，使它濒于毁灭，一只燃烧起来，余二只则顺风漂走。迫使西马縻各厘在他的舰队周围，用沙船做成一个防卫圈。但其中一个防卫圈，还是被不知何处投来的火药瓶烧毁，又有两只水雷船在英舰旁爆炸。

1857 年 1 月 4 日，中英双方在江面上展开了一场对攻战。《中外新报》做了报道："据英人云，中国人打仗，向无如此大胆，其战法亦较前为胜。"

……

在争夺珠江控制权的战斗中，叶名琛直接参与行动，并迫使英舰放弃黄埔。清军围困了英军占领的炮台，使那里的英军与外界完全隔绝，万分颓丧，用英军上尉贝特的话说："宁可进纽基特和藩敦威尔监狱，都不愿待在这个地方。"

对于英军而言，他们不仅要同中国军队作战，同时还要与广州及四乡民众作战，英国海军司令西马縻各厘也哀叹："撤离这块充满敌意的土地为妙。"而英方全权公使额尔金也不得不承认："自争端开始以来，由于低估了敌人的抵抗能力，我们犯了许多严重错误。"

在这场战事中，叶名琛的抵抗虽然是无奈之举，但是他并没有放弃守卫，而是忙于收复炮台、重建练勇、收集情报。他恪守一个士大夫的内在价值，以及来自中国传统社会的教养。时运不济，谁让他生逢乱世，又让他来到这乱世的最前沿。他尽心尽责地完成一个总督应该完成的任务，他不是一个会轻易做出改变的人，就如同他对待时局的态度。

3. 总督的路数：另一种忠诚惹的祸

海洋上吹来的风，有着叶名琛最熟悉的气息。没人知道他会想些什么，我们只能从他留下的只言片语，以及行事做法去推断他的知与行。除了想象，我们别无长物，而没有根基的想象，是推演历史的大忌。

马克思有句名言：历史总会重演，第一次是悲剧，第二次就是闹剧。1856 年 12 月 14 日，当咸丰帝收到叶名琛的奏折时，“亚罗”号事件已过去两个多月。在叶名琛的奏折里，有着我们熟悉的腔调以及作弊的手法。准确地说，这不是一封向君王陈清事实的奏折，而是一份谎报的军情：毙敌四百，打死英军舰队总司令西马縻各厘。他让年轻的皇帝不要太过忧虑广州战事，他已调集两万兵力，防守绰绰有余。英国是单兵来犯，美国、法国均认为英国无理而“未必相助”。

第一次鸦片战争时，那些身处战争旋涡的官员不知炮制了多少封这样的奏折。百试不爽，比鸦片更让人上瘾。咸丰的态度与他的父亲道光一模一样，这不是个体的决断，而是制度性的翻版。叶名琛的谎言像是一颗安定情绪的药丸，咸丰服用后虽有不适，但也并未怀疑它的毒性。一封布满谎言的奏折，自然让君王做出错误的决断。咸丰帝下旨，如果英国“因连败之后，自知悔祸，来求息事，该督（叶名琛）只可设法驾驭，以泯争端。如其仍肆鸱张，断不可迁就议和，如耆英误国之谋，致启要求之患”。

叶名琛就这样用谎言断了自己的后路，咸丰帝在圆明园里依然痴痴地等着他从广州传来英方“忏悔之音”。叶总督将自己逼上了绝路，形势容不得他再做出首鼠两端的选择。接替包令的英国公使额尔金一心要战，不愿再与叶名琛有口舌之争。他总结情势说：“不会再有和平了，除非双方把它打出来。”这位来自苏格兰老派贵族家庭的英国公使已经接到英国内阁的指令：“可容叶名琛选择的只有两条路，那就是无条件投降或立即进攻广州。”

当英军因兵力不足，先由城边十三行退往南郊凤凰岗，不久又退出珠江。叶名琛欢欣鼓舞，他编造的谎言居然成为现实，英军无条件撤离。他向咸丰帝报喜：“防剿英夷水陆获胜，现在夷情穷蹙。”

咸丰帝自然又是大喜，他让叶名琛全权处理，并表态“朕亦不为遥制”。话虽如此，但仍不忘叮嘱一句：“从前林则徐误听人言，谓英吉利无能为役，不妨慑以兵威，致开衅端。迨定海失后，即束手无策。前车之鉴，不可不知。”

每个皇帝来到这世界都带有权力赋予的虚幻感，它通过一系列充满仪式感的政治程序完成身份的认定。他活在现实中，又活在想象里，构筑了自己的权力体系。此时太平天国已经接连摧毁江南、江北大营，长江流域局势堪危，叶名琛的谎言显然是在揣摩圣意后做出的选择。

一个二十多岁的男人，若是生于平民家庭，他的人生或许还没真正起步。但是作为皇帝，他的人生寄托于身份之上，既顽强，又无奈地活着。那些纠缠于外交礼仪的君王，都愿意听从权力的召唤。在两个无法对话的国家之间，信任才是一种无言的契约，但是无法对等的交流和利益索取破坏了这个“契约”。

叶名琛不忍心再给君王添麻烦，更不愿意用那些微不足道的败绩干扰圣听。更何况此时朝廷已无可用之兵，亦无可用之饷。若是败一次奏一次，只会激怒咸丰帝，而自己的地位也将不保。既然自己有能力处理危局，也就没有必要使自己的地位处于危局。如茅海建所说：“尽管按照当时的道德观念，他犯下了欺君之罪，但深谙传统道德精义的叶名琛却认为，他胸怀着另一种忠诚。”

叶名琛在另一种忠诚的召唤下，成了替君王分忧的急先锋。水师大败，炮台失守，广州城已经陷入“内战无战船、外围无屏障、孤岛无联系”的困境，但是咸丰帝根据自己接到的奏折，却拼凑出另外一幅画面：溃散而逃的是英军，急于忏悔的是英方，给不给机会的主动权却在清方。咸丰帝不由宽慰道：“该夷乘机起衅，天褫其魄，理宜然也……新酋到后，设法妥办，总宜息兵为要也。”

咸丰帝的想法很明确，既不愿再做重大让步，也不能引起战争。而君王之意，叶名琛又岂能不懂。正是抱有这一信念，叶名琛虽然身陷困境难以自拔，但仍然寸步不让。他不怕和英国人坐下来谈，也不怕和他们打，但是分寸把握给他带来了很大困扰。英国人要求入城与修约，自家的皇帝要求和平，要求不做重大让步，但是叶名琛需要的是两全其美的第三条路。我们只是一味地指责，却从未体谅过他所处的逆境和遇到的困难。

1857 年 2 月，当“亚罗”号事件的消息传至伦敦，英国首相巴麦尊决计扩大战争，但议论里有着不同的声音。上议院反对党领袖德尔比谴责巴麦尊和时任驻华公使包令在中国的行为，认为这是对一个独立国家的主权进行赤裸裸的非法占有和侵犯。他在演讲中呼吁：“我支持软弱、毫无防御能力的中国，反对大不列颠的强权。我支持弱者，反对强权，支持困惑无助的蛮族文化，反对自命不凡的文明提出的傲慢要求。”他将“亚罗”号称为“从未有过的最可鄙的战争借口”。

他的演讲虽然获得了掌声，但却无法阻止战争的脚步。英国政府还是派出额尔金伯爵为高级专使，准备对华正式用兵，并与法国、美国频频联络，以期实施联合行动。而法国也以天主教神父马赖在广西西林县传教，被当地官员处死事件为借口，遂与英方结成同盟。待到 10 月，法国全权代表葛罗抵达香港，并立即拜访额尔金，双方达成夺取广州的共识。

美国只是在修约问题上与英、法大臣一致，但是拒绝出兵。俄国也要求与清方缔结条约，以获英、法、美在鸦片战争后所获得的侵略权益。由此，当时世界上最强大的四个国家——英、法、美、俄结成同盟，联手对付中国。额尔金与葛罗分别照会叶名琛，内容无新意，不过是“入城，修约，再加上赔偿‘亚罗’号事件和马神父事件的损失”。这是一份最后通牒，限十日内允诺全部要求，否则就进攻广州。

在利益面前，所有的外交原则都是无效的。叶名琛并没有将这份照会放在眼里，他依然回复了一道两千余字的照会，将英方的理由一一反驳。英方将这篇长文视为“纯粹的呓语”，是“冗长的辩难，重复已被一再驳斥的东西”。

叶名琛是如此渴望和平，他力图在这篇长文里清楚地重述他的理由，并要求与对方会商，以便使贸易恢复，他说上次的答复绝不是拒绝，“祈阁下再仔细阅读我上次的复文”。而额尔金已经没有兴趣再听他说这些，作为英国在华最高行政长员的他是带着既定的使命来到这里，他即将做出的战争决定不在叶名琛的照会里，也不在他的临时起意里，而是在英国国王和首相的案头上。由此，他认为“不会有和平了，除非双方把它打出来”。

叶名琛在这期间还兴致盎然地给咸丰帝上了一封七千余字的奏折，并语气恳切地说“英夷现已求和，计日准可通商”，并表示“乘此罪恶盈贯之际，适遇计穷力竭之余”，他要用一剂猛药除去病灶，“一律斩断葛藤，以为一劳永逸之举”。

这份奏折经过 21 天的长途辗转，于 1858 年 1 月 17 日到了咸丰帝的手上。叶名琛的奏折使咸丰帝和部分京城官员再次陷入一种集体性的幻觉。他们通过幻觉看到了并不存在的光明和乐土，但现实世界却是死亡来临前的一幕。咸丰帝接到奏折的时候，叶名琛与广州城已经一起沦陷于英国人之手。

叶名琛奏折发出的第二天，即 1857 年 12 月 28 日黎明，英法联军开始炮轰广州城。不间断的炮声像是在迎接阳历新年的到来。英法联军以战舰 20 艘，地面部队 5700 余人进攻广州。英法联军用炮滥轰广州城，连续 27 小时不间断。“缓慢而连续，沉闷而单调，好像隔一分钟一放的葬仪炮”，一个英国战地记者写道：“炮轰继续着，没有排炮，没有快放，没有激动。每一炮都在许多分钟的瞄准后准确地打中城墙上的目标。”

当英法联军发射的炮弹落在督署衙门周边时，巨大的声响震撼着官兵的心扉。而此时，他们的叶总督仍然面带微笑端坐在议事厅里。在大多数人慌乱无措之际，他依然保持着平日里的镇定与沉着。

南海知县华廷杰亲历并记录这一幕：他来到叶名琛督署，辕门外不见一人。被火炮击中的地方已燃烧冒烟，他来到花厅，见叶氏袍襟上挽，独自在此寻检紧要文件。华廷杰请总督大人赶紧离开此处，叶名琛不允，继续收拾文件。不久，有地方绅士林福盛带乡勇百十人入内敦劝，叶名琛才迁入广州内城越华书院。“不逾刻而全署火发，尽化灰烬，行李重物无得出者。”

叶名琛在炮火连天、性命攸关之际，拼命收拾的不是金银细软，而是一批文献。这批文献经证实，后来漂洋过海辗转至大英博物馆。叶名琛不顾性命之忧，整理的文件是中英《南京条约》、中法《黄埔条约》、中美《望厦条约》等鸦片战争后第一批不平等条约的批准文本。英国人对于这些重要文件不是由中央朝廷保管而是由一名地方官保管感到十分惊奇。这批文本甚至没有到过北京，那些需要盖有国玺的地方，也是由军机处将盖有国玺的黄纸送到广州，再由两广总督贴在条约的正式文本上。

叶名琛将其视为高于性命之物，也是可以理解的。若是这些资料落在洋人的手里，就可能酿成大事件。但是他忘了，自己若不安全，这些文献资料还能无恙吗？广州城陷，逃难的市民挤满了街道。叶名琛并没有弃城而逃，他依然留在城里。就在英法联军攻城前不久，他才将自己的家眷送出城，可见他是清楚自己所处的危险境地。他始终坚守自己的岗位，始终保持镇静，像是早就知道了结果，在静静地等候那一时刻的到来。叶名琛如果先考虑自己的生命安全，他完全可以做到全身而退。就连英国人包令也说：“真担心叶名琛找借口逃出广州城，比如他可以说上京觐见咸丰帝，也可以说出巡全省，也可以说率军讨贼，等等。”

1858 年 1 月 5 日，叶名琛转移到左都统双龄署中，住在第五院。敌军赶至，“先挟双都统出署而去，并不知叶相在内。叶相家丁有劝令他避者，叶相坚不肯避。转瞬敌人复至，拥之而去”。

被带至英法联军司令部的叶名琛，仍身着朝服，顶戴花翎，端坐在太师椅里。其他被俘官员不断涌入房内，侍立两旁，犹如在堂上议事一般。虽然做了阶下囚，但在洋人面前，叶名琛仍保持着钦差大臣的威仪。当他被押上“无畏号”军舰后，他很快就平静下来。他说：“他上船是为会见额尔金爵士的，不知对方能如约来会否，他决不再等候了。”在《泰晤士报》记者柯克看来，

“大概他（叶名琛）仍自信我们还以为他是一个大吏，想求其签订约章，而他还准备做外交上的斗争”。柯克用记者的敏锐准确地把握叶名琛此时的心理，直到这一刻，他还在想着与英、法专使来一场面对面的会晤。若是额尔金给他这个机会，他依然会该拒绝的拒绝，不该让步的绝不让步。

二十天后，当广州城陷的奏折送进圆明园，呈递御前，十天前才看过叶名琛报平安的咸丰帝实在难以接受这上天入地的变化，这真是天大的意外。沉思良久，他用朱笔在该折尾留下一句：“览奏实深诧异！”

而这一刻，他最为信任的钦差大臣已被送上一艘开往印度的军舰。在漫长的海上航行中，叶名琛从不走上甲板，对于见识过人生风浪的他而言，沿途的风光实在算不得什么，也毫无兴趣。让人不解的是，一旦发现周围没人，他又饶有兴趣地看向窗外。据说，一位随员曾用手指向海水向叶名琛使眼色，建议他投海自尽以存名节，但他不为所动。叶名琛的做法显然不符合儒家精神与士大夫气节，时人称其“不战不和不守，不死不降不走，相臣度量，疆臣抱负，古之所无，今亦罕有”。

叶名琛住在加尔各答的威廉炮台时，还写过这样的诗句：“向戍何必求免死，苏卿无恙劝加餐。”将自己比作汉代的苏武，来劝慰自己。在印度的这段时间，他并没有封闭自己，坚持会客，与当地的传教士、商人、外交官和记者有过广泛的接触。他还坚持要人翻译《加尔各答英国人报》，新奇于英国议会的辩论。那些新鲜的知识，让他感到欣慰，也感到困惑。他曾向身边的翻译人员感慨：“现在我明白了，这比我以前从香港了解到的清楚得多，那时我根本不懂。”

三个月后（1859 年 4 月），叶名琛死在托里贡。他从中国带来的粮食已经吃完，拒绝食用英国人提供的食物，他没有变成另一个苏武，却追随了伯夷、叔齐的轨迹。正所谓，“海外难寻高士粟，斗边远泛使臣槎。”

第六章

祺祥往事

——合作与非合作博弈下的相权之争

曾经有人从经济学理论——博弈论的视角，看待辛酉政变这一造成晚清政治格局巨大变革的历史事件。对于不懂经济学的人而言，博弈论是一种权力和利益再分配法则，犹如天平的两端，保持平衡才是公平且合理的状态，但这几乎是不可能的。博弈分为合作博弈和非合作博弈，区别在于相互发生作用的当事人之间有没有一个具有约束力的协议。如果有，就是合作博弈；如果没有，就是非合作博弈。

在辛酉政变中，对阵博弈的一方是慈禧与奕䜣领导的帝胤贵族，另一方则是以肃顺为首的宗室贵族；前者是君权的化身，后者是相权的代表。

1. 阴阳线：恭亲王的政治行情

1846 年（道光二十六年）8 月，北方已进入酷暑时节，六十四岁的道光帝又移驾圆明园修身养性去了，太和殿里的那把龙椅也要例行公事地空上好几个月。每到这个时候，连文武百官都会觉得像是要放了暑假。皇帝一旦投身于圆明园的亭台楼阁、茂林修竹间，他们想要见上一面，也要费上一番周折。这就像是一场猫和老鼠的游戏，皇帝故意对自己的行踪秘而不宣，不让那些官员轻易找到自己的藏身之处，皇帝也想一个人静静。

帝制时期的中国，国家和人民的关系是扁平化的，举全国之力“供奉一人”是君主制的原罪。人的意识若失去约束的边界，个人的情感和欲望就会成为一个时代背负的痛苦。在这方面，中国社会有着大把的经验教训。从这一点来看，华丽的宫殿和浩瀚的园林真的算不了什么，它不过是一个君王最基本的配置。

虽然道光帝是以稳重、仁慈和节俭著称的君主，但以圆明园的花费而言，他还真的够不上“俭朴”二字。事实上，他跟他的父祖们一样热衷于将这个浩瀚的园林变得更尽善尽美。这位略显沉闷，却又故步自封的帝王对戏剧艺术有着超乎寻常的热爱，正因为如此，戏台就成为他最为钟爱的建筑物，或是玩物，他在圆明园内建造了许多戏台。一则清宫秘史记载，某一年一场为庆祝其母后钮祜禄氏生辰的大戏正在戏台上表演时，道光帝戏瘾发作，化上装，走到演员和女伶中间，跟他们一起同台表演。这位在政治上毫无创意的帝王，突然更改脚本，使整个场面陷入狼狈和混乱，好好一出戏成了一场闹剧，在讨好似的哄笑声中落下帷幕。

可是 8 月 7 日这一天，道光帝既没有去听戏，也没有与那些官员在园子里玩猫捉老鼠的游戏。他静静地躺在榻上，哪里也没有去。在清朝的历代帝王里，他与他后来的接班人、他的儿子爱新觉罗·奕詝有许多相似之处，缺少执政者的精明与决断，从来都是小心翼翼，不愿意冒任何风险。可他这个皇帝又做得最为辛苦，一年到头宵衣旰食，脸上总是挂着一副疲惫的神色。这一日，直到中午时分，他才拖着慵懒的身子坐到那张宽绰的御案前，先是读了一段先朝的《实录》，这是他每日例行的功课，几十年如一日。皇帝虽称为天子，但终究不是神，也抵挡不了时间对于生命个体的消磨。这些日子以来，他时常感觉来自身体的警示，老迈之躯虽无大病，却也小病不断。他知道，一直犹豫未决的立储大事已到了该决断的时候，留给他的时间不多了。

他这一生用“消磨”一词概括最为恰当不过，年近不惑才由太子变天子，好容易做了皇帝，却又赶上一个痛苦的时代，本就枯槁僵化的生命形态顷刻间又变得千疮百孔。想要给自己选一个接班人时，却又乱花迷人眼。年近半百先后失去三个儿子，直到皇四子的诞生，皇家才算有了祥瑞之气，接连又添了五位皇子。除了皇五子过继给了自己已经过世的三弟，降袭为惇郡王。其他五子皆有将来入继大统的资格。但是皇七子、皇八子、皇九子还是蹒跚学步的孩子，将大清国命运交到孩子的手里，又显得太过儿戏。所以在道光帝的选择项里，皇四子奕詝和皇六子奕䜣才是他所要考虑的人选。

这个世界是公平的，资质超凡之人容易草率行事，而资质平庸之人往往谨小慎微，又特别注意细节，总是想得多，决断得少，总想把任何事都办得妥妥帖帖。他十七岁被内定为皇太子，直到三十九岁才登基继位，在这漫长的等待时光里，他总是小心翼翼地在祖宗规制的框框里度过每一天。这种戴着镣铐起舞的宫廷生活，将一个帝王本该有的胆略和气度消磨殆尽。

待到晚年，道光帝又为选择接班人的问题大伤脑筋，各种方式的考验与试探交替使用："欲付大，犹未决，令校猎南苑，诸皇子皆从，恭亲王奕䜣获禽最多。文（咸丰）未发一矢，问之，对曰：'时方春，鸟兽孳育，不忍伤生以干天和。'宣宗大悦，曰：此真帝者之言！"大凡皇子之争的史料都是官家文本的忌讳之处，而野史记载的真实性又要大打折扣。奕詝陪伴父皇狩猎却垂手侍立，不忍发一箭，以此博得君子之名。这是在其师父杜受田的指点下，做出的理性选择。既然这一计谋是由师徒二人共知，又是如何传得满世界都是？

这一说法若是成立，道光帝所拟定的比赛规划也实在让人细思极恐。既然是狩猎，不比枪法、不比武力、不比战利品，而是比人心之善恶。那么游戏的规则只有一条，那就是讨得君王欢心。猎物颇丰的恭王奕䜣落选了，怀抱着一杆道具枪的咸丰却脱颖而出，让人匪夷所思。

有人将兄弟二人视为萁豆相煎的曹丕与曹植，奕䜣的日子是很难熬的："曹植借诗泄愤，成为旷世诗伯。恭亲王却将诗情倾注于林苑，使他的花园成为砖瓦木石堆叠成的沉默的诗了。"这位有经韬伟略而无法施展的王爷，每日只能在空旷的花园里采菊、饮酒，想必内心也是压抑的吧？

所有这一切本应结束于 1846 年 8 月 7 日这一天，但现实并非如此。这一天，道光帝做了最终的决定，他用朱笔写下了立储御书。这封现存于中国第一历史档案馆的御书，上面写道：皇六子奕䜣封为亲王，皇四子奕詝立为皇太子。立储御书居然出现两个人的名字，这是无法想象的，也是前所未有的。一个守成且平庸的帝王却在立储这件事上做了突破性的改变，他在两个皇子之间摇摆不定的心绪，如同北方夏日虽任性且也懂得收敛的风。他虽然做了最终的决定，但心里还是觉得意犹未尽。或许正因为如此，那些关于皇四子、皇六子的传闻好像都有了溯源寻根的依据。

在专制时代，立储之事只能出自圣裁，皇帝的意愿决定一切。与其说奕詝与奕䜣在皇位之争中暗自较劲，不如说是在道光帝面前相互争宠。在道光的眼里，皇四子与皇六子并无高下之分。奕詝相对平庸，却也稳健持重；奕䜣相对机敏，却也具有冒险精神。

若是以人的秉性而论，道光帝与皇四子奕詝有着更多相似之处。尽管如此，道光帝也始终无法忽视皇六子奕䜣的存在，甚至有过考虑立奕䜣为皇太子的时候。也难怪有史称：宣宗（道光帝）晚年最钟爱恭忠亲王（奕䜣），欲以大业付之。金合缄名时，几书恭王名者数矣。以文宗贤且居长，故逡巡未决。

1850年初，也是全国日渐动荡的紧要关头，道光帝于慎德堂内安然去世。慎德堂是道光在圆明园里最喜欢的一处寝宫，它的建筑风格具有广阔的自由度，明显地超越了由僵硬的儒家理念所启发的建筑。它是道光帝在1830年于“九州”内建造的一座新的寝宫，虽不如紫禁城内的宫殿富丽堂皇，但在布局和设计上显示出非凡特色。宫殿是为帝王的生而生，也为帝王的死而生。

随后，十九岁的四皇子奕詝在这个不幸的时代登基，是为咸丰皇帝。

奕詝登基之后，未满十八岁的奕䜣也在一夜之间成熟起来。父亲封他亲王的遗诏，既让他感到失落万分，又让他体会到为君者的大不易，以及父亲对自己的不舍与眷恋。能够与昨日的四哥，今日的皇上出现在同一封遗诏里，既让他感到荣耀，也让他感到危险。

在执政初期，无论是出于遵从道光帝遗命的无奈，还是向朝野上下展示兄弟情深的现实需要，奕詝都要摆出一副重用奕䜣的姿态。但兄弟二人心知肚明，在这和谐景象的背后是彼此的防范与戒备。咸丰帝将圆明园一处园林“春林园”赏赐于他，并亲赐御名“朗润园”。待到奕䜣年满二十，按照皇家制度便不应待在皇宫内，应当分府而居，又将京城里最大，也最豪华的一处王府——恭王府给了奕䜣。和珅当年定罪的二十大罪状中就有关于内檐装修的“潜侈逾制”问题，如第十三款“查得和珅房屋竟有楠木厅堂，其多宝格及隔断门窗解仿照宁寿宫制度”。咸丰帝将奕䜣安置于此，既有兄弟情分，也有警示之意。所谓恭亲王，一个“恭”字道尽其中深意，恭恭敬敬做好你的亲王，别给皇家添乱。

《易经》有云：君子安而不忘危，存而不忘亡，治而不忘乱……

奕詝成了咸丰帝，奕䜣成了恭亲王，一步之遥，却也咫尺天涯。恭亲王奕䜣深知其中奥义，要自我保全，便要放低身段，利用各种机会烘托“四哥”的威仪，颂扬“四哥”的明君之德。翻阅他与咸丰帝的唱和诗篇，里面充斥了大量颂圣之作。从他留下的历史老照片和画像来看，这是一个心思细腻，却又周正严谨的人，有人说他一脸愁苦之相。

对于一个身逢乱局，不到三十岁就主持中央日常工作的亲王而言，他所承受的压力是常人无法想象的，愁苦是常态，欢乐是非常态。权力带来的愁苦，也只有权力才能消解。

1853年的秋天，太平天国北伐军攻陷了杨柳青，直逼天津而来。那个名叫卞三娘的太平天国女首领向天王洪秀全献计，由湖北襄樊一路杀进湖南，占据中原腹地，威逼直隶、北京，可得天下。若是洪秀全采纳这条计策，直捣京城应该不是问题。所幸富庶的江浙吸引了洪秀全的目光，太平天国的主力部队，像一群嗜血的苍蝇，嗡的一声扑向江浙财富之地，而北上河南、直隶的，只是一万人的小股部队。

但这区区一万人却爆发出惊人的能量，他们居然在帝国的北方之地生生地撕开一道巨大的伤口。南方战事的残酷，使帝国北方的官员们成了惊弓之鸟。他们还没见到长毛的影子，就已望风而逃，所谓大河南北无坚城，黄河两岸二十七州县，就这样成了太平军的囊中之物。

毫无政治经验的奕䜣就是在这个节骨眼上被推向政治前台的，也仿佛注定了大清国的恭亲王将在未来的日子里，每次出场都会背负宏大的历史背景。他先是署理侍卫内大臣，办理京城巡防事宜，不久被任命为军机大臣。咸丰帝给予“六弟”的恩宠可谓厚重至极，自雍正帝建立军机处百年以来，并无一位亲王入值为军机大臣。其意明确，不过是为了防止皇族宗藩势力坐大威胁皇权。若不是时势险峻，咸丰帝也不会将如此重要的权柄交于奕䜣之手。

这段时期是奕詝与奕䜣兄弟关系最为和谐的时期，奕䜣在军机处值事一年零十个月，位居领班，凭借着超凡的才智与勇气，又被授予宗人府宗令、正黄旗满洲都统。他天生具有政治家的风度，二十三岁登上政坛，却有着超出实际年龄的老成之态，“恭亲王在军机处的作为颇有古风”。与恭亲王多次接触的美国传教士、日后北大的首任校长丁韪良说：“恭亲王身形瘦削，肤色黝黑，因为近视而眯着眼睛，并不是一个漂亮之人。”通过观察发现“他（奕䜣）总是听从下属的意见，他的讲话不过是总结了下属的考量。作为一个皇帝的儿子和另一个皇帝的兄弟，恭亲王是中国当今统治者构成材料的良好例证”。咸丰帝还专门给奕䜣一幅御笔亲书的匾额——“屏翰宣勤”，可见他对“六弟”的工作成果是满意的。

宫廷里的生态平衡，看着是一种规则内的自然力量，但往往隐藏着一条以人为主导的生物链。其中的羸弱与强悍，渺小与伟大，只是相对而言。本以为兄弟二人将会携手开创历史新纪元，谁料一场暴风雨已在悄然酝酿之中。1855年夏，奕䜣的生母博尔济锦氏病情日益加重。咸丰帝多次前去看望，多次侍候在侧，可始终无法打开对方的心结。对于这位有着十年养育之恩的养母，咸丰帝充满感激之情，登位后尊其为皇考康慈皇贵太妃。

作为奕詝来说，博尔济锦氏是他的养母。他在十岁时，其母即已去世，由奕䜣生母（博尔济锦氏）抚育，“贵妃（奕䜣生母，当时为贵妃）舍其子（奕䜣）而乳文宗（咸丰帝）”，博尔济锦氏虽是奕䜣的生母，对奕詝（咸丰帝）也有着恩重如山的养育之恩。

奕䜣多次向咸丰帝表示，其母“宜尊号太后”，但他的四哥始终是“默不应”。如今博尔济锦氏病势已无可逆转，奕䜣想通过非常手段解决现实问题，让母亲不要带着遗憾离开这个世界。现在的博尔济锦氏是以静贵妃的身份，摄六宫事，虽有皇后之实，却无皇后之名。身为人子，了却母亲临终遗愿是理所当然之事。

另据王闿运的《祺祥故事》记载，某一日，奕䜣探视太妃刚刚离去，咸丰帝即来探视。躺在床上的太妃依稀感觉有人在门外徘徊，以为是恭王奕䜣，便说道：“你怎么还在这里，我所有，尽与汝矣。他（咸丰帝）性情不易知，勿生嫌疑也。”

当康慈皇贵太妃发觉是咸丰帝，想要收回说过的话已不可能。或许是为了化解那一瞬间的尴尬，她“回首一视，仍向内卧不言”。而这样的话语，配合这样一副不予理睬的方式，在咸丰帝看来，都是对于他们“母子”情感的伤害，也是对他和“六弟”兄弟情感的破坏。皇权世界是一座盛大的赌场，投身其间的每个人都对官的风险心知肚明，一个偶然的小事件都有可能酿成一场大事故。

在康慈皇贵太妃病重之时，咸丰帝询问太妃病况。奕䜣跪地流泪道：“病情非常严重，只是在等一个封号，故不能瞑目以安。”咸丰帝听后漫不经心地说：“哦，哦。”不知是恭亲王误会咸丰帝的意思，还是情急之下昏了头，又或者是故意为之，他居然命礼部准备册封礼，尊康慈皇贵太妃为康慈皇太后。

待到咸丰帝看到礼部递上来的那道册封康慈皇太后的折子，不由怒火中烧，他对六弟奕䜣的做法极度不满。若认真追究起来，这罪行也可嗜血夺命，假传圣旨是矫诏之罪，罪当杀头。坐在空阔的圆明园里，他在感到孤独寂寥的同时，也会不由地提醒自己，他手握的皇权不是无限的。即使身处权力的巅峰，也会有人在暗夜里谋划自己，也会有冷枪和暗箭，为他裁决生死。

咸丰帝无法不去联想先帝在时，有意立奕䜣为储之事，以及兄弟二人为争太子的诸多陈年旧事。想到这些，他又怎能做到平心静气。他尚无子嗣，奕䜣却要将其母尊为皇太后，背后有着怎样深不可测的谋划。更何况大清国并无嗣皇帝尊先皇帝妃嫔为皇太后的先例，只有尊嗣皇帝生母为皇太后的定制。

奕䜣策划的这件事陷他于两难之境，在宫殿中，权力有它运行的轨迹。一种选择，往往会牵引出更多的选择。风险不是一次性的，它是越扯越多的连锁反应。康慈皇贵太妃抚养自己十年，平日已尊为母。若是将礼部的奏折驳回，自己将落得一个出尔反尔的不孝之名；若是追究奕䜣的矫诏之罪，又落得一个养母未亡又绝根的大恶之名。

1855 年 8 月 22 日，受封仅九天的康慈皇太后病逝，年仅 44 岁。

8 月 25 日，咸丰帝谕令内阁，以“朕不敢以一己之感恩，致违大行皇太后谦冲之盛德”为由，宣布皇太后不祔太庙，谨升祔奉先殿。也就是说，皇太后的牌位不供奉于清帝的家庙——太庙。

9 月 1 日，咸丰帝颁下朱谕，指责恭亲王奕䜣“于一切礼仪，多有疏略之处”，下令革去军机大臣、宗人府宗令、正黄旗满洲都统等职，并不准他再办理丧仪事务，发回上书房读书。并警告于他“自知敬慎，勿再蹈愆尤，以副朕成全之至意”。

两个月后，咸丰帝上养母博尔济锦氏尊号为“孝静康慈弼天辅圣皇后”，尊号里去掉一个“成”字。道光帝死后谥号为“成皇帝”，皇太后死后自然是“成皇后”，少了一个字，自然也就无法升祔太庙。只是待到日后咸丰帝死后，奕䜣掌权，再次尊生母为“成皇后”，升祔太庙，此事才算落得一个功德圆满。不过，奕䜣始终无法从他的“四哥”这里得到想要的圆满。

2. 安乐渡：城外的枪炮与城里的风月

《孟子・告子下》有言：“食色，性也。”注疏云：“人之甘食悦色者，人之性也。”就连孔老夫子也说：“饮食男女，人之大欲存焉。”

凡夫俗子如此，文人士大夫如此，王公大臣如此，皇帝更是如此。咸丰帝喜欢待在圆明园，待在圆明园的咸丰喜欢驾着一叶扁舟，悠然湖上。两岸宫女见御舟驶近，都会收住飞扬的裙角，驻足观望，用宛转悠扬的声音齐呼“安乐渡”。此起彼伏的“安乐渡”之声如空谷幽兰，酥软人心。那些入园面圣的官员只要循声而去，准能找到正在“安乐渡”的咸丰帝。于是，天大的烦心事也就随风而去。

咸丰帝后来出逃，离开北京，离开圆明园时。他那不懂事的儿子载淳，也就是后来的同治帝，也学宫女们呼喊“安乐渡”。咸丰帝听后感慨不已，他对儿子说：“今日无复有是矣”，说完潸然泪下。在这座金碧辉煌的园林式宫殿中，咸丰留下了身为君王最美好的回忆。而此次离园，未过数日，英法联军就进入圆明园，一把火将一座金碧辉煌的园林化为废墟。

1859年（咸丰九年），这一年正是多事之秋，“内乱外患交迫”。英、法、美三国派出新任驻华公使直奔天津而来，清方则派出大学士桂良试图阻止三国公使经由天津入京换约，改在上海互换。三国公使不予理会，执意由水路从大沽前往天津。此时京津地区的防御体系全赖僧格林沁一人之力，几个月来，他在海河中层层设障，已使大沽口成为无法通航的口岸。若是英、法舰队强行闯入军事禁区，战争将不可避免。一年前，桂良与时任吏部尚书花沙纳在别无选择的条件下，与英、法、美、俄四国代表各签一份新约。条约签订后，桂良在奏折里宣称：“天时如此，人事如此，全局如此，只好姑为应允，催其速退兵船，以安人心，以全大局。”

英国人拿到了极为实惠的新约，也让他们的商人大为满意。条约名为“中英和好通商条约”（《天津条约》）英国船只从此可以溯长江而上，深入中国中西部。除了已开放的五个通商口岸，在华北、台湾，以及内陆的长江沿岸，将另外开放十个通商口岸。

在这些条款之外，最让咸丰帝感到切肤之痛的是，他不得不接受各国公使驻京。从此京师之地不再是“夷人”的禁区，那些长腿怪相的西洋人想来便来，想走便走。至于损害中国最为严重的条款，咸丰帝倒是看得不是那么重要。他在心理和物理空间上的安全区域基本趋于一致，那就是离紫禁城越远越好，离圆明园越远越好。天津毕竟不同于广州，京津近乎一体，也算是天子脚下。他已经不再要求废除《天津条约》，甚至对公使驻京的条款也勉强接受下来，但是有一个条件，“大皇帝宽其既往”“由北塘进京换约”。咸丰帝的让步并没有换来希望中的和平，驻华公使卜鲁斯认为，对待中国人，只有使用武力才能使他们恢复理性。

枪炮喷射而出的火焰是最有力量的外交辞令，在一个讲究丛林法则的世界里，谁也不能无视这一切。大清国的精锐之师主要有两支，一支是围困南京的江南大营，这里有将近十万兵勇，此时已被太平军击溃，咸丰帝迫不得已才将曾国藩和他的湘军顶在前面；而另一支则是僧格林沁统率的这支总兵力约三万人的部队，咸丰担心的是如果僧格林沁有个闪失，谁又能来保卫他这个皇帝？

咸丰帝长年居于圆明园，耳畔每日充斥的多是美丽女子婉转清亮的小曲，可这段时日，他隐约听到了敌军火炮的轰鸣，并且越来越近，他甚至感觉到屁股下的皇位也在剧烈地摇晃。他专门带了一道亲笔朱谕给僧格林沁，其中叮嘱之语恳切有力：“唯天下根本，不在海口，实在京师。若稍有错失，总须带兵退守津郡，设法迎头自北向南截剿，万不能寄身命于炮台。”

而在海洋世界的另一端，英国首相巴麦尊表现得更为疯狂，有人说他在准备战争的时候，说话比平常更流利、更兴奋，也更精神。他向自己的外交大臣宣布：“我们要派一支陆海军去攻击并占领北京，把皇帝从那里赶出去而把我们的公使送进去。”

1859 年（咸丰九年）2 月 18 日，湖湘士子郭嵩焘第一次来到圆明园的正门，他是来觐见皇帝的。在此之前，他在曾国藩军中效力已达四年之久，往返奔波于吴、楚两地。话说曾国藩当年接到朝廷要他帮办团练攻打太平军的命令，按照儒家礼制，为母亲守孝的他受制于礼法。郭嵩焘与曾国藩的父亲出面劝说，告以社稷有危，不应据守礼法。随后，他还动员左宗棠投入这纷乱时局。而他自己是在一年后，才投身其中。这个一生都在仕进与退隐矛盾中苦苦挣扎的湖湘士子，也不得不被这个大时代裹挟前行。

1856 年（咸丰六年）8 月，郭嵩焘回到湘阴老家。此时他从好友王鑫的书函中得知，太平天国诸王在南京发生严重内乱，但政府军（包括曾国藩的湘军）战况仍不明朗。返家不到一年，他赶赴湘乡，吊曾国藩父丧，与曾国藩相聚数日，并告知自己已获得翰林院编修一职。这个历经数次科举落第，29 岁前后荣登进士之榜的湖湘弟子终于决定北上。

郭嵩焘来到京城之地，并没有过上自己想要的生活。京师之地士大夫颇多，交往者中不乏达官贵人，招饮邀宴几乎日日有之。与谈得来的朋友吃饭聊天，是人生极乐之事，但官场迎来送往，为不得罪人，为利害计，也不得不去敷衍面目可憎者，并与言语无味之人相周旋。他在写给曾国藩的信中写道：“京师气象凋耗，而相与掩饰为欢，酒食宴会，转胜往时。”他的朋友申甫曾说：“京师酬应有极乐处，亦有极苦处，要视气味之合与不合而已。”

身处如此动荡不宁的时代，刚从战乱纷扰之地来到京师的郭嵩焘目睹伤亡以及行军景象，“历生平未历之险，受生平未受之惊”，更觉得眼前声色犬马的景象让他难以理解。置身其中之人好像都活在桃花源里，不自觉地将自己与外面世界的兵荒马乱隔离开来。

当英方联军进犯大沽口之际，咸丰帝急召此时已任职南书房的郭嵩焘商讨对策。咸丰帝已经很久没回紫禁城，他一直待在圆明园里，像是在故意逃避，逃避现实中一切理应由他解开而他却无能为力的难题。寻欢作乐或许可以逃避残酷的现实，但有时反而会让一颗痛苦的灵魂更加痛苦。

躲在圆明园里的咸丰看不见自己的天下，他的天下也看不见他。在他眼前晃动的是，迷乱人心的醇酒，忘掉忧愁的美人。皇帝的存在价值，对于一个国家和人民来说已接近于虚无。如同这圆明园里的四十景，一大片湖光山色，一连串亭台楼阁，使置身于其间的每个人都显得尊贵而深沉。他们没人会想到一年半载后这里会变成一片废墟。郭嵩焘虽然并不经常深入圆明园的核心位置，但并没有迷幻之感，那一块块匾额会为他指明要去的地方。

他从康熙大帝亲笔书写的“圆明园”三个大字下面穿过，从正大光明殿找到勤政殿。这里的每一景，都包含着华夏九州的九个岛屿，其中分布着湖泊、河流、岛屿和山川。他是接咸丰帝召唤而来，所以不用费心和君王玩猫捉老鼠的游戏。

在圆明园里醇酒美人也许可以逃避严酷的现实，但有时反而让咸丰帝更感觉到痛苦。他来到这里，除了享受人生的欢愉，解脱心中的困闷，还追求一种属于自己的内心自由。他于 1860 年取消在圆明园庆祝他的三十岁寿典，也表现出在艰困时刻，仍葆有一颗谦卑之心。这是一个不寻常的决定，因为在圆明园举行祝寿庆典是长久以来的一个传统，他同时发出禁令，不允许任何地方官员到北京来庆祝他的生辰。

这一天中午，郭嵩焘见到了穿着毛皮大衣的年轻皇帝，咸丰坐在大轿上，在众亲王的簇拥之下抵达，后面还跟随着一班军机大臣、帝师和内务府大臣，他们走进圆明园的二宫门。按照既定序列，这次咸丰并未召见郭嵩焘。

郭嵩焘于八日后，再度来到圆明园。他到附近歇脚休息之前，在凌晨2点先向大宫门的侍卫报到，然后在清晨6点返回大宫门。当天咸丰下御旨由太监宣召七人觐见，郭嵩焘排在第四位。最后在早上9点，他被“叫起”，由太监领着赶往勤政殿里的东暖阁。

从东暖阁书房君臣二人的对谈显示，咸丰帝有着充分的思想准备，他告诉郭嵩焘到天津协助僧格林沁的目的。在回话当中，郭嵩焘指出建造西式战船的重要性，因为它是加强海防的手段。咸丰却认为在当时财政困乏的情况下，这是十分冒进的做法，虽然郭嵩焘勉强同意这一说法，但还是坚持西人既然从海上来，大清国就要面对来自海洋世界的挑战。

在这次会见中，郭嵩焘留下最深刻的印象是，皇帝太忙。

待在圆明园里的咸丰帝并不是散淡闲人，赏花赏月赏秋香。按照中国传统，皇帝贵为天子，理应享有这世间的一切福乐。锦衣玉食，如花美眷，就像是皇帝这一特殊物种的标配件。三千粉黛，五千佳丽，虽有夸大的成分，但也不乏现实的依据。咸丰，这个年轻的皇帝，他的风流韵事遍及各种笔记文本，野史更是堂而皇之，说得煞有介事。在诸多汉女中，有四人最得君王恩宠，被称为“四春”，即牡丹春、海棠春、杏花春、陀罗春（或作武陵春），再加上号称“天地一家春”的那拉氏，也有野史称为咸丰帝的“五春之宠”。

受宠的“五春”，分居于圆明园的五处亭馆，圆明园自然比规矩森严的紫禁城更具魅力。这些记载于野史的风流韵事，将咸丰帝描绘成一个纵欲过度的人，沉迷于北京三教九流的地区、妓女聚集的花街柳巷及圆明园内，留下难以启齿的放荡行径。但是，皇帝出行有着严谨的规制，他是不可能出现在花街柳巷的，更不可能让妓女跑到圆明园里来，此类想象令人匪夷所思。可以肯定的是，咸丰跟他的父祖们一样，拥有很多后宫嫔妃和在他喜爱的宫苑里寻欢作乐，而这样做并没有不合规矩或是特别放纵。但是野史所载之事，并不仅仅限于茶余饭后。一日，咸丰沉迷于声色而错过了上朝时间，惹得慈安皇后大怒，跑到寝宫追问昨夜“侍寝何人”。咸丰将责任往自己身上揽，“罪在朕躬……此自我过，彼何能劝我？”慈安不好发作，但也数落了一通：“自祖宗建国以来，天子的作息时间都有定制。今天皇上因为贪欢晏起，上朝迟到，外间不知何种原因，只会怪我不能管理内务。所以我要问问她为何拼命劝酒，坏了宫里的规矩。”

为了顾全皇帝的颜面，皇后还是私下惩罚了那些在夜里伺候皇帝的女人。不过咸丰帝也感到惭愧，承认自己的过错并承诺不再饮酒误事。其实早在1852年，咸丰帝为了惩戒自己而取消在圆明园里定居，他觉得不应在乱世之际园居取乐。虽然如此，他的自我忏悔并没有维持太久。1854年春天，咸丰帝又回到圆明园来欣赏花季。第二年，当他再次起意要迁居圆明园时，左侍郎王茂荫奏请皇帝应长居紫禁城，不要迁居圆明园。结果，惹得咸丰帝大为恼火，以“无据之词，率行入奏”为名，将王茂荫交部议处。此后不久，掌福建道御使薛鸣皋见圆明园正在修缮，以为咸丰帝又要入住其间。于是，又上奏劝谏：（太平天国）“逆氛未靖”，不要“临幸御园，萌怠荒之念”。

咸丰帝无法接受官员们对自己的圆明园生活如此上纲上线，一座圆明园，居然成了万恶之源。他原本有的惭愧之意、羞耻之心，也被一篇篇谏文消解于无形。他无法接受，他必须驳斥：“圆明园办事，本系列圣成宪，原应遵循勿替……敬思我皇祖（指嘉庆帝）当莅政之初，适值川陕楚教匪滋事，彼时圆明园，秋狝木兰，一如常时。圣心敬畏，朕岂能仰测高深。设使当时有一无知者望行阻谏，亦必从重惩处……”

圆明园本来就是为大清皇帝而建造，列祖列宗都能来此消遣与办事，他这个皇帝就来不得？咸丰帝搬出祖制对抗那些扑面而来的指责声。他下旨将薛鸣皋贬为一般的监察御史，并交部议处。若说祖制，其开端应在雍正帝。皇帝和大臣都习惯了在帝王宫苑内处理政务，但雍正帝被这里的优美环境和天然景致所吸引，因此居住在圆明园内的时间越来越长，返回紫禁城的次数渐少。他逐渐变得很不情愿离开这座宫苑，也由此开启了清朝皇帝经常过园居生活的传统。

不过，咸丰帝所要面对的危难的确是前所未有的，在沿海地区应对来自西方国家之威胁，而在东南、西南之地应对来自太平天国的威胁。他接手的是一个弊病丛生的帝国，这或许是臣民们指责他长年居于圆明园的原因。在一个内忧外患的时代里，即使是皇帝的享乐，也是不合时宜而应该受到谴责的。年轻的君主在他的圆明园里，陷落于无数个不眠深夜，为国事操劳，既是情势所迫，也是职责难卸。曾在一个安排好去天坛祭拜的前夕，他突然放声痛哭，这一切都被大内侍从看在眼里。对于不同社会等级之人，自然有着不同的道德标准，皇帝是天子，他所对照的标准应该是神的标准。

在这种情况之下，投入经费修建圆明园也是一种罪过。翻倍增加的军费使大清国财政处于崩溃的边缘。事实上，圆明园于 1858 年 2 月从山东方面只获得 1212 两白银的小钱，并向广储司借调银两，要求赶快调度现银，这正显示圆明园里财务的恶化。这座帝王宫苑已难以维持日常开销，更不用说规模化的扩建与修缮。

圆明园里的风流韵事，若是放置于某一个亲王，或是一个文人，风月佳话也就成了美事一桩。纸面上的指责，成了字里行间的审美。就如同出现在野史里的那拉氏，有着一副缠绵温柔的好嗓子，会唱南曲，爱穿南衣。她与咸丰帝的会面被文学家们和电影导演写成无数虚构的故事，背景则是圆明园。关于那拉氏用一支小曲吸引皇帝的故事，很多年后仍在坊间流传不息。

早春时节的某一个黄昏，年轻的皇帝漫步于圆明园的亭台楼阁间，这是一天当中最为难得的闲暇时光。就在君王心思散漫之际，从不远处传来一段婉转清亮的歌声，那声音像是有着消解忧愁的功能，让人疲惫的身心在林间舞蹈，在水波上跳跃，这是一首江南女子的思乡曲。咸丰不由驻足聆听，当他发现歌声源自一个身穿绣花衣、身材高挑的美貌少女时，内心欢悦不已。这女子便是叶赫那拉氏，系满洲镶蓝旗人，后因位尊太后而抬入上三旗中的镶黄旗。

这个生于 1835 年，比咸丰帝小四岁的美人那拉氏，生于北京，长于北京，并没有南方女子的生活背景。其祖辈皆为京城里的中层官吏，祖父官至刑部员外郎，只是从五品的中级官员；父亲由吏部员外郎，外放山西归绥道、安徽宁池太道（正四品）。她的母亲也出生于官宦世家，外祖父惠显当过安徽按察使、驻藏大臣、工部左侍郎、归化城副都统。

茅海建说："官方文献仅能让今人看到事物的表象，要深层次地了解咸丰帝与那拉氏的关系，还不得不借助于稗官野史。"关于这个女人的身世来历，流传最广的莫过于叶赫部为努尔哈赤所灭时，其祖先发出的那句誓言："只要还剩下一位女子也必能覆灭满洲"。

按照清朝的制度，满籍官员的女儿都要参加选秀女。16 岁的那拉氏参加了人生当中的第一次选秀，也是唯一一次。像每一个参加选秀的女子那样，那拉氏将自己最动人的一面毫无保留地展示出来，她理所当然地被选上了。有人传说，皇帝对满洲女人没有兴趣，野史中说他即使抱着男人或者太监一起睡觉，也不愿意和满洲女人睡觉。御史陆懋宗宦养的昆曲男角朱莲芬也被皇帝抢了去。陆懋宗"直言极谏，引经据典，洋洋数千言"，可是咸丰读完，大笑曰："陆都老爷醋矣。"随手就批了几个字："如狗啃骨，被人夺去，岂不恨哉！钦此。"如此风趣之言，倒也不失为一个可爱的君王。

对于选中秀女这件事而言，只是一扇门的开启，一段路的铺展。若是无法得到君王眷顾，开启的门只是上了锁的人生，铺展的路已走到了尽头。从宫廷女子竞争的残酷性上来说，电视剧力所虚构的宫斗虽有夸张之处，但也并非不存在。那拉氏决计拴住咸丰的心，她当然知道，要做到这一点，仅凭美色是不够的，所幸，她还有一副"好声音"。历史学家茅海建所说："几乎所有的野史都宣称，那拉氏（慈禧）之所以得帝宠，全凭着会唱南曲，爱穿南衣，一改北方旗籍女子的风范，多有南方缠绵温柔的味道。"

而整个清国，则在荒诞君王的带领下，朝着穷途末路的方向，一路狂奔。

3. 耻辱日：恭亲王的现实困境与权力突围

1860 年夏日，圆明园比往年都要热上许多，太阳像是丧失了羞耻之心，烘烤着大地让人难以立足。置身于其间的每一个人都在北方酷热的天空下忍受着煎熬，其中就有咸丰帝。这一年是大清立国以来内外交困危机最为严重的一年，也是让咸丰帝倍感痛苦的一年。

到了这个时候，咸丰帝对待“夷务”的态度也在时局的强力牵扯下，不得不应时而变。他和他的王朝陷入两面作战的困境：英法联军的枪炮舰船已逼近北京城，而洪秀全的军队在短暂的起伏之后又重新崛起，乘胜扫荡东南。而最让皇帝揪心的是英法联军，虽然在此之前，僧格林沁在大沽口重创敌军，击沉英、法炮艇 3 艘，重创 3 艘，毙伤侵略军 454 人，这是 1840 年以来清王朝对外战争中获得的第一个胜利。这样的胜利非但未让清国君臣得到慰藉，相反，一种不祥的预感，在天朝子民中蔓延开来。时隔一年，咸丰帝就忘记了大沽口的胜利，一心只想着用条约换和平。当他听闻僧格林沁信誓旦旦地要在大沽与英法联军拼死一战时，那一刻，内心如惊雷滚过。他在朱谕里叮咛：以国家倚赖之身，与丑夷拼命，太不值矣……

咸丰帝的意思再明确不过，让僧格林沁能逃则逃，不要与英法联军纠缠不休。

数日后，英法联军陆续攻下大沽西侧仅数里远的大、小梁子，清军方面指挥作战的直隶总督乐善阵亡，摇撼了军心。对于没有亲眼见识过“船坚炮利”的人，这四个字不过是一种灭自家威风的心理暗示，或者说是一个抽象概念；而对于来自战争一线的人来说，这四个字则代表着难以摆脱的战争危机。僧格林沁不由发出惊叹“丈余壕墙，竟可穿透”。

战争犹如陷阱，将这个由满洲铁骑创建的王朝陷在其中，难以自拔。人心无法自明，就会酿成一个个阴谋，而老大帝国的血脉却日渐枯竭。或许是见败局已定，僧格林沁很快就领受君王之命，将他的精锐之师从战场上撤了下来。“经营三载，耗帑数十万，安炮数百位的大沽炮台”就像是拍摄一部战争片需要的道具，看上去逼真，不过是装饰战争的背景，中看未必中用。

英法联军进据无人防守的天津，而僧格林沁的军队也从大沽一路退守通州。此时，京城大小臣工已预感到暴风雨即将来临。一向高调的僧格林沁也动员咸丰帝“巡幸木兰”，婉转地表达了对当下时局的预判。他已经没有退敌的把握，兵败事小，皇帝安危事大，谁也担不起那份责任。

大沽口炮声一响，京城里的富绅大户吓破了胆，纷纷作逃难计；穷人懒得挪窝，挪到哪里，过的都是穷日子；富人则不同，背负的财富和欲望，都舍不得撒手，能带走的都要带走。偌大的北京城，上百万人口，能走的毕竟是少数。诸位大吏、谏台言官、宫廷词臣纷纷上奏，请求咸丰帝留下来，同守京师，甚至要求他从城外的圆明园，搬回城内的皇宫，以激发民气，安定人心。皇帝是民心所系，皇帝若是跑了，这王朝的命运也就跟着跑了。

一传十、十传百，这条消息如同一声惊雷炸响，引发官员和民众情绪上的崩溃。自6月以来，即有荧惑星入南斗，占卜家发出“荧惑入南斗，天子下殿走”之语，现在果然都应验了。尤其是咸丰帝命令大兴、宛平两县，征集大车六百多辆，时刻准备北逃时，更是惹得满朝文武奏留圣驾。

——“从古国君守社稷，断无远出之理。”

——“国君死社稷，上欲何往？”

咸丰可不想留下来，以死的方式，完成一次真正的逃亡。他的国、他的子女、他的江山，还好端端地在这里，凭什么让他这个君王去赴死。他从未想过自己是亡国之君，虽然太和殿上的那把龙椅，他许久没有坐上去了，但它所带来的荣耀和权力还紧紧地攥在自己手里。

——“巡幸之举，朕志已决，我命在我手，我命由我决。”

1860年9月21日夜，圆明园的灯火亮如白昼，终夜未息。咸丰帝在正大光明殿召见亲信大臣，在嘈嘈切切的议论声后，很快形成两项决定：一是咸丰帝避居热河。二是恭亲王奕䜣留在北京，全权处理英法事务。

一夜无眠，咸丰帝在第二天上午，带着宫眷和一班文武官员从后门仓皇出逃。而此时，圆明园秋色正好，这里的主人已没有看风景的情致。那一刻，他们已闻不到园中的丹桂飘香，已看不见九洲清晏的白桥黄瓦，只能闻到空气里弥漫着的烟火气息，呛得人鼻子发酸。恭亲王奕䜣被留了下来，陪伴他的还有一道咸丰帝的朱谕：现在抚局难成，人所共晓，派汝出名与该夷照会，不过暂缓一步……汝不值与该酋见面。若抚仍不成，即在军营后路督剿；若实在不支，即全身而退，速赴行在。

咸丰帝给奕䜣画了一道底线，底线真的是最低的线。若是讲和不成，拒战不成，那便逃到热河来吧。在英法联军轰隆隆的枪炮声中，咸丰帝仓皇离京，将一副烂摊子交到了恭亲王奕䜣的手上。此时的奕䜣已离开大清国权力核心地带五年时间，临危受命，让人感慨不已。

站在秋风里年轻的恭亲王有着超出同龄人的成熟，或者说是沧桑，皇帝出逃，政局动荡，他“从未见过外国人，也没有显著的势力支持他，京师的御林军已经溃散”，他身上肩负着一个庞大帝国赋予的历史重担，虽心有忧患，但并没有表现出面对王朝大厦行将崩塌前的那种张皇无措之感。

在英国全权特使额尔金的个人回忆录中，多次出现奕䜣的身影。在签订“城内之盟”的巨大压力下，恭亲王表现出一个亲王应有的尊贵与镇定，即使对待身边的翻译及秘书人员也“十分和蔼，如同对待一个朋友，而并没有摆出手握特权的皇家威严”。在如此局促的窘境之下，越发衬托出恭亲王的才智与勇气。

双方谈判进行得异常艰难，清方的目标很明确——停战议和。而英方则要求释放人质。前不久，蒙古王爷僧格林沁在通州的张家湾，将前来谈判的英国人巴夏礼等 39 人全部扣留。清方先后分作三次释放 19 名人质，另外 20 人死在狱中。

当英法两国官军看到被摧残的尸体运回军营，可以想象他们内心的愤怒。用他们的话说：“送还我们的不是俘虏，而是棺材。”10 月 6 日，当英法联军在北京安定门、德胜门再次击败僧格林沁等部清军，一部分法军毫不客气地冲进了圆明园，复仇的情绪推动他们做出之前根本就无法想象的行径，他们开始抢劫。英军也于第二天入园抢劫。管园大臣文丰自行了断，跳了福海。

这座占地五千亩，耗帑二亿两白银，中西景观百余处的东方园林就这样毁于一旦。“贵族穷者，倡率奸民”，然后联军“从之，各园皆火，三昼夜不息”。

许多破落的在京旗民也加入焚毁的行列，甚至有传言，一个名叫龚橙的中国人引领英国军队进入花园，并亲手点燃了第一道烈焰。

法国人莫里斯·伊里松在其所著《一个赴华翻译的日记》中比较了法国人和英国人抢劫方式："法国人堂而皇之地抢，而且都是单个行动。英国人比较有条理，他们能很快就明白应该怎么抢，而且干得相当专业。他们都是整班行动，有些人还拿着口袋，都有士官指挥。有个难以置信，但又是千真万确的细节，就是那些士官都带着试金石。见鬼！他们是从哪儿弄到的试金石？"

为了不让那些未来得及参与这场抢劫的官兵失望，英法联军成立了临时机构，对"战利品"进行公开拍卖和分配，让每个官兵都有机会获得这场战争带来的福利，并将其中最有价值的物品献给他们的女王和皇帝。

我也是在一个秋日的黄昏来到圆明园的遗址，我无法辨认哪里是正大光明殿，哪里是九洲清晏，哪里是长春仙馆。这座被欧洲人称为清朝"夏宫"的园林体现了人类建筑的极致之美，从未见过圆明园的法国文学家雨果描绘了他想象中的"夏宫"：

——您只管去想象那是一座令人心驰神往的、如同月宫城堡一样的建筑。夏宫就是这样。您尽可以用云石、玉石、青铜和陶瓷来创造您的想象；您尽可以用云松来作它的建筑材料；您尽可以在想象中拿最珍贵的宝物、用最华丽的绸缎来装饰它……

从艺术的审美角度来看，火焰有着优雅的姿态，跳跃的火舌如同舞蹈的精灵。当罪恶借火之名肆意妄为，坚硬的不再是石头，精美的不再是建筑，木门被火焰缠绕，花朵在风中呻吟，这是圆明园奉献给世人的凄凉之美，也是一首时代的挽歌。

"这看来就像太阳正经历漫长的日食"，几十股浓烟升起，火光舔舐着北方的天空，周遭的世界像是被黑影所笼罩。当时正在酒楼里豪饮的汉族儒生、即将成为湖南巡抚的陈宝箴，目睹圆明园的冲天大火，声泪俱下，痛不欲生。当那个曾经进过圆明园，现已开缺回乡的郭嵩焘惊闻圆明园被焚毁，不禁为自己当日没有对圆明园进行一场仪式感的告别而深感痛悔。

根据 18 世纪历史学家赵翼记载："其声如雷霆，火光烛半空，但见千万红鱼奋迅跳跃于云海内，极天下之器官矣。"而如此奇观，在恭亲王奕䜣等留守官员看来，这是要命的屈辱。那一刻，他站在万寿山目睹圆明园的熊熊大火，无法掩饰自己的悲痛和气愤。他在奏折里向咸丰帝描述自己的感受："目睹情形痛哭，无以自容。"咸丰在得知圆明园被焚毁的消息后，用朱笔在该折尾写了几个大字："览奏，何胜愤怒！"有人说，那一日遗落的灰烬，比石头还要沉重，比石头还要永久。

英国驻华全权代表额尔金在一封家信中假模假式地说："劫掠和蹂躏这样一个地方，已够坏了，但更坏的是破毁。原来总值一百万镑的财产，我敢说五万镑也不值了。法国兵用尽一切方法撕毁最美丽的丝绸，打碎碧玉饰物和瓷器等。战争是可憎的事，越看越痛恨。"

他甚至还在皇家科学院的一次宴会演说中，假惺惺地宣称："关于圆明园的珍藏的毁灭，谁也不比我更真诚地遗憾。"一个叫嚣着用刺刀和强权侵占他国领地的战争狂人，居然用如此悲悯的语气述说这件事，叙述强盗的逻辑和罪行，让人感受到的是人性的丑陋与虚伪。

10 月 24 日，这是一个渐趋寒冷的深秋时日，日光之下也常有新事。

站在历史风口处的恭亲王奕䜣一定感受到了彻骨的寒意，如同那日，他站在万寿山庙宇前的空地上，看见圆明园冲天的火光。他打着寒战，在秋风中佝偻着身体，形象猥琐而可怜。两行泪水，顺着他瘦削的颧骨流淌下来。

权力于此刻的他而言，已成为一种刑具。某一个时刻，他觉得自己神圣无比，这宫殿的命运，这江山的命运，这大清国的命运，都要由他来主宰；可转念他又否定这种想法，他觉得自己不过是这世间最可怜之人，被父皇抛弃于此，被皇兄抛弃于此，被天下臣民抛弃于此。他的背后空空荡荡，没有任何支撑，他连自己的命运都无法掌控，何谈掌控其他？

他上路了，那个由不得他做主的决定，他还是要去做，替君王消灾是他的不二选择。奕䜣的心情是凄冷晦涩的，无论议和结果如何，只要咸丰帝愿意，他都会难逃屈辱卖国之嫌，耆英之死便是前车之鉴。就在不久前，咸丰帝就对他与“夷酋”见面大为不满：此次夷务步步不得手，致令夷酋面见朕弟，已属不成事体。若复任其肆行无忌，我大清尚有人耶！

在咸丰看来，他的弟弟与“夷酋”会面，也是“不成事体”的莫大羞辱。他在离京之前，已经有所交代“汝不值与该酋见面”。他也深知奕䜣和谈之难，圆明园已化为灰烬，他担心的是这把火绵延至紫禁城。当恭亲王将条约的文本送至热河，他反而长长地舒了一口气。他在谕旨中称：“恭亲王办理抚局，本属不宜，朕亦深谅苦衷。”

在经历了这么多年断断续续的炮火洗礼后，中英两国选择在这一天签署和平条约。英国人在大清国的皇城铺排了一场浩大的仪式，3000 名英军官兵从安定门一直排到天安门东侧的礼部大院。对于恭亲王奕䜣来说，这是一次没得选择的城内之盟，一边是英法联军的战争威胁，一边是流亡皇帝的君命难违。在谈判现场，恭亲王遭受了来自英方的慢待与羞辱。英军司令格兰特准将回忆到，当额尔金等英国谈判使者姗姗来迟时，已静候的恭亲王迎上前去，拱手致意，额尔金回以“骄傲而轻蔑的一瞥”，只是略略一躬身，“这一定令可怜的恭亲王怒火中烧”。

对于这个好脾气的清国王爷来说，英方的羞辱并没有搅乱他的心智。一轮又一轮的讨价还价，他做出了巨大的让步，英法也得到了想要的最大利益：割让九龙予英国，对英赔款由四百万两增至八百万两，对法赔款由二百万两增至八百万两，开天津为通商口岸，准许华工出国，归还以前没收的天主教教产。

相对于闷声不响发大财的俄国，英法劳师动众捞取的利益根本算不得什么。中俄《北京条约》共有十条，而其核心内容：中俄东部以黑龙江、乌苏里江为界。中国为此损失 100 多万平方公里土地；中俄西部重新划界，又损失 44 万平方公里土地。

这两个条约都是奕䜣自作主张的，并没有将内容奏报咸丰帝。兹事体大，最恶毒的攻击、最凶险的惩罚或许已经在路上等候着他，就算躲得了一时，也躲不过历史的审判与裁决。恭亲王也为自己的鲁莽行径做了事后辩解："目前所失既多，日后之贻害无已。"

失地事小，失礼事大，这是咸丰帝的价值理论，也是束缚恭亲王的政治法则。只要不动刀动枪，什么都可以谈。至于割地赔款，割的是荒无人烟之地，赔的是勒紧裤腰带就能还上的款。做惯了苦主的咸丰帝用手正了正头上的皇冠，皇冠还在，这个世界就是美好的。

他下旨曰："事势至此，不得不委曲将就"，该签的都签了吧。正如美籍华裔史学家徐中约所说："这种和平方针不应该被理解为完全屈服，相反，它是一种积极政策，是中国按照条约能够保护自己利益的唯一途径。"

这是年轻的恭亲王第一次在外交舞台上正式亮相，他的表现与所代表的清国是相匹配的。奕䜣在奏折中并没有真实地反映谈判现场的景象，他夸大了对手"时吠时驯，何足为喜怒"神经质的一面。如此难缠的对手，他还是用自己高超的谈判艺术化解了对方的戾气。

身为大清国的天潢贵胄，恭亲王奕䜣在英法联军的枪炮下奉旨"卖国"，虽然受到侮辱，总算是不辱使命。额尔金之所以用如此粗暴的态度对待恭亲王，无非是向对方传递一个信息，"这里所签订的不是一个和平条约，而是征服条约"。这一天，中、英、法签订的条约协议被写成无数张布告，张贴于北京的城墙上。"一大群中国人聚集在布告前，一些识字的人把布告上的条约内容一条条解释给其他老百姓听，他们深感好奇，却丝毫没有痛心的表示，好像他们对朝廷与西方蛮族达成的新条约感到非常满意似的。"

两次军事上的惨重失败，使清国君臣不得不重新考量"夷务"这件事。虽然他们不愿与洋人打交道，但也不得不面对一个现实，那就是所谓"夷务"已然成为政治天平上最重的砝码，于大清国，于个人，皆如此。

天已经很冷了，北京城也从一场狂欢与喧嚣中安静下来。

安定门上，大英帝国的米字旗仍在风中猎猎作响。虽然英法联军此时已撤出北京，但不安定的情绪仍在每个人的心中盘旋游动。在某个清晨，那些爱看热闹而又“好客”的北京市民又来到英法联军驻地寻热闹，他们突然发现身着鲜艳制服、带着白色头盔的洋鬼子凭空消失了。他们不请自来，又在条约签订之后，背着沉甸甸的口袋撤离北京，像是犯罪分子作案得手后逃离现场，只留下满城的狼藉。

英法联军撤离的时候鸣放礼炮，巨大的声响惊醒了睡梦中的恭亲王。这段时日以来，也只有签完条约这几日，他绷紧的心弦才算放松下来。对于英法联军的撤离，一个月来备受考验和折磨的恭亲王等人大感意外，并对这些性如犬羊的夷人所推崇的“信义”有了全新的认识。后来，他从某一外国外交官口中得知，英法联军在条约签订后“丝毫没有意思在中国留下一兵一卒”。

他在给咸丰帝的奏折中言道：“自换约之后，该夷退回天津，纷纷南驶，而所请尚执条约为据，是该夷并不利我土地人民，犹可以信义笼络其性，自图振兴，似与前代之事稍异。”

本以为“夷人”与禽兽无疑，奕䜣却突然从英法联军迅速撤兵这件事上，领会到“信义”二字。“信义”是中国人的立身之本，人无“信义”不可交。既然“夷人”讲究“信义”，那就用“信义”笼络其性。他向热河的咸丰帝发出回銮的请求，战争已结束，外国军队也已撤出京城，“如果示以诚信，该夷即明春来京，亦决不致别启争端”。

咸丰帝不愿回京，英法联军虽已撤走，但京城仍有洋人（恭亲王同意“公使驻京”，让咸丰帝大为不满）。如果他贸然回京，谁能保证外国军队不会杀个回马枪，若如此，情势将更为混乱。更何况安放他疲惫身心的圆明园已经化为灰烬，触景生情，徒增伤感。他已经命人开始修缮他热河行宫的园林和戏楼，打算长期待在这里。

经此乱局，恭亲王奕䜣对清国现状有着尚算清醒的认识。他在那道著名的《通筹夷务全局酌拟章程六条折》中对现实做出评估：“就今日之势论之，发（太平天国）捻（捻军）交乘，心腹之患也；俄国壤地相接，有蚕食上国之志，肘腋之忧也；英国志在通商，暴虐无人理，不为限制则无可以自立，肢体之患也。故灭发捻为先，治俄次之，治英又次之。”

此时已进入北国的冰封时节，在春天到来之前，不用再担心海上之敌来犯。恭亲王与奉命留京的军机大臣文祥，也在想着如何使西方驻京公使不必觐见皇上，以免引发咸丰帝内心的不快。精明的恭亲王对时势的准确把握，让他得以从容面对时局，选择利于自身利益的最佳优势策略。他所能想到的解决之道，是专门成立一个管理涉外事务的机构。恰在此时，光禄寺少卿焦祐瀛、侍讲学士张之万等四人上了一份联衔奏片，首次提出设立“办理通商处”负责外交事务的设想。

1861 年 1 月 20 日，咸丰帝下谕，批准成立“总理各国事务衙门”。已经在跟洋人交涉中经历了大风大浪的奕䜣，终于等来了属于自己的舞台。这个机构像是为他量身定制，而留京期间的表现也是他入驻衙门的最大政治资本。他是一个天生的政治家，面对困局与危境，会表现出少有的谨慎和世故。为了安抚咸丰的疑虑，以及政敌们的弹劾，他和联合上折的文华殿大学士桂良、户部左侍郎文祥反复强调，这是一个临时性机构，一旦“军务肃清，外国事务较简，即行裁撤，仍归军机处办理”。

“夷务”开启，只会源源不断，又怎会三天两早晨，这个时代早已乱云飞渡。

对于那个曾经担任军机大臣、饱尝权力滋味的恭亲王而言，他所要的不过是在这国运危若累卵的时刻，能够为自己争取到一个充分施展才华的长久舞台，做一个庸碌且短命的王爷，于他而言，毫无吸引力。

尽管西方列国握有战争主动权，但事实上它也不愿意举兵相向，只有维持一个亲西方的政权，才能更好地实现自己的利益。总理衙门成立之初，设英、法、俄三股。后又增设美国股、日本股。

英国股主要执掌英国、奥斯马加（奥匈帝国）两国交涉事务，并掌管各国通商及关税事务；法国股掌法国、荷兰、日斯巴尼亚（西班牙）、巴西四国交涉事务，并掌教案及侨工等事务；俄国股掌俄国、日本两国交涉事务，并掌陆路通商、边防、疆界、外交礼仪以及本署官员的任免、考试、经费等事务。

美国汉学家芮玛丽在《同治中兴——中国保守主义的最后抵抗》中如此

写道："总理衙门的建立，是同治中兴中最为引人注目的制度改革，此前，中国没有处理外交事务的专门机构，仅仅有理藩院、鸿胪寺的一部分用以处理与朝贡国的关系。虽然它的成员大部分时间在陪伴外国公使喝茶，对于自己负责的国际性事务茫然无知，但与1860年前清政府任何一个部门比较，它都类似共和政体下的外交部，并较少受陈腐的传统财政系统之害。"

4. 从北京到热河：身首异处的天朝体系

肃顺，成了大清国真正的宰相。

这是身处热河的每一个宫眷和官员的深切感受，连肃顺本人也这么认为。人们在背后说他独断专权，一副政治"暴发户"的嘴脸，他并不计较。生在权力场中，有得"发"，好过没得"发"。那个留在京城的恭亲王奕䜣，不也借着议和，一"发"而不可收拾吗？

1860年，对于奕䜣来说，是最难熬的时光，而对于肃顺来说，或许是最惬意的时光。热河行宫虽比不了圆明园，但是守在皇帝的身边，让他心安于此。北京城的耳目给他带来的消息，也多是恭亲王的狼狈与焦虑之态。

热河，已尽在他的掌握之中。他若不是大清的相国，谁才配称大清相国？

从秦朝创立丞相制度起，相权与皇权互为交替，此消彼长。丞相制度天生就有缺陷，即皇权和相权难以均衡。皇帝是至高无上的统治者，皇权世界只有一个当家人，那就是皇帝，所有人（包括丞相）都是皇帝的打工仔。而丞相的特殊性在于，他是一人之下，万人之上。皇帝太强势，丞相会经常换人，很可能是换一个杀一个；皇帝太软弱了，皇权就可能为相权所架空。

到了明朝，朱元璋索性废除丞相的职位，命其子孙也不得设立。但问题是，不设相位，相权依然存在。皇帝的秘书班子成了内阁大学士，承担了丞相之职。清承明制，内阁大学士被时人称为"相国"，也寄托了某种不言而喻的权力状况。待到雍正帝设立军机处，重新布局，军机大臣成了皇帝的秘书班子，而首席军机大臣则成了真正的"相国"。

咸丰帝登基之后，虽然沿用了道光帝的军机处班底，但执掌相权的是他的恩师杜受田。一个既意气风发又才智平庸的十九岁青年，面对一副烂摊子，只能倚靠自己的恩师。而当时的首席军机大臣穆彰阿，在与新君的几番试探之后，终被罢黜。接班的是陕西寿阳人祁寯藻，此人在道光年间在南书房行走，算是“天子近臣”。此人学识渊博，但处事之道稍显生硬迂腐。茅海建先生说：“他对湘军及曾国藩多有微词，可见他的言论误国害君，咸丰帝此一时期政务不能显达，与祁氏不无关系。”

杜受田的突然离世，使咸丰帝失去了依靠，也使他没了主见。年轻的皇帝对这个世界有着不切实际的冲动和幻想，如同坐在宽绰有余的龙椅上，他的屁股指挥着脑袋做出的选择，也大多是荒腔走板的。他并不觉得自己与太庙里供奉的列祖列宗有多大差距，这世上没有帝王解决不了的问题。

他并不依赖军机处，相对于冷冰冰的制度和机构，他更愿意相信人，相信亲近之人给予的温暖。1853 年 11 月，恭亲王奕䜣入值军机处，由于其身份特殊，很快便取代祁寯藻成为首席军机大臣。不到两年，奕䜣也被罢值。而随后接手的文庆，身为道光帝临终前受顾命的大臣之一，他也算是不辱使命。此人不务虚名，注重实在，曾密奏咸丰帝“破除满汉樊篱，不拘资地以用人”。曾国藩、胡林翼、骆秉章皆受其举荐和保全。他的门第、资历、见识和经验，得到京内王公大臣和京外各战场主帅的敬重与信任，更是得到咸丰帝的倚重。然而，这么一位相才却于1856年底老病去世。在其后是另一位资深官僚彭蕴章，后世之士对此人评价：有学无识。

然而，就在彭蕴章执掌军机处时，肃顺已经崛起。

肃顺的履历并无特殊之处，他比咸丰帝大 15 岁，其祖上是清初八个“铁帽子王”之一郑亲王济尔哈朗，济尔哈朗是清太祖努尔哈赤的侄子。按辈分，他应是咸丰帝的侄子。

他的政治行情随着咸丰帝登基，一路看涨。真正使肃顺进入咸丰帝视野的是他任职御前侍卫、内大臣、署正白旗领侍卫内大臣、御前大臣。从理论上说，所有内廷侍卫官并不负有政治责任，更不许干预政务。

据野史称，肃顺被咸丰帝发现，是因为他声音特别洪亮，而“状貌魁梧、眉目耸拔”的外形，这有些类似于乾隆当年发现和珅。他少年时经常诈人酒食，结交三教九流，接触了各类各色的人与事。再加上他灵活机敏，“接人一面，终身能道其形貌。治一案牍，经年能举其词”。虽然并非以科举正途入仕，但作为高层政治的近距离观察者，他对军国大事有着不少独到见解。

相对于井然有序的体制，肃顺的个性显得过于张扬，像个有手段的江湖人。但是这种人只要有机会待在君王身边，他就能施展手腕，让君王为之着迷，赢得君王信任，更赢得荣耀与权力。咸丰帝与肃顺之间的君臣关系，并不仅限于体制内，有野史将其延伸至宫外：一天晚上，灯亮起来的时候，一辆考究的马车，从前门外胭脂巷狭窄的胡同里穿过，最终在四春阁的门前停下，从车上下来一位鬓发斑白的老者。老者走进室内，直接找到老鸨，你们这里是否有四个姑娘，个个貌美如花，风情万种，一个叫杏花春，一个叫武陵春，一个叫海棠春，还有一个叫牡丹春的？老鸨回答说有。

此老者便是咸丰帝最信任的御前大臣肃顺。第二天，四乘华丽的轿子停在四春阁外，把杏花春、武陵春、海棠春和牡丹春抬进了圆明园。由此可见，像肃顺这样通达世情的御前大臣，是除了贴身太监之外，离皇帝最近的人，这也就注定他将会在政治上扮演一个不安分的角色。

1858 年（咸丰八年）的耆英议和违旨案和戊午科场案，将肃顺推向人臣之巅，也将其个人影响力推向巅峰。耆英议和违旨案发生后，与奕䜣等主张保释相反，肃顺则奏请将耆英就地正法。肃顺认为，如果不将耆英即行正法，迁延时日，耆英将会寻机生还，如此“不即行正法国法何申？官邪何儆？”两方奏请，咸丰帝还是选择了支持肃顺，于是着令耆英自尽。

同样是在这一年发生的顺天府乡试，肃顺又一次展示了他的果决与严酷。

此次乡试的主考官是协办大学士、军机大臣、户部尚书柏葰，朝中重臣，被认为“有风骨”。柏葰此时已升任文渊阁大学士，管理兵部事务，在军机处的地位仅次于彭蕴章，位列第二，在政治地位上要高出肃顺许多。

柏葰是在首席军机大臣文庆去世的第二天入值军机处的，一个月后，又授予协办大学士。这是一个明显的信号，柏葰将会得到君王的重用，而这难免会引起肃顺异样关注的目光。

乡试发榜了，引起最大争议的是满洲镶白旗考生平龄中了第七。此人名声不佳，经常与游手好闲之人相聚唱戏，是有名的戏剧“票友”，曾登台演过戏。因此，乡试发榜后，朝野上下一片哗然，皆谓“戏子亦中高魁矣”。与此同时，御史孟传金上奏揭发说：“中式举人平龄朱（卷）墨（卷）不符，物议沸腾，请特行复试。”

咸丰帝看到这一奏折后，即谕令查办。经查，此次科举考试黑幕惊人。不但平龄本人墨卷中有七处错误，而且又查出有问题的试卷五十份。其中最为严重的是广东肇庆人罗鸿绎，托请同乡兵部主事李鹤龄，向同考官翰林院编修蒲安递“条子”，这是板上钉钉的受贿舞弊罪。

评阅考卷时，身为主考官的柏葰本欲将罗鸿绎的试卷撤下淘汰，但同考官蒲安嘱托柏葰的家人靳祥，劝说柏葰千万不要将罗鸿绎的试卷撤下。不知出于何种原因，柏葰遂听从了靳祥的劝说。此事内幕披露之后，肃顺建议对柏葰处以极刑。他对咸丰帝说，柏葰身为一品大员，竟“听受嘱托”，取中行贿士子罗鸿绎，请拟斩立决。

咸丰帝因柏葰老成宿望，不愿杀他，本打算从宽处理；但出于非常时期，“此时正逢英、法等国迫清朝订立《天津条约》，太平军摧毁江北大营又在安徽三和大败湘军”，咸丰帝出于励精图治以延揽人心等诸方面的考虑，听从了肃顺的意见。甚至有人说，当刑部尚书赵光向咸丰帝敬请驾帖之时，咸丰帝颇为犹豫，提笔在手，自言自语地说，柏葰是“罪无可逭，情有可原”，有意为其减刑，但是肃顺却在旁边鼓惑咸丰帝说：“虽说是情有可原，但终究是罪不可逭。”咸丰帝仍在犹豫之中，肃顺拿起御笔，代咸丰帝书写了驾帖。

这种说法，显然是在指责肃顺在此案中借刀杀人，甚至是自己举刀杀人。其实，无论出于整顿吏治与科场舞弊的公心，还是出以挟嫌报复的私意，肃顺说出“虽说是情有可原，但终究是罪不可逭”这样的话是可能的，但说他擅用朱笔代咸丰帝书写驾帖，则属无稽之谈。

在此次科场舞弊案中，另有四人被处死，七人被革职，尚有数十人遭降革处理，共计九十余人受到牵连。柏葰被押解菜市口刑场之时，并未产生大限将至的恐惧感。清廷的某种特赦惯例使之心存侥幸，甚至是某种自信。自大清立国以来，凡清廷一品大员被判死刑押到刑场后，往往会有差官骑马送来清帝的特赦令，即所谓的“驾帖”。驾帖一到，即可改死罪为流放、发遣等徒刑。

他坚持认为自己虽有罪，但罪不至死。为了整肃科场之弊，咸丰帝必将重治其死罪于前；为了顾念老臣，咸丰帝又必有恩典于后，刀下留人，将自己发遣新疆。因此他吩咐儿子说，此次皇上必有格外的恩典，必有宽赦的驾帖下来，可回家将一切远途应用之物准备齐全，只等宽赦令一下，立即赶赴新疆。

柏葰在刑场上耐心地等待着皇上的格外恩典。突然，刑部尚书赵光一路痛哭而至。柏葰见状即知大事不好，难逃此劫。他料此事一定是肃顺从中搞了鬼，悲愤地叹息：“我死不足惜，肃六（肃顺在本家排行老六）他日必同我一样。”这不过是柏葰的临终愤恨之语，当时大概没有人，恐怕就连柏葰本人也不会相信这会成为事实。

柏葰是自隋唐科举考试以来，唯一一位因科考而被处死的一品大员，兼之其平日的官声不错，因此他被处死后有不少人为其大鸣不平。时人薛福成即说，就顺天科场舞弊案而言，柏葰“其咎只有失察，予以褫革已觉情罪相当；著军台效力，则重矣”。只是因为肃顺等人，“意在修怨立威，必杀之而后快”，才被枉杀。

而随后而至的户部宝钞案，查出司官与商人勾结侵占宝钞处欠款，籍没查抄官员、商人数十家。体仁阁大学士翁心存也牵连此案，最后连降五级，待以后补官时革职留任。若不是英法联军北犯，咸丰帝出面干预，肃顺是不会轻易放过翁心存的，“从此至肃顺败亡，这一位曾在上书房当过绵愉、奕䜣师傅的老臣，一直生活在恐惧之中”。

古人云：乱世用重典。肃顺等人在吏治方面，厉行刑罚，虽有打击官僚腐败之功，却也得罪了一大批满洲世族、朝廷官吏，使自己在政治权力博弈中越发孤立。“倒肃”的私议由暗夜边角逐渐公开化，京城的官员大多对肃顺都心怀恨意。而恭亲王却给沉闷的大清政治带来一股清风，只手撑天，将身陷泥沼的时局拖出困境。尤其是那些只观其表，不知其所以然的官员，更是将恭亲王视为大清国的救星。

恭亲王奕䜣又来奏折，催促咸丰帝尽快返京。

咸丰帝仍是以身体不适为由，一次次改变行程。朕本欲即可回銮，却“不意旬日以来，身体稍觉可支，唯咳嗽不止，红痰屡见”，至于何时回銮，“俟秋间再降谕旨”。

咸丰帝不愿意回銮，固然有身体原因，更是因为他已经喜欢上了热河行宫的生活。此处乐，他已乐不思蜀。他亲笔御书“且乐道人”条幅，命人悬于殿中。或是出于无所作为的自我解嘲，或是自足自乐的颓靡心态。皇后钮祜禄氏认为这样一幅字有损皇帝盛德，命人将条幅去掉。去了条幅，可无法消除得过且过的心理。

人生苦短，及时行乐，他命在京的昇平署戏班赶至热河，时时传戏、演戏。对于毫无头绪的政务，他早已心生倦怠。从各地传至热河的奏折，他也发下军机写旨来看，他不愿意再劳心费神。幸好他的身边还带着个精明强干的肃顺，他索性完全放权。而善解人意的肃顺，不知从哪里找来一些缠足的妙龄女子，献于咸丰帝。君臣二人，各取所需，倒也在这荒凉冷静处感受到热河之热。

咸丰出逃热河，久不返京。朝廷的权力架构也由此劈为两半，一半在热河，以肃顺为首，随驾的有御前大臣载垣、端华，军机大臣穆荫、匡源、杜翰、焦祐瀛，以及吏部尚书陈孚恩，他们实质构成皇权中宗室贵族代表的相权政治势力，是为“肃党”；另一半在京城，是以奕䜣、桂良、文祥等“在京办事王大臣”为首的整个政府机构，并拉拢到僧格林沁、胜保等将帅的转舵，培植了“奕䜣”集团势力。茅海建先生说：“头在热河，身体却在京师。

身首异处，毕竟是不正常的现象。”

咸丰帝不是没有察觉，他的六部九卿十几个衙门都在京城，他也想过安稳日子。他最为忌讳之处，仍是“亲递国书”一事。恪守儒家礼教的皇帝，始终无法面对不肯叩头的洋人。奕䜣又何尝不知咸丰帝的心思，在他的反复游说之下，英法在复照中做出让步：“诚如来文所云，断无勉强之理，贵亲王亦可释然矣。”

咸丰帝这边刚要释然，英法又派出公使驻京，甚至有谣言并起，说：“英法公使将各带兵三千进驻北京。”咸丰对这帮性如犬羊的夷人心有忌惮，不愿与之正面相对。而恭亲王奕䜣留京办事，权重一时，在京城形成了一股强大的政治势力，也为咸丰帝所看重。随着离京日久，肃顺也产生了返京恐惧症。在专制时代，受宠等于权力，争宠则是权力斗争之核心。自咸丰帝移驾热河后，肃顺与他的距离更拉近了，随侍左右。精明如肃顺又怎能看不出来，咸丰帝的时间不多了。剧烈的咳嗽伴随着殷红的血，在命运的刀俎面前，帝王与平民一样无能为力。

有那么几次，咸丰帝会在上气不接下气的喘息声中，望向肃顺，眼神闪动着耐人寻味的光。肃顺的心里，也不由升起一种不安的情绪。他想到了死亡，一个皇帝死亡，意味着一场巨大的政治波动。咸丰帝只有一个儿子载淳，五岁的孩子，显然不足以当国。而咸丰帝临终前的遗命，将决定大清国未来的政治走向。肃顺当然不希望，在这生死攸关之际回到北京，托孤于恭亲王奕䜣。此时，整个热河都在注视着两个人，一个是咸丰帝，一个是肃顺。

1861 年（咸丰十一年）夏天，辛酉年的夏天，热河就像它的名字一样热。

避暑山庄的空气弥漫着一股令人作呕的血腥气，它是从御厨里散发出来的，是鹿血的味道，它长久地停留在空气中。

咸丰帝的身体越来越差，他开始咳血了，大概得了痨病（肺结核）。也不知道御医从哪里得知，鹿血可治此病，便养了一群鹿，每日君王饮鹿血，宫人吃鹿肉。

咸丰帝在溽热的 7 月里已经很难做到平静地呼吸，他大口地吐血。再过几日便是咸丰帝31岁的“万寿节”，肃顺等人已经开始张罗筹备，准备给皇帝办一个体面的万寿大典。从京城赶来的戏班已经在如意洲的“一片云”戏台上连着唱了数日。

咸丰帝迟迟难返帝都，热河又不断传来皇帝病重的消息，恭亲王奕䜣心急如焚。他上奏请求前往热河去请安，以此打破肃顺对自己的权力封锁。结果咸丰帝拒绝在热河见面，谕旨言：“朕与汝棣萼情联，见面时回思往事，岂能无感于怀？实与病体未宜！况诸事妥协，尚无面谕之处，统俟今岁回銮后，再行详细面陈。”

晚清经学家王闿运《祺祥故事》记载：咸丰帝看到奕䜣的奏折后，强行挣扎坐起，倚靠着睡枕，只是冷冰冰地随手在奏折上批下“相见徒增伤感，不必来觐”几个字。在他病痛加剧，即将离开人世，皇位即将发生重大变化之时，他不希望恭亲王奕䜣来热河，也不希望奕䜣直接参与其事，更不愿对其付以“托孤”之重。由此可见，咸丰帝对恭亲王奕䜣，仍有着无法消除的戒备之意。

咸丰帝越是拒绝，奕䜣越是不安，而所有的不安，都来源于围绕在皇帝身边的肃顺。热河传来的消息越来越不利于他，肃顺竟然称他将与“夷人”联手篡位。而获准赴热河随驾的惇亲王奕䜩，居然也口无遮拦地说他有反意。这世界到底怎么啦？宫殿不是天堂，而是地狱；政治不是权力场，而是绞肉机。

权力是最不安分的事物，它永远不会沉默无言。谁是它的主人，它就在他面前跃跃欲试。就像一头发情的狼，撕咬的是对手，还是自己，谁也不知道。肃顺显然将他视为最大敌人，并且找准了制服他的最佳方式。他知道，在咸丰帝的心里，没有比听到“六弟”谋反更刺激的字眼。他在奏折里为自己辩白：虽委屈之隐，固不必求谅于人言；而专擅之讥，则不敢不预防于众口。

相对于诬人之口每日谣诼于皇帝耳畔，奕䜣的辩白之言也只能算是聊胜于无的软弱抵抗。京城这头的发声只能代表恭亲王的态度，而热河那一头，肃顺拥天子自重，两边抗衡，显然“肃党”权重更甚。

5. 1861 年：是三方博弈，还是四方角逐

天文出现异象，咸丰十一年七月，一颗巨大的彗星拖着明亮的尾巴出现于西北天空。京城民众私下窃议，帝星陨落，皇家将有灾祸。

热河，皇帝寝宫——烟波致爽殿。钦天监官员正在拿天象说事，逢迎讨好咸丰帝。本年的八月初一将出现“日月合璧，五星联珠”的罕见祥瑞天象，预示着大清江山永固，国泰民安。咸丰帝听后，不以为意，只是淡淡地回应，此天象在嘉庆四年也曾出现过，凡事“以实不以文”。

刚刚过完 31 岁万寿节，咸丰帝就一病不起。但他仍传令继续演戏，如意洲花唱照旧。不过有心人会发现，咸丰帝用朱笔将一处皇家必备剧目“四海升平”划去，并传谕，“四海升平下次再传”。是他心有愧意，或是有所憧憬。有人说，咸丰帝不是看戏，而是在演戏，演给那些官员看：朕还有闲情逸致看戏，说明身体无恙，一切安好。

安庆，曾国藩的湘军大营。其幕僚赵烈文在纸上写下：“瞻仰昊天，一喜一惧。”喜的是从四月以来，湘军与太平军在安徽的战事升级，安庆城指日可下。而惧的又是什么？北方的天空下很快就给出了一个明确的答案。

1861 年 8 月 22 日（咸丰十一年七月十六日）早晨，咸丰帝终于撒手西去。在前一天夜晚，他已经对国事做了安排：立皇长子载淳为皇太子，著派载垣、端华、景寿、肃顺、穆荫、匡源、杜翰、焦祐瀛尽心辅弼，赞襄一切政务。

咸丰膝下就载淳一个皇子，刚满五岁，他是那拉氏所生。按照传统做法，新皇帝太年幼而无法主政时，由一名或多名顾命大臣总摄朝政，直到他成年为止。清初两位皇帝——康熙与顺治都经历过这样一个摄政时期。但过往的经验也同样警示后人，在幼皇帝长大成人，必须交出大权时，顾命大臣通常不想放手。权力这个东西，比洋人的鸦片还让人上瘾。咸丰帝的继承人载淳非常小，肃顺等八位顾命大臣可望执掌朝政至少十年，十年对于一个王朝而言，会带来多少新生，又会湮灭多少人事？谁也无法预料。

咸丰帝死了，权力的真空也就随之出现，而肃顺成了填补那个真空的人，摄政王的位置正虚位以待。他曾经向咸丰帝进言，仿汉武帝的钩弋故事，杀母留子，以免日后太后专权。这个对权力有着万分执念的男人，他把一个不安的念头隐藏于平静的外表之下，也把一个不祥的预言留给时间去证明。

咸丰为了防止“赞襄政务王大臣”擅权弄势，给了皇后钮祜禄氏一方印章“御赏”，皇子载淳一方印章“同道堂”，皇子年幼，这方印章由其母那拉氏代管。也就是说，让钮祜禄氏、那拉氏监督“赞襄政务”大臣，起一种政治平衡的作用。咸丰帝的良苦用心，不过是为了皇权能够平稳地过渡到他的儿子载淳手中。

但是所有政治设计，在不具备法制精神的国度里，都有可能成为一场以命相搏的游戏。其中的每一个人，在选择主动或被动走入其中的时候，都签了生死状。无论是男人，还是女人，老人或者孩子，这既是他们的幸运，也是他们的不幸。就像那个当年通过选秀进入圆明园的秀女，她用婉转清亮的嗓音为自己争取到一张入场券。

唱着南方小调的那拉氏生于北京，长于北京，并没有南方生活的经历。父亲惠徵在宁池太道任上遭太平军打击，从安徽芜湖逃至江苏镇江。身为旗籍官员的女儿都要参加选秀，而咸丰帝与那拉氏的关系，伴随着那拉氏在宫廷地位的提升。那拉氏在后宫得到的第一个晋升之位是懿嫔，是入宫女子中除皇后外第一个晋升的。她在后宫中位居第三的地位极其牢固，直到为咸丰帝诞下唯一一个皇子载淳，才让她成为懿贵妃，并且一直牢牢地占据第二的位子。

那拉氏不同于宫中其他女子，她从小读过经史著作，有一定的文字功底。至于说她帮咸丰帝代拆代阅奏折，也是合乎情理的。妃嫔代阅奏章并不是严重违制之事，当事人不说，也就不为外人和后人知晓。

不过在关于慈禧的传记里，也可常见慈禧批阅奏章的文字：

——慈禧入宫，时时披览各省章奏，通晓大事。

——帝宵旰劳瘁，以后（那拉氏）书法端腴，常命其代笔批答章奏。

咸丰帝的死亡，将钮祜禄氏、那拉氏及太子载淳由皇权的幕后推到了前台。“赞襄政务”的八大臣给钮祜禄氏和那拉氏分别上了徽号：母后皇太后和圣母皇太后，两宫并尊。从这一刻起，保护她们的就不再是咸丰帝，而是小皇帝。尽管行宫别苑，依旧是雕梁画栋、舞榭歌台，但昨日的戏台，再也无法做到花唱照旧。那拉氏也不再是当初那个只会唱曲儿的兰儿。

女人也不会在这场游戏里得到半分优待，自己不亮出锋利的牙齿，别说成为胜利者，就是想要苟且地活下去都很难。咸丰帝去世第三天，肃顺就上门来定规矩：奏折由八大臣共同阅看，谕旨由八大臣共同拟定。两宫皇太后只管盖“御赏”“同道堂”之印，不得更改谕旨。在这场交锋中，两宫配合默契，钮祜禄氏族态度强硬，那拉氏背后策划与唆使。

太后阅看奏折，等于干政，而更改谕旨，更是破坏皇权制度。肃顺等人居然在第一次交锋中，就做出了妥协和让步。看奏折是皇帝的权力，小皇帝捏在皇太后手里。肃顺等人并未将两位年轻的皇太后放在眼里，年长的那拉氏 26 岁，钮祜禄氏 24 岁。她们争夺奏折阅看权，不过是刚丧夫的女人，怕遭了大臣们的算计，在仓皇无措间的本能反应。风头正健的肃顺，他最大的敌人，依然是那个留在京城的恭亲王奕䜣。

两宫皇太后也在等待，除了在这里等待，她们什么也做不了。或许，机会就是在难熬的时光里等来的。终于，那拉氏想到了一个人——咸丰皇帝的弟弟，恭亲王奕䜣。在离京之前，碍于宫廷礼法，她们与这个小叔子也并没有交集，但此时他和她们一样，成为肃顺等八大臣刀俎下的鱼肉，与他联手，或许是她们唯一的出路。

独自坐在宫内的懿贵妃，怀抱着年仅五岁的小皇帝载淳，不但脸上没有喜悦之色，反而有一股“孤儿寡母”的悲凉之感，其中还有一丝惊恐疑惧。肃顺等人跪在寝宫的门口，磕头、痛哭、行礼如仪，准备大殡，热河里的半个朝廷仍然按照它既有的规则运行如常，只是在这如常的表象之下，隐然有不安定的情绪在每个人的心中蠢蠢欲动，仿佛有什么大事将要发生。

北京，恭亲王府，在咸丰帝驾崩的第二天，恭亲王奕䜣便收到了来自热河的消息。当他得知“赞襄政务”的大臣名单里没有自己，失落之余，不禁为自己的命运担忧。看来，自己的四哥到死都不肯信任自己，以为在他和肃顺、两宫皇太后之间，他是最需要防范的，也是最有可能对皇位构成威胁之人。

热河已经在肃顺等人的封锁之下，而他又被牢牢地困在京城。就在奕䜣进退维谷之际，他收到来自小皇帝的谕旨，既让他参与“恭理丧仪”，又明令他留在京城，不得前往热河。这显然是一封出自肃顺之手、假借新皇之名发出的谕旨。

恭亲王意识到，他不能守在京城坐以待毙，一旦肃顺等人在热河将势力养成坐大，朝局已定，则翻转不得。也就在这时，一个叫安德海的小太监因在热河犯了事，被敬事房首领太监移送回京交由内务府慎刑司处理。没人在意过一个小太监的存在与消失，而他也以隐身人的身份逃过了八大臣的视线。他的存在，也是存在于他们的盲点里；他的消失，也是消失于他们的盲点里。他们不会不认识，但他们对他视而不见。

于是，安德海出现在京城，让奕䜣见到了那封钤着“御赏”和“同道堂”印的密信：“两宫皇太后同谕恭亲王，着即设法，火速驰来行在（热河），以备筹咨大事。密之！特谕。”不要说安德海是一个小人物，就算它是一只蝼蚁，只要让它出现在最恰当的位置，都会使历史的杠杆发生倾斜。

奕䜣立即上奏，请求前往热河奔丧。在两宫皇太后的作用下，奕䜣收到获准的谕旨。奕䜣在动身之前，除了确认京城百官对自己的支持，摸清掌握北方兵权的胜保、僧格林沁的政治态度。更重要的是，他测试了驻京外国公使的倾向，得到的讯息是，外国公使无条件支持恭亲王奕䜣获得权力。

在博弈论的视角下，奕䜣与慈禧（两宫皇太后）、肃顺（王公八大臣）、西方列强都在历史事件的节点上做出一种必然选择，从某种程度上说，这样的局面符合“纳什均衡”。“纳什均衡”就是在给定别人最优的情况下，自己最优选择达成的均衡。

各方势力基于“纳什均衡”原则做出了最优的战略选择，实现了历史事件的历史结果。由于慈禧、奕䜣集团与西方列国的利益共存，双方最终走上妥协与合作的道路。北京议和成功后，恭亲王奕䜣与英、法等西方列强进入一个相对缓和时期，或者说是蜜月期。先前双方所抱有的蔑视态度，以及仇恨与恐惧，已经改变。奕䜣甚至奏请，借用法国、俄国军队协助镇压太平天国。并先后任命了英国人李泰国、赫德为总税务司。由于当时俄国主动表示赠送烟枪洋炮，奕䜣还计划用新式武器装备、训练清军。

奕䜣在博得西方外交人士好感的同时，也让肃顺等守旧派官员很是不满。在他们看来，奕䜣热衷于西方事务的姿态，严重背离了传统的祖制，已经不是大清国的"六爷"，而是英国人、法国人、俄国人的"鬼子六"。英国驻广州领事罗伯逊指出：奕䜣等人，"开始重视外国同盟的价值，已看到中国的利益如何深深地和别国利益缠在一起了"。

英国公使卜鲁斯在咸丰帝逝世不久，直言不讳地说："我们应以温和和协调的态度，获致恭亲王及其同僚的信任，消除他们的惊恐，希望迟早总会发生变动，使最高权力落到他们手里去。"也就是说，英方也希望最高权力落到奕䜣手中。卜鲁斯甚至向奕䜣保证，他们准备帮他把皇帝从那群险恶党徒手里解救出来，他和他的同僚们曾注意防止外国人冒犯皇帝一行入京时的行列。

1858 年 12 月，俄国代表来北京交涉互换《天津条约》事宜。咸丰帝派肃顺为代表，与其谈判。对于俄国对中国西部的领土要求，肃顺在谈判中未做丝毫让步——"向有定界，应毋庸议"。

1859 年 6 月，俄国派代表再度来北京，咸丰帝仍是派肃顺与其谈判。肃顺驳斥了对方的一切要求，并否决《瑷珲条约》，他甚至将条约文本掷于谈判桌上，称其为一纸空文，毫无意义。逼得俄方要求更换谈判大臣。史学家茅海建认为："在整个中国近代史上，没有一个中国外交代表敢在谈判桌上表现出如此强硬的态度。"

俄方没有攻破肃顺强硬的壁垒，不久后随英法联军来到北京。当他们看到英法两国在北京大肆劫掠，带走了沉甸甸的议和条约。他们也向清方代表奕䜣提出要求，依然是“中俄西部边界140万平方公里领土的归属”。他们的条件是，俄方可以从中调停，让英法联军退兵。精明的奕䜣居然同意了俄方的全部要求，拱手将西部大片所谓“荒凉无人烟”的土地割让给了俄国人。

一年后，恭亲王在与某一外国外交官闲谈中获悉，英法联军本就没打算帮俄方出面。奕䜣方才如梦初醒道：“你是不是说我们被骗了。”对方回答：“你们肯定被俄国人骗了。”

当肃顺在热河听到谈判结果时，更是大为恼火，他根本不承认奕䜣代表清方签订的那些割地赔款的条约。甚至扬言，待到返京之日，他要亲自找各国公使理论，开启新一轮谈判。历史学家胡绳武说：“恰巧侵略者想支持奕䜣代替咸丰帝的时候，咸丰皇帝死了，这是个偶然因素。如果咸丰皇帝不死，或者死了阴魂不散，肃顺集团继续执政，侵略者是决不会罢休的。”

按照咸丰帝的安排，赞襄政务八大臣与两宫势力各持咸丰帝给他们的权力，基本上可以在既互相依存又互相牵制的基础上，达到政治上的平衡。他忽视了，或者完全没有考虑以恭亲王奕䜣为代表的“北京派”势力和西方列强的干预，政治平衡就这样被打破。

1861年（咸丰十一年）9月5日清晨，热河，先帝殷奠礼（俗称“头七”）。

当奕䜣在热河行宫出现的时候，许多人都露出惊讶的神情。在肃顺等人看来，这是一次意外事故。热河一直在他们的封锁之下，奕䜣的不请自来，是完全不合逻辑的事。但身为皇上的亲兄弟，没有人比恭亲王奕䜣的到来更合情合理了。肃顺等人虽有不快，但也毫无办法。

奕䜣带着满身泥土的腥甜气息，踉踉跄跄地扑倒在咸丰帝的梓宫之前，极为动情地“伏地大恸，声彻殿陛”。自从咸丰帝崩逝以来，从没见过比他更悲痛之人。到底是兄弟情深，在场之人无不感动落泪。奕䜣的哭声勾起了两宫皇太后的哭，她们在六王爷的哭声里哭，他们各哭各的，却又彼此呼应。

祭礼结束，两宫皇太后就传下懿旨，召见恭亲王奕䜣。无论事情的细节如何，让恭亲王奕䜣一人独自与两宫皇太后会面，是肃顺等人犯下的又一个重大错误。两个多小时的叔嫂会面，密谋的无非是请两宫皇太后携小皇帝迅速回銮北京，到时再除“肃党”。

热河的一切，尽在肃顺的掌控之中，走漏半点风声，后果将不堪设想。9月10日，奕䜣再次拜见两宫，继续要求迅速回銮。恐夜长梦多，他也不敢在此多耽搁，星夜直奔北京。奕䜣走后的第三天，就出了一个意外，使奕䜣和皇太后的计划险些化为泡影。御使董元醇上了一道折子，奏请皇太后垂帘听政，请求另简亲王贤王辅政。这是对“赞襄”制度的根本否定，是对肃顺等人的公然抗争。此奏一上，京师官员们奔走相告，他们将热切的目光投向热河方向。

由于两宫皇太后有权阅看奏折，便将之留中不发。在回京之前，她们不想激怒肃顺。可是这道奏折的内容，还是传到肃顺的耳中。在八大臣举行的赞襄政务王大臣会议上，肃顺等人冲着两宫皇太后和小皇帝当庭咆哮。他们以“搁车”也就是停止办公使国家中枢停止运转相威胁。

当时的军机章京许庚身就明确指出：如果肃顺等人并不过分强求，未使双方的矛盾公开化，两宫太后未将董元醇的奏折及肃顺等人所拟谕旨发下，而是“将此折淹了，诸君（肃顺等人）之祸尚浅”。但是八大臣公然“‘搁车’之后，（两宫太后）不得已而发下，何以善其后耶？……吾谓诸君之祸，肇于搁车矣”。

在双方激烈的争执中，载垣说了一句极有分量的话：臣等是赞襄幼主，不能听命于皇太后，请皇太后看折亦为多事。

在八大臣慷慨嘹亮的声音里，幼主哇的一声哭了。五岁的小皇帝在母后皇太后钮祜禄氏的怀里尿了，被吓尿了，整整一大泡热乎乎的童子尿，全尿在她的腿上。而肃顺等人丝毫没有终止这场廷争的意思，他们高亢的辩论之声，说的都是本朝禁止后妃干政之成例。

两宫皇太后相顾无言，她们和怀中的小皇帝都未见过如此场面，显得惊慌失措。自从咸丰帝崩逝，好像一切都突然中断了，出现了一段暂时的空白，又仿佛有无数种可能在酝酿。而在这平静背后，她们感觉到有无数双脚步，有无数张面孔，有无数只耳朵的存在。她们从早忙乱到晚，可又觉得无所事事。她们想要有所为，却又处处为不得。就像现在，她们尽管气愤，但还是没有办法将董元醇的奏折留中。尽管她们举双手同意董元醇提出的“垂帘听政”，但又不得不让八大臣拟旨将董元醇狠狠地批责一顿，并将奕䜣也捎带进去。当肃顺等人为胜利弹冠相庆之时，她们也只能躲在后宫里泪眼相望，而眼泪已经解决不了权力的问题。

当时身在热河，年不过 21 岁的醇郡王奕谖，看到肃顺等人如此嚣张，竟于一怒之下道出了政变的机密，“七先生（奕谖，道光帝第七子）亦大怒，云俟进（北京）城讲话”。惠亲王绵愉吓出一身冷汗，恐其言多有失，连忙“喝止之”。

女人的眼泪和小皇帝的哭声显然麻痹了肃顺等人，当两宫皇太后谕令八大臣之一端华补授工部尚书、步兵统领、热河行在步兵统领之职时，端华竟然以“差务繁忙”为由拒绝接受兼职，他们就这样轻易放弃了京城禁军的兵权。也许他们此时还是过于轻视两宫太后的政治能力与谋略，只是借此给两宫太后出一道政治难题，有所刁难要挟。

两宫皇太后自身也不知为什么会流泪，为先帝的情深义重，还是为叵测难料的命运？或许，是因为大事之前无法控制的紧张，和对未知命运的恐惧。她们无法克制自己不往最坏处着想，害怕前方有无法承受的结局在等待着她们。但她们又无法不往好处想，她们年轻的生命，应该是为辉煌的宫殿而生，不是为浸血的刀刃。时在北京的户部主事李慈铭在日记里写道：醇郡王奕谖的福晋，是慈禧太后的胞妹，可以经常而随便地出入宫禁，两宫太后嘱咐她转告醇郡王，秘密起草有关载垣、端华、肃顺等人罪状的上谕，然后携带入宫，由慈安太后藏在内衣里，“无一人知之”。

1861 年 10 月 26 日清晨，天空雾霭沉沉，像是在酝酿一场秋雨。在肃顺干哑的喉咙里，传出一个令两宫皇太后、恭亲王奕䜣期盼已久的词——回銮。皇帝要回京了，严格说来，此时大清国是没有皇帝的。老皇帝咸丰死了，而新皇帝载淳尚未举行登基大典。但是，咸丰帝的梓宫要回京了，未来的皇帝载淳也要回京了。

所有的大臣、嫔妃、随行的宫女和太监走出避暑山庄大大小小的宫殿，她们按照各自身份进入不同的轿子里，他们是为权力而生的动物，她们是为宫殿而生的动物。离开权力，他们无法活下去；离开宫殿，她们无法活下去。他们要为各自的活，而继续前行。两宫皇太后曾对先行回京的其他嫔妃哭泣而说："你们现在可以安全离开热河回京了，而'我母子未知命在何所，得还京师相见否？'"

两宫皇太后携小皇帝，由载垣、端华伴随，分道先回北京。肃顺亲送咸丰帝梓宫在后面，此时的他想都没有想过，他和他的政治伙伴们正步入奕䜣、那拉氏为他们设置的陷阱中。

11 月 1 日下午，两宫太后抵达北京，在京的王公大臣们皆至德胜门外道路两旁跪迎。当她们在人群中，看到奕䜣年轻、坚毅的面孔，就像在水里挣扎已久的人终于握住救援者的手。那拉氏下舆的那一刻，突然大放悲声，眼泪顺着面庞肆意地流淌。

第二日，当载垣、端华等人在宫中见到奕䜣、桂良、周祖培等留京官员，质问道："尔等皆外廷臣子，怎敢擅入宫中？"话音未完，太监就宣读了圣旨，将载垣、端华、肃顺革去爵职拿问。载垣等人一脸迷惑，对即将到来的灭顶之灾毫无觉察。载垣仍厉声问道："我辈未入，诏从何来？"二人还没弄明白究竟怎么回事，宫廷侍卫就已经一拥而上。那天夜里，肃顺是在睡梦中被擒的。那时，他护送咸丰帝灵柩已到了离京百里之外的密云。或许是连日奔波，或许是心态过于放松，醇郡王奕𫍽带人闯进卧房时，肃顺才猛然惊醒，像是醒在一场梦魇里。

罪名早已罗织好了，其中最致命的是："大行皇帝面谕立皇太子，伊等假传谕旨，造作赞襄名目。"也就是将咸丰帝临终遗诏中"赞襄政务"，说成是肃顺等人编造出来的。赐载垣、端华自尽，判肃顺为斩立决。朝堂从来就不是慈悲者的狂欢之地，这里只歌颂胜利，从不同情失败；朝堂就是一座巨大的刑场，有人杀人，有人被人杀，腐烂的是功名，也是世道。

肃顺被装在空旷的囚车里像一头困兽，穿过他熟悉的大街小巷，走向菜市口。人们从北京城的各个角落赶来，聚集于杀人场的周围，像过节一样兴奋。他们想看一看，杀那么大的官，和杀一个小偷强盗有什么不同。肃顺，皇帝身边的大红人，他们兴奋地把手中的瓦砾石子掷向囚车，这个动作是他们平时想都不敢想的。一路上，他声嘶力竭地大骂。有人说，他骂鬼子六不得好死，骂那拉氏不得好死。

行刑之时，肃顺拒不下跪。有经验的刽子手毫不客气地取来大铁锤，朝他膝盖下的胫骨狠狠砸去。他大叫一声，身体扑倒在地。钢刀夹带着阴风，鲜血四溅。在处理肃党时，慈禧以小皇帝的名义特下谕旨："毋许再以查办党援等事纷纷陈奏。"她不想有人挟私报复，在朝堂内外掀起诬告之风。"所有此次查抄肃顺家产账目书信各件，著议政王、军机大臣即在军机处公所共同监视焚毁，毋庸呈览，以示宽厚和平，礼待臣工之意。"如此重大的政治事变，最后仅以数十人的伤亡、处罚而宣告结束，实现了最高权力更替的平稳过渡。

1861 年（咸丰十一年）十月初九，适逢干支纪日的甲子日，是六十日一个轮回的第一日，是个吉利的日子。天光微明，小皇帝载淳身穿素服，至咸丰帝的灵柩前行礼，以表示自己受命于大行皇帝，即将正式继位；之后，他又换上鲜亮夺目的礼服，先后到钟粹宫和储秀宫向慈安、慈禧两位太后行礼。然后，"御太和殿，即皇帝位"。

咸丰帝死后，肃顺等人为小皇帝载淳拟定的年号为"祺祥"；如今新拟年号"同治"，以明年为同治元年，无论是两宫太后共同垂帘听政、共同治理朝政，还是小皇帝与两宫太后共同治理朝政，这都是一种联合执政方式。大清朝第十位皇帝同治帝登基了，但却并未正式开启他的统治时代，因为他还是一个五岁的孩子。

第七章

双城记

——天朝与天国往事中的英雄以及众生

1. 祁门：曾国藩的半百之惑与死亡冥想

1860年（咸丰十年）10月11日，安徽祁门敦仁里弄堂的洪家大院。这座极具徽派建筑风格的大屋，原为一洪姓大茶商的私宅，坐北朝南，由承恩堂、养心斋、承泽堂、思补斋四个部分组成，房房搭连，屋屋相通，是府衙办公的理想所在。

曾国藩的行辕设置于后花厅中，此处距前堂不远，但曲径通幽，且到处是门。曾国藩在这里处理政务，两边柱子上是他亲撰楹联一副：

虽贤哲难免过差，愿诸君谠论忠言，常攻吾短；

凡堂属略同师弟，使僚友行修名立，乃尽我心。

每到一个地方，曾国藩都会亲自撰写楹联。通过楹联，能看出那段时间他在思考什么，他在诫勉什么。洪家大屋的楹联显示，置身于祁门的曾国藩并没有忘记身心的涵养与打磨。

这一天是曾国藩五十岁生日。从1854年组建团练开始，屈指算来，这个来自湖南湘乡的儒生已经与太平军苦苦缠斗相磨了七个年头。其中经历的屈辱创伤如过江之鲫，从昨日的湘江翻涌至今日的新安江，不知下一站又将去往何处？多年的戎马生涯，曾国藩已不再是当初那个只读圣贤书的湖湘士子，他的一颗心变得越来越坚硬，如同一块出炉日久，慢慢失去温度的钢铁，或是一柄利剑。

几个月前，太平天国的忠王李秀成攻克苏州，形势对于清廷越来越不利。三年前，飘洒在金陵夜雨里的血腥味还没有完全散去，忠诚的假象难以阻止天国的士兵一批批地倒在血泊中，他们在死亡之时睁着怀疑的眼睛直愣愣地望向天空，像是无数支射向苍茫的箭矢。本以为经历洪杨之乱、石达开出走，太平天国从此会一蹶不振。曾国藩也曾乐观地以为："洪杨股匪不患今岁不平耳。"

今岁复今岁，今岁何其多？现实比想象来得更加艰难，天京内讧让杨秀清、韦昌辉，甚至石达开等有力量节制天王权力的人物都烟消云散。洪秀全迫不及待地宣布："主是朕做，军师亦是朕做。"而在太平天国的领导机制中，"主"是名义上的最高领袖，"军师"才是总揽军政的实权派。现在天王身兼军师，洪秀全不会再给任何人机会，他要的是"生杀由天子，诸官莫得违"的天王专制。

随着杨秀清、韦昌辉等大人物的相继覆灭，给了李秀成、陈玉成等年轻将领上位的机会。年轻的面庞并没有妨碍他们以最快的速度抵达天国的权力中心。如果说，李秀成、陈玉成这些年轻将领与杨秀清、韦昌辉等人有不同之处，那就是他们在内心深处已经摆脱了对于领袖，以及宗教权力体系的精神依赖，他们更相信维系命运的是世俗的情感，比如战场上的生死情义，以及军人的荣誉感。

南京内讧没有成为太平天国的劫数，反倒成了洪秀全清洗异己的一个流程，就连石达开出走也是流程的一部分。太平天国的实力大为削弱，清廷也由此放松了警惕。虽然曾国藩看到了洪秀全和他的国终将劫数难逃，而他却在这时候借着父亲亡故，又一次封印返家。

当太平军在短暂调整之后，卷土重来，清廷也再次祭出曾国藩和湘军这面旗帜：着曾国藩署理两江总督，令统率所部兵勇，取道皖南，恢复东南。随后，朝廷又实授曾国藩为两江总督，并命为钦差大臣督办江南军务，所有大江南北水陆各军均归节制；又将杨岳斌、彭玉麟统率的湘军水师拨归曾国藩节制调遣。曾国藩和他的湘军，像是一枚钉子，牢牢地钉在皖南这块地方，风云雷动也无法撼动；又像是一把钢刀，狠狠地扎在太平天国的胸口上，威慑着江浙、天京（南京）。

接到上谕，曾国藩长长地舒了一口气，就好像一个被捆手束脚之人，突然得到了解放。官位的擢升意味着君王的信任，而信任是曾国藩和他的军队最需要的。从组建湘军的第一天起，他不仅没有得到过信任，甚至被人为地牵绊与打压。费正清认为，曾国藩被授予两江总督，"这是内战的一个转折点，就许多方面说也是中国近代史上的一个转折点。正是满族君主政体与汉族上层分子中的领袖人物融为一体的这个强大的保守联盟，才使王朝得以苟延到

20 世纪，并对整个共和时期中国政治生活的极致发生深远的影响”。

太平军在苏南一带势头如火越烧越旺，兵力源源不断，此时让曾国藩督办江南军务，身上的压力可想而知。白天忙完军务，或是晚上闲暇，他都会一个人在堂前静静地端坐一会儿，那一刻，会让白天的喧嚣和烦躁如鸟倦归山林般慢慢平静下来，会让被军情政务搅得乱糟糟的情绪得到片刻的将息。

在公文处理的闲暇时光里，曾国藩最喜欢做的事莫过于写信，给师友、给亲人，给他认为生命中最重要的那些人。在现代通信还没有出现的年代，信件就是无线电波，它带着温度撒向这个世界的四面八方，也同时带来四面八方的消息。写信，是曾国藩多年保持的一种生活习惯，有自我情绪的调节，也有精神层面的交流。这一刻，他不再是一个筹谋前程的官员，不再是一个杀伐决断的战争狂人，他为自己贴上俗世中一枚枚温情的标签，或兄长，或父亲，或师长。如今身陷祁门之地，他在家书中也表白心迹：“余听天由命，或皖北或江南无所不可，死生早已置之度外，但求临死之际寸心无可悔恨，斯为大幸。”

战争从来都是生与死的代名词，在生死面前，所有的问题都不是问题。

他在写给九弟曾国荃的信中说：“既已带兵，自以杀贼为志，何必以多杀人为悔？既谋诛灭，断无以多杀为悔之理。”从某种程度上说，此时的曾国藩已放弃了一个读书人的带兵理想。他与那些出身草莽的武将并无区别，只要能够赢得胜利，不惜任何代价，也不惜妥协。曾国藩以儒生操杀人之业，用他的话说“吾家兄弟带兵，以杀人为业，择术已自不慎”，毕竟是有学养根基的一介儒生，学人的知性与武夫的戾气在他的身上六四开。

随着战事的深入，像早期创立湘军的罗泽南、李续宾这些儒生兼“道德完人”已凋零大半，而曾国藩最初所坚守的湘军用人体系也逐渐瓦解。在营一级的将领中，真正的读书人所剩无几。在血与火的战场上，读书人的战斗指数是相当有限的，他们连自保都成问题，更不用说拿起武器去攻城略地。

曾国藩开始大规模地启用那些文盲和半文盲的猛将，霆字营首领鲍超就是成功的典范，此人在“士人领军”的湘军中绝对是一个异数，识字不多，勇猛异常，多次助曾国藩化险为夷。

祁门，位于长江以南，安庆东南方约一百公里处，与安庆之间隔着重重山峦。

这是曾国藩履新后抵达的第一站，终于熬过了人生最艰难的时刻。看来人生不立几次死志，又怎能死去活来？对于曾国藩来说，发展空间的骤然打开，需要补充更多的贤能之士。身在湖北的他的好兄弟胡林翼也深有同感："涤丈任重事繁……全视乎人才多寡，以定兴衰。"曾国藩还特地写信给自己的亲家——安徽巡抚李续宜，向他借调十二名营官："请向尊处乞讨将种，抽取勇厘，千万勿吝。勇厘少抽若干尚无不可，惟将种十二粒断不可少，亦不可迟。将来发生千瓜万豆，必设法酬谢送种之家。"

曾国藩在皖南行营的设置规模上，向行省衙署看齐，而幕府职能也随之转变。他罗织众多有才之士，并将他们直接委派成官。他同时下令民间荐举贤才，试图以两江之才平定两江之乱。此招果然奏效，很快便有祁门才俊之士来投。他力图在两江之地编织一个从名流精英到氏族大姓，从平民百姓到在职官员的人才网络。

因为是战时状态，曾国藩的权力边界挣脱了朝廷定制的束缚，被揉搓成为衙门形态，一个地方准政府。此间此后，除湘军嫡系扩充外，最令人侧目的是左宗棠和李鸿章的独立领军——"楚军"和"淮军"的先后崛起，为湘军增加了左右两翼，从而形成集群化态势，湘系自此进入快速扩张的道辙。

先行离开曾国藩的是左宗棠，这个极具才情抱负的湖南儒生并不满足于此。他甚至极端表示若不能获得实缺，便要花钱买上一条小舟，回归湖湘山水间，做一个散淡的文人。从个性上说，左和曾并不属于一类人，尽管如此，他也不得不敬佩曾国藩的"知人之明，谋国之忠"。曾国藩也明白"季公之才，必须独步一方，始展垂天之翼"。1860 年，由曾国藩保举，清廷特旨左宗棠为四品京堂襄办军务，招募"楚军"。此时，左宗棠刚刚建立的"楚军"也正部署于景德镇一带，替曾国藩拱卫着祁门大营。

而曾国藩的另一重要幕僚李鸿章，也在这紧要关头负气而去，起因竟是徽州城的失守。镇守徽州的是他颇为赏识的李元度，此人在江西与浙江交界与太平军独立作战三年，有着丰富的经验。如今却被太平军侍王李世贤攻破城池，消息传来，曾国藩“为之竟夕不寐”。他既痛心城失，又担心朝廷追究李元度的罪责。

当年，曾国藩因练兵一事和长沙官场彻底闹翻，一个人灰头土脸地跑到衡州，由此陷入“众谤群疑”困境之中。没人愿意向他伸出援助之手，他在当时想到了李元度。于是给对方写了一封极具煽情意味的信：“执别数月，相思饥渴。以仆之拳拳于左右，知阁下亦必不能忘情于仆。感应通神之理，自古无或爽也。”

徽州失守，导致安徽门户洞开，太平军直奔祁门老营而来。曾国藩已经受够了这种复生复死的局势，他以极其罕见严厉的语言，训斥李元度“在戎行六年，而心不入理如此”，打了六年仗，却犯下低级错误。他也恨自己用人不当：“哀哉此人！吾用之违其才也！”明知李元度不是独当一面的将才，却让其担当如此重任。

曾国藩着令李鸿章草拟奏疏，“请旨将李元度革职拿问，以示惩儆”。李鸿章死活不愿意拟这道奏折，他认为，李元度是曾国藩的患难之交。对生死之交，不能下这样的死手。况且派李元度去守徽州，本来就是曾国藩的用人不当。

李鸿章坚持不拟，甚至威胁道：“若此，则门生亦将告辞，不能留侍矣。”

曾国藩也很是气愤：“听君之便。”

作为曾国藩的门生、幕客，李鸿章是敢于向曾国藩说“不”之人。诚如吴汝纶所言：“曾国藩前后幕僚，多知名人士，其能争议是非者，李鸿章一人而已。”也正因为如此，每临大事，曾国藩都会听取他的看法。早在屯兵祁门之前，李鸿章就认为这里地处万山丛中，是绝地，军队扎营于此，犯了兵家大忌。有人说，李鸿章是故意借着参劾李元度一事，离开祁门大营。因为他并不看好曾国藩能够从祁门全身而退，所以寻个机会先行离去。曾国藩在李鸿章走后，也长叹一声，说“此君难与共患难耳”。

战争对一个人的损耗，是与生俱来的精神负累和世俗劳碌无法比拟的。年过半百的曾国藩，无论是外部形象，还是意志品质，都与湖湘士子的曾国藩，以及翰林院的曾国藩有着很大不同。他在日记里也感慨：“马齿虚度，颓然遂成老人，从此德业恐不能有所长进，但求不日见其退，斯幸耳。”

这个对自己近乎严苛的湖南人，他不在乎时间带来的变化，生命的自然形态谁也躲不过，谁都在时间深处生长繁茂，然后沉沦腐朽。他在乎的是自己是否还具备对这个世界的洞察力，以及自我掌控的能力。

早上起床之时，曾国藩对着镜子正了正衣冠。人越老越喜欢照镜子，若是半年照一次，怕是老得连自己都不敢认。一瞬间的感受，让人无比颓丧。对于下属献上的祝寿礼节，他显得意兴阑珊：“方今东南糜烂，逆夷犯顺，扰及京畿，主上忧危，正臣子负罪抱疚，食不甘味之时，岂敢言寿称庆”。

湘军主力陆路分三路直扑安庆而去，曾国荃率兵万人由宿松进驻安庆城北集贤关外，设立前敌司令部，副都统多隆阿率万人攻桐城，以此阻挡太平军进援安庆，安徽巡抚李续宜率万人入驻桐城与潜山之间，为机动部队。而曾国藩则将指挥部设在群山环抱的祁门，筹划各路人马。本以为祁门离战场最远，也最为安妥，未料太平军几路西征，经略江西，反而将皖南之地作为战略通道。

曾国藩将攻取安庆视为个人与国家最关键一战，他几次写信叮嘱九弟曾国荃“此次安庆之得失，关系吾家之气运，即关系天下之安危”。曾国荃带兵后，曾国藩对他的表现总体还算满意。此人不过是一个乡下秀才，除了早年去过一趟北京，没见过大世面，更没带过一天兵。自从跟着曾国藩打起仗来，也是有章有法，真不愧为“白眉”之才。兄弟二人虽为一母同胞，但性格迥异。曾国藩行事谨慎，凡事深思熟虑后才做决定；而曾国荃行动迅速，一副无知者无畏的派头。曾国藩的幕僚赵烈文评价，曾国藩“性直而喜事”，虽脾气暴躁，但“任事之勇，为事之敏，亦世希（稀）有”。

这里有一个小插曲：在此期间，曾国荃有函对朝政，包括朝廷重臣恭亲王奕䜣、蒙古亲王僧格林沁及咸丰皇帝等多有逾规出矩的议论，曾国藩看后又惊又怕，感到这个弟弟太不知轻重，倘若外传，弄不好有杀头灭门之祸。立即回信表示以后再有如此非分言辞，便与其断绝通信往来。

曾国藩最放心不下的是曾国荃身上随时可能引爆的火药桶脾气，以及张扬好胜的性格。曾国荃也说自己“我性暴躁，间或不驯”。这种性格短板对带兵之人是危险的，因为一个小小的冲动，都有可能用千万人的性命做代价。在诸兄弟之中，曾国藩对曾国荃的提携教导是最花心血、最不遗余力的。

曾国藩将行辕设于祁门是经过深思熟虑后做出的选择，这是他在获得军政实权后于自己所辖之境的首次择址，也是湘军在江皖地区首次名正言顺地驻扎属地大营，可谓慎之又慎。

此地四面环山，山势陡峭，从北或从南都无法靠近，而他的军队则控制了东西向的官马大道。换句话说，如果东西方向的官马大道被堵，与外面的联系一断，县城则陷入绝境。曾国藩既然选择于此设立行辕，自然排除被太平军围困于此的可能。他很满意自己的选择，尤其是抵达现场，更是深以为然。他写道：“层岩叠嶂，较之湘乡之云山，尚多四倍，泉甘林茂，清幽可喜。每一隘口，不过一哨，即可坚守，并无须多兵也。”坐镇于此，他可从安全之地统筹攻打安庆的军事调度。

从战术角度来看，祁门确是险地，将指挥部设于此处，并非上上之策。但从战略角度来看，祁门也是要地，处于安徽与江西的交界处，通闽广，接苏杭，可上达安庆以扼南京，下抵南昌以控往西经景德镇到江西的陆上补给线。而太平天国定都南京后，要打通与安庆、南昌间的联系，祁门是绕不开的咽喉要道。

曾国藩深知此处紧要，“应先驻扎祁门县境，东以联张芾徽州之声援，西以保江右、饶州之门户”。通晓兵略的左宗棠称曾国藩这一决定是“高瞻远瞩，全局在胸”。但随着皖南之地的秋意渐深，祁门这块安全之所也在一夜之间陷入风雨飘摇中。先是北京来旨，要调其麾下最能战斗的鲍超带领三千名作战经验丰富的部队将士，前往北方协助僧格林沁抵御英法联军。鲍超是湖南黑社会哥老会的领头人，此人大字不识几个，带兵打仗却勇猛无比。

祁门与北京相聚一千三百公里，公文往返需要一个月时间。曾国藩不敢抗旨，只能拖上一个月时间。届时已至寒冬，朝廷肯定不再需要湘军的支援。他奏请咸丰帝，从其他诸将中（包括曾国藩本人）选择夷人，带一支湘军北上，协助僧格林沁抗击洋人。他那双三角眼鹰隼一样死死地盯住安庆，没有什么能让他转移注意力。

一份莫名其妙的奏折就这样飞向热河，除了拖延时间，奏折的内容完全不符合逻辑。曾国藩以近乎决绝的姿态，来处理这样一件让他马虎不得的事。他在写给曾国荃的信中如此道："普天下处处皆贼（太平军）占上风，独安庆一城贼占下风，岂肯轻易撤退？"

这段日子让曾国藩困闷不已，他将自己关在行辕后花厅，不是闷声不响地读书，便是与赵烈文没日没夜地下棋。他拒绝发兵京城也有不得已的苦衷，他无法不念及皇帝的安危。若是时间允许，若是战机可待，他会亲自领着湘军赶往京城。此时太平军主力从东到西，奔走于长江南北两岸，可是曾国藩以不变应万变，就是牢牢钉住安庆围城不放。诚如曾国藩所言："吾但力求破安庆一关，此外皆不遽与之争得失。"

百折不回，专意安庆而不动摇。曾国藩像是在剥洋葱，他要一层层地剥去南京城的拱卫之地，收复长江沿岸的各个城市。而安庆则是太平天国长江沿岸最重要的一道屏障，若能拆去这道屏障，大势就会逆转。这个世界已处于分崩离析的状态，曾国藩仍坚守于凄风苦雨中。而令他想不到的是，两周后，当他打开一封京城友人的来信，随即陷入巨大的悲痛之中。英法联军不仅攻入北京，还将圆明园烧了个干干净净。当他在祁门接到新刊出的与英法俄签订的条约，阅过"不觉呜咽，比之五胡乱华，气象更为难堪"。

1860 年的冬天，在曾国藩的心里，是最为难熬的一个季节。有如此想法的，也不仅仅他一人，比如那个一千三百公里外逃离京城的咸丰帝就也这样，他们的情绪与这个季节是吻合的。

置身于皖南群山环抱之中，湿冷交加，且又承受着自己所效力的王朝处于内忧外患的残酷现实。曾国藩在这里苦苦支撑，而他的皇帝已在逃亡的途中，国家的命运犹如北京城里那座被火焚烧后的宫殿，只剩下支离破碎的断壁残垣。在祁门的海拔较高处，大雪已经封锁了山路，而厚厚的云层像是被各处山峰伸出的手臂长时间地托着，云也累，山也累。

一个有生活经验的当地山民拍着胸脯向曾国藩保证，在来年春天来临之前，祁门绝对不会有事。越是信誓旦旦的话，曾国藩越是怀疑它的真伪。于是，在一个天气相对晴好的早晨，曾国藩上路了，他千辛万苦地登上祁门东北约十五公里的一座椭圆形山峰——羊栈岭。

他站在海拔八百米的山峰之上远眺，整个祁门尽收眼底，除了随风摇曳的竹林，错落有致的村落，其他什么都没看到。若不是战争，富庶宁静的皖南真是一个隐居修行的好地方。

就在曾国藩从羊栈岭回到祁门行辕几日后，忠王李秀成领着他的全部兵力从北边翻过羊栈岭，进入祁门之地。李秀成的这支军队自天京西进，经安徽芜湖、石埭、黟县，准备进入江西，然后转至湖北。对于曾国藩来说，太平军冒着浓雾和大雪突然而至，完全是一场有针对性的围剿。他已做了最坏的打算，自带兵以来，他无数次地想象过死亡，也亲自动手去践行死亡。他写道：这时太平军距他的军营“仅八十里，朝发夕至，毫无遮阻。现讲求守垒之法，贼来则坚守以待援师”。

天气奇冷，北风夹带着诡异的呜咽之声，从山与山之间呼啸而过，仿佛要将这天地之间的寒意都一股脑地塞进祁门这个地方。除了坚守，曾国藩也曾想过带领军队向东突围，此时的他对于这冰冷世界却是另一番体验，“口枯舌燥，心如火炙，殆不知生之可乐，死之可悲矣”。幕僚让他转移至隐秘之处，说“祁门非殉节处”。

曾国藩在这里做了最坏的打算，他先是让那些意志动摇的亲信幕僚先行离开，可以预付他们三个月工资。此言一出，幕客之中的贪生者，或请病假，或请事假，走了一大半。强撑着留下的则将行礼移置舟船，时刻准备着做一个逃命之人。程桓生是曾国藩的棋友，几乎每日要陪曾国藩下一盘棋，两人见面频繁，他不好意思逃走，但他私底下逢人便问："死在一堆如何？"而此时的曾国藩"誓以身殉国，自书遗嘱二千余言"。对于失败者而言，死亡是重要的，每个面对死亡的人，都会想到自己毕生积攒的人生资本。原只想成为官场上的文化精英，结果成了一个领军者，他觉得自己一事无成。他在遗书中吐露懊丧之言："用兵本非余所长，兵贵奇而余太平，兵贵诈而余太直，岂能办此滔天之贼？"

他告诫自己的孩子——不可从军，也不必做官，一心读书。

待到曾国藩的遗书写完，险象环生的祁门之围反倒成了一场虚惊。也算是他命不该绝，第二天，由南面包抄而来的太平军李世贤部在江西乐平与左宗棠的楚军狭路相逢，一场刀兵过后，太平军无奈地撤离浙江。而占据徽州府的太平军听到这个消息，信心顿失，也将军队北移，无奈地撤出徽州。危机解除，曾国藩再次将一颗向死而生的心落回胸腔。

李秀成的军队并不了解祁门大营的底细，也没有贸然发动进攻，而是径直往江西进发。留下的太平军呈放射状散开，开始一一剪除扼控曾国藩大营往外道路的大小城镇，切断他与安庆曾国荃的联系，切断从江西过来的陆上补给线。

李秀成军队的撤围让曾国藩获得了暂时的轻松，他甚至开始了自己的田园生活。每日下午，他都会脱去身上的官服，换上一身农民的行头，扛着锄头进入自己的菜园，锄草、松土、浇肥。他在给儿子曾纪泽的信中，描述了这样的生活带给自己的丰盈充实：

吾现在营课勇夫种菜，每块土约三丈长，五尺宽，窄者四尺余宽，务使芸草及摘蔬之时，人足行两边沟内，不践菜土之内。沟宽一尺六寸，足容便桶。大小横直，有沟有浍，下雨则水有所归，不使积潦伤菜。四川菜园极大，沟浍终岁引水流，颇得古人井田遗法。吾乡一家园土有限，断无横沟，而直沟则不可少。吾乡老农，虽不甚精，犹颇认真，老圃则全不讲究。

此时的曾国藩就像是一个经验丰富的农民，他津津有味地在祁门这块土地上摸索着种菜的经验和方法。他也知道，皖南的形势虽然有所缓解，但现实危机依然像影子一样追随着自己，挣不脱，甩不掉。果不其然，就在他荷锄而立的某个清晨，太平军又先后分兵两路进军祁门。而这一次，他遇上了最不想碰到的对手——太平天国主将陈玉成。

曾国藩再次陷入太平军的包围之中：在北面，太平军攻到了仅离祁门 20 里的地方；在南面，太平军李世贤部攻克景德镇，皖南镇总兵陈大富战死；在东面，李秀成部也从浙江境内掉转方向，再次向徽州发起攻击。对于曾国藩来说，唯有突围而出，才能有生路。1861 年 4 月，他由祁门赴休宁，调集徽州境内的各军进攻徽州府，以期打通前往浙江之路。徽州府的太平军乘夜出城偷袭，湘军大败溃散，太平军乘胜追击，将曾国藩围困在休宁。

又是一场将自己逼入绝境的逆风战，曾国藩又一次想到了自杀殉国的老套路。他好像已经习惯了在绝境中冥想死亡，写给儿子们的书信已经提前发出，准确地说，是他留给这个薄情世界的遗书。在信中，他并不掩饰自己的绝望：初五强攻徽州，强中营和湘前营在西门受挫；十二日再攻，未能引诱敌人出城；当夜二更天，敌人出城打劫营寨村庄，强中营和湘前营大败。……局势越发紧张，四面都被阻塞，外面的接济已断绝。经过此次大败，军心震荡。只盼左宗棠的楚军能够打败景德镇和乐平的敌人，鲍超的军队若是从江西湖口来救援，或有转机，若不然，后果不堪设想。

他在信尾写道："回首生年五十余，除学问未成，尚有遗憾外，余差可免于大戾。"他向自己的家人提出道德忠告，而这也是他人生的必修课。他要曾国荃："教训后辈子弟，总当以勤苦为体，谦逊为用，以药骄佚之积习，余无他嘱。"

曾国藩让自己的儿子们长大成人，不要学今日之他。他说："尔等长大以后，切不可涉历兵间，此事难于见功，易于造孽，尤易于贻万世口实。余久处行间，日日如坐针毡。"可见此时的曾国藩心情是何等灰暗，情绪是何等沮丧。

就在曾国藩灰心绝望，只欠一死的紧要关头，左宗棠部于景德镇大败太平军，威胁其后路，迫使陈玉成撤围而去。此次绝处逢生，明显地暴露了太平军的死穴，那就是，他们的各路人马全是各自为战，缺乏配合和协作，难以形成有效的战斗力。湘军进行了大规模的反扑，陆续收回徽州府所在地歙县以及黟县等地。一个大胆的计划在曾国藩胸中变得成熟，那就是利用围攻安庆的机会，大量歼灭太平军的有生力量。

安庆附近数十公里的范围内，聚集了成千上万的湘军，他们正按照曾国藩的部署，张开了口袋阵，等着英王陈玉成带领太平军钻进来。曾国藩不敢大意，他太了解自己的对手，这个被他和他的僚属们称为“四眼狗”的太平军将领——陈玉成。

2. 安庆：1861年夏秋纪事中的陈玉成

1861年8月，酷暑已近尾声，曾国荃围安庆已经一年又三个月。

在战场上，没人愿意与陈玉成这样的人为敌，除非那些不想好好活下去的人。这个来自广西藤县的年轻人，有着战场上世俗莽汉少有的清雅之态，眉宇间散发着一股凛然决绝的神采。孩提时代，一场草烧炙治病的意外，在他的两只眼睛下方各留下一块疤，也正因为如此，那些对他充满畏惧的清军官兵将其称为“四眼狗”。

如果不是因为这场战争，二十五岁的陈玉成有可能只是广西乡间的一名秀才，读书科考之余，过着相妻教子的平淡生活。而现在的他则把自己完全活成了一个战场上的幽灵，让他的对手为之胆寒。这个作风极其凶悍，喜欢打硬恶之仗的广西汉子，好像专门为这场战争而生，它们彼此对视，却又相互成全，用他自己的话说：“何处官兵多，我即向何处救应。”

陈玉成少年成名，十六岁那年夏天，太平天国西征军在武昌城下久攻不下，已成师老兵疲之势。他鼓勇先登，率五百勇士缒城而上，一举攻下武昌。他用一种搏命式的打法，让清军上下惊惧不已，也为自己在太平军中获得了极大的声名。而他的对手提及此人，也认为他是“贼中之最为可恨者”。

虽然用兵时日不长，但是败在陈玉成手下的清军将领有一大串，其中不乏吉尔杭阿、德兴阿、胜保、冯子材、李续宾、胡林翼、多隆阿、鲍超、翁同书等名将。而在这其中，最让陈玉成看不上眼的便是胜保，他的军中上上下下都蔑称胜保为“胜小孩”。曾国藩称陈玉成为“自汉唐以来，未有如此贼之悍者”；胡林翼语则说“近世罕有其匹”。

遇上这样一个强悍的对手，曾国藩又怎能做到泰然自若？此时，在长江下游的安庆，守城的太平军已坚守了八个月。北方桐城周边和南方祁门周边的战场距离安庆太远，守军根本觉察不到。此时的安庆，已成为一座悬于长江边上的孤岛。随着围城日久，城内陷入弹药、粮米短缺的窘迫之境。

英王陈玉成率援军多次逼近安庆城根，都被湘军多隆阿部挡了回去。陈玉成在曾国荃的包围圈外构筑另一组防御工事，对围城者实行反包围。但经过三天的猛攻，不但没有打穿曾国荃的包围圈，反倒让自己卷入这场控制与反控制的死亡游戏中。多隆阿的骑兵处于安庆的围城清军与太平军掌控的桐城之间，切断陈玉成与南京之间的联系；而英王未能突破对安庆的包围，又得不到来自长江南岸李秀成队的支援。

在李秀成第一次突破多隆阿骑兵在桐城的防线失败后，洪秀全再也坐不住了。他从天京派出洪仁玕和天京卫戍司令官林绍章前来支援，这支从天京城里带出的军队，是临时组建的。其统帅洪仁玕不知兵事，而直接领兵的林绍璋也同样不知兵事。两个不知兵事的领军者在战场上只能有一种结果，那就是失败，而失败的结果苦的却是安庆城里的太平军将士。

最令陈玉成心痛不已的是他手下第一劲旅刘玱林部，为曾国藩手下第一悍将鲍超所败。太平军在赤岗岭四垒皆为湘军所破，这让曾国藩大为兴奋。他说：“自与长毛多年作战以来，我军所斩长发老贼，至多不过百名。此次……歼除长发老贼至四千名之多，实为从来所未有，厥功甚伟。”

湘军将刘玱林五花大绑，押至安庆城下，这个从金田村里打出来的硬汉子，从未在战场上有过畏惧之色。即使面对凌迟之刀，也要做到不失英雄气概。赤岗岭之败，拉开了陈玉成全军溃败的序幕。

英王陈玉成站在集贤关的高处紧紧地盯着近在眼前的安庆城，一双眼睛布满血丝。他从来没有如此焦灼不安，城里的守军正处于精神崩溃的边缘。城头上的火炮已成了一道摆设，炮膛内早就没有了弹药，士兵饿着肚子等待着城破的那一刻，粮米已断，饥饿蔓延全城，而吃人不再是偶然发生的事件。对于城中的守军而言，他们绝望的心情比死亡降临更让人感到可怕。

在战场向来自负的陈玉成，也尝到了失败的滋味，但这种失败让他不甘心。在安庆被围的这一年时间里，他带领数万太平军进驻安庆桐城附近，虚晃一枪后，又转道皖西，连下英山、浠水，攻占黄州，兵锋直指武汉。陈玉成赌的是他的军队若是进攻武汉，清军必然来救，安庆之围自然会解除。

陈玉成的西进，是曾国藩和胡林翼最为忌惮的，此刻湖北境内兵力空虚，几乎不堪一击。命运这种东西成全人，也祸害人。就在陈玉成的军队拿下黄州仅仅五天之后，英国领事巴夏礼突然登门拜访。这个矮小的英国人像是命运之神的专使，总是在关键的时间节点，出现在关键的地点。

早在第一次鸦片战争时，巴夏礼就出现在传教士、翻译马儒翰的厦门办公室；后来又陆续出现在英军战舰“康沃利斯”号，中英双方签署南京条约的现场；出现在两广总督叶名琛的衙门，并带走这个颇受争议的清国官员；出现在《天津条约》签署的现场，又在天津附近做了僧格林沁的俘虏，并进而引发英法联军进入北京，逼走咸丰帝，火烧圆明园。

而这一次他又出现在英王陈玉成设于黄州的营帐里，走过夹道的戟和旗，这个被命运之神下了符咒的英国人，见到那个坐在太师椅上的太平天国的英王。他眼中看到的英王陈玉成“看来年轻，身穿绣有龙纹的黄缎袍和风帽”。他觉得陈玉成是一个谦逊好相处，且极聪明的年轻人。

陈玉成对巴夏礼表现得很是坦率，而在此之前，他已经接到洪秀全的族弟洪仁玕发出的指示——要博得洋人的友谊和善意。洪仁玕，这个在香港受洗入教，担任伦敦布道师的广西人，与洋人打交道曾经是他的工作常态。也正是因为有这样一份经历，才让太平军上下，包括他自己，都坚定地以为他与洋人之间有着别人无法取代的熟人关系。

陈玉成向巴夏礼和盘托出自己的战略计划，以及太平军的军力部署。他向英国人说出自己的下一个目标是解安庆之围，为此，他由北边绕过官军，或是夺取上游的汉口，然后以汉口为基地，与其他太平军部队在此汇合。而巴夏礼却告诉他，英国人在汉口有极其重要的商业利益，太平军若占领该城，则会严重干扰英国人的通商。并不仅仅限于汉口，英国长江水师提督何伯也在这时巡视到了武汉江边，见陈玉成大兵屯集，便让巴夏礼告诫陈玉成，如果陈玉成进攻武汉的话，英国商业利益将会受损，他们不会袖手旁观。

巴夏礼不让陈玉成的军队去触碰“武汉三镇”。他说：“叛军若拿下三城中的任何一城，必然会破坏整个商业中心的贸易。”陈玉成闪电似的拿下黄州所取得的战略主动，在巴夏礼的干涉下，也付之东流。巴夏礼与陈玉成见面后，顺长江而下回南京，途中曾在安庆停留。城中守将托他抵达南京时转告洪仁玕，送来米、食用油和盐。在这项请求中，他们笑容背后的焦虑开始浮现。因为“巴夏礼搭汽船出发后，他们派人追了上去，硬要塞给他一把金饰，希望确保他会帮忙”。他们想用金子收买巴夏礼，却让这个英国人觉得自己受到了侮辱，拒收礼物。

巴夏礼抵达南京后，洪仁玕希望英国人能够派出一艘船，也同样遭到了拒绝，理由是英国人在中国的这场内战中只保留“中立的权利和义务”。

英王陈玉成做出错误的判断后，放弃了武汉，而他的兵力也在所占领的区域内做了蛋糕式切割，所以当他抵达安庆时，只剩下一万两千人。巴夏礼改变了陈玉成的战略路线，也带走了安庆城的最后的希望。在这一年多的时间里，英国的商船曾源源不断地往安庆城里供应粮食，大发国难财。曾国藩为此忧心不已：“如洋船之接济可断，安庆终有克复之日；倘洋船不能禁止接济，则非吾辈所能为力。”

曾国藩的忧患从皖南之地发出，最后抵达北京恭亲王奕䜣的案头。在这件事上，新成立的总理各国事务衙门做出了漂亮的应对之策。英国公使卜鲁斯警告外国商人，清廷打算攻击试图闯越安庆封锁线的任何船只，如果发生此事，英国海军绝不会保护他们，也不会要求损害赔偿。英国运粮的商船很快从安庆的长江江面上失去踪影。

安庆城的攻守就这样成了饥饿忍耐力的比拼，“所有动物，甚至老鼠，都吃光了，没有东西可以喂饱城里饿着肚子的数千人……安庆的市场从未关闭，人肉价格最后涨到每斤半两钱。”城破之时，太平军的锅里，皆煮人手足，有的碗中还有人的手指。听着这样的消息，曾国藩也闻之色变。而1875年（光绪元年），慈禧太后在召见曾国荃时，也问到当年安庆围攻时后方粮食供应之事，曾也提及“曾与兵勇用草根伴米为食”。

如果说1860年的冬天，是曾国藩的悲苦之日；那么1861年的夏天，则完全颠倒了过来，成了陈玉成的绝望之日。8月25日，陈玉成和杨辅清、林绍璋等发起最后一次也是规模最大的援安庆之战。

一个精明的军事指挥官彻底放弃了他的谋略和耐心，只有一个念头充塞内心，拼死也要和城里的太平军守住安庆。经过七天七夜的杀戮与混乱，陈玉成的军队接连发起了十二次猛攻。安庆城下，一次次出现人类战争史上不多见的惨烈景象，城里的守军用饥饿的喉咙发出最后的呐喊，冲向曾国藩的堑壕；城外的援军像是一道道海浪撞击海岸，身体撞上城墙，飞花碎玉，血肉模糊。他们爬过尸体，在爆炸声后，他们或将成为新的尸体叠加于尸体之上。死亡一万数千人，用去火药17万斤，铅子50万斤，理性的数字背后是激情杀戮带来的人间惨象。

9月5日拂晓时辰，天空出现异象，日与月一起升起，五颗已知的行星在天上排成一列。有人说，这难得一见的五星联珠奇观，乃大吉之兆，预示着爱新觉罗的王朝将中兴再起。而很快，曾国藩也会如此以为，因为湘军将在这一天攻下安庆城。也同样是在这一天，他的幕僚赵烈文却在日记里写道：“瞻仰昊天，一喜一惧。”

喜的是什么？惧的又是什么？就在曾国藩揣摩天意之神秘莫测时，从北京城出发的一名信使上路了，他的快马在鞭子的催促下一路向南狂奔，一道惊人的消息也将传出去。

与此同时，在安徽战场上，安庆攻坚战所带来的人间惨剧不断壮大和升级。所有关于战争的记忆，都与仓皇的尖叫与绝望的挣扎相关联。9月5日这一夜，在冲天的火光和震耳欲聋的爆炸声中，陈玉成饱含热泪的双眼，或者是“四只眼”变得渐渐模糊。他攥紧的拳头在空中做了一个无力的挥动，窜向夜空的浓烟与火光，让他彻底死了替安庆解围的念头，他放火烧掉集贤关的营垒，丢下安庆城外一万多具尸体，退出战场。安庆，也只能由它去了。

湘军进入安庆城时，这座孤绝之城已无人防守。一个叫程学启的太平军的中级军官打开北门，清军像潮水一样涌进安庆城，这座坚守了一年多的城池终于从内部瓦解。安庆守将只有张朝爵驾小船逃返天京，他离去时，府中的屋檐上还藏有五石粮米。这个没有战死的将领，甚至都没有受到饥饿的威胁，他在填饱了自己的肚子后趁乱逃出安庆城。

曾国荃的军队进城后展开了疯狂的屠杀，早在两个月前，曾氏兄弟就安庆投降时该如何处置俘虏进行了交流。掌灯时分，曾国藩收到了安庆攻克的捷报。看来“日月合璧、五星联珠”的非常祥瑞，还是应验在安庆战场上，应验在他曾氏家族身上。他立即在灯下给曾国荃写了一封信，在信中告诉曾国荃：“克城以多杀为妥，不可假仁慈而误大事，弟意如何？”

当安庆被攻陷后，曾国藩听说全城太平军“诛戮殆尽，并无一名漏网”时，在信中表示“差快人心”。有人认为，安庆城破时，城内幸存者约有一万六千人，其中大部分是平民。也难怪历史学家范文澜说：“湘军攻破一城，就是屠一城，也就是洗劫一城，所谓城破时，百物同归于尽，就是全城生命财物，顿时化为乌有。”英国副领事富礼赐也说：“前在安庆，清军大杀三日，全城男女老幼无一留存，长江为无首之尸体填塞。以前，我常以为太平军实是强盗性质，但看过了两方面许多之后，我对于清军方面亦无较好的印象。”

当安庆城头飘扬起黄龙旗帜，望着陷落于清军之手的安庆城里的熊熊火光，英王陈玉成不觉潸然泪下。他的内心生出无数悔恨与怅然，十六岁少年成名，不多不少，他已经在这条路上熬了十年。他不想和洪仁玕、林绍璋等返回天京，他可以接受命运，但不可以接受羞辱。

9 月 14 日，那个在十天前离京的信使见到了曾国藩，也送上了咸丰帝驾崩的消息。曾国藩用“天崩地坼”来形容他那一刻的心情。这一年于他而言，大喜大悲都来得过于突然。而他想到那个已经崩逝的、他所效命的苦命天子的人生际遇，更是难以成眠。这个消息冲淡了曾国荃夺取安庆带给他的快乐，他无限伤感道：“思我大行皇帝即位至今，十有二年，无日不在忧危之中。今安庆克复，长发始衰，大局似有转机，而大行皇帝竟不及闻此捷报，郁悒终古，为臣子者尤感深痛！”

而一名来自上海的外国访客也将咸丰死亡的消息带进天京城，它在天京所引发的震撼效应也同样冲淡了安庆城失守带来的晦暗。刚刚从安庆战场上撤回，由“爵同南”的七千岁降为六千岁的洪仁玕在天京发布檄文，鼓振士气，他写道：咸丰帝“遗数龄之余孽，难继妖传”。他宣告：“正可趁势顶天，无愧英雄立世。”

安庆的失守让英王陈玉成陷入深切的愧疚与自责中，失去作战目标的他犹如失去灵魂的躯壳，茫然无所从，为数不多的部众成了脱离天京母体的流浪儿。陈玉成和他的军队被切断与残部的联系，而他的战友忠王李秀成这时已攻占上海以西和以北的江苏省大部，他准备结束江西和湖北的征途东返，将锐利的兵锋指向江苏南边的浙江。

李秀成的进军方向与太平天国总理事务的洪仁玕的战略主张并不一致，洪仁玕告诉李秀成：“夫长江者，古号为长蛇，湖北为头，安（徽）为中，而江南为尾。今湖北未得，倘安徽有失，则蛇中既折，其尾虽生不久。”李秀成回函到，安徽首府安庆今已无望，他不愿离开浙江。在洪氏几兄弟所确立的新体制中，陈玉成又怎能不清楚自己的位置。洪秀全赐他“万古忠义”的手书，不过是随时警醒他的一道符咒。

李秀成眼睛里只看到苏浙地区的富庶，他甚至想象着买二十条火轮，沿江北上。对于执意徘徊于江南之地的李秀成，在他麾下任职的英国人呤唎有着精准的分析：江南的财富击溃了他们的心理防线，使他们由犀利的苍鹰变成了漂亮的蝴蝶。

洪仁玕败走桐城，救援安庆不力，也使原先志得意满的他变得阴郁难测，更重要的是，他的政治主张和军事策略并没有得到太平天国将领的支持，包括天王洪秀全。南京城的权力风向标逐渐发生偏移，群臣的奏折已经不需要再经过他的手，盖上他的干王印章，再转呈洪秀全。虽然洪秀全依然深居天王府，但他已不再是洪秀全了解外面世界的唯一通道，至少天王的儿子洪天贵福已经擢升至太平天国的权力次席。

当李秀成在苏州构筑自己的安乐窝时，陈玉成却在安庆失陷后走向迷途。

他宁愿负气死守庐州孤城，也不愿向洪秀全的天京靠拢。他无法想象返回天京，如何面对洪秀全、洪仁玕，以及众多洪家子弟的指责之声，如何面对李秀成、李世贤等将领的冷眼相加。二十六岁的年轻人虽然在战场上能够杀得七进七出，但是恢宏的战略构想、复杂的人际关系，却不是他这样阅历的人所能从容应对的。

如此一来，陈玉成只有将自己逼成一枚孤立的棋子。作为一方统帅、军队的总指挥，陈玉成的长处和短处同样鲜明。战场成就了他的个人秀，但少年成名容易迷失一个人的心智，使其沉浸于虚妄的自信中。陈玉成手下的大将，很少有“外人”，不是自家亲戚朋友，就是广西的老相识，包括他的弟弟、姑父、堂叔，以及小时的玩伴。如果没有关系、资历、血统，往往很难在他这里得到重用。

经历安庆之战后，追随他的将士也开始动摇，他们说：“英王走运时想怎样就怎样，倒运时想一着错一着。”当一支军队将胜负系于运道，而不是指挥者的战略构想，以及战术运用，那么他离彻底失败的日子也就不远了。

陈玉成原打算以庐州为基地，开始召集太平军与捻军，兵分四路，进入河南与陕西两省，一路向北挺进，直至拿下北京。其中三路已依计而行，唯有他率领的这支军队经湖北组织西征，但至黄梅，将士们打了退堂鼓，只好无奈地折回。他深知多年转战安徽江淮之地，所部将士也大多是江淮子弟。

陈玉成虽然很看重庐州的战略地位，但如今却受困于此。多隆阿的骑兵和其他湘军部队已呈包围之势，城里虽有三个月余粮，但油盐俱缺，久守无援亦非生路。

每个人都有弱点，而年轻人的弱点没有经验的支撑，往往更容易暴露出来。

从某种意义上讲，英雄也是凡夫俗子，他们犯起错误带来的后果，更让人泛滥成灾。此时，几乎陷入绝望之中的陈玉成等来了寿州（今安徽寿县）的团练首领苗沛霖的使者。苗沛霖，安徽凤台人，出身于一个贫困的农民家庭，读过几本书，学乱世英雄，追慕王霸之业。这个怀揣着英雄梦想的人，却不具有英雄坚定不移的秉性。他是一个十足的投机分子，是个反复无常的趋利之辈。清廷曾授予苗沛霖布政使衔，后来他又跳槽到太平军，被封为奏王。待到清军各路人马抵达皖北，他又与会办军务的胜保暗通款曲，表示反正。

陈玉成也未必没有看透苗沛霖，不过在无路可走的前提下，陈玉成还抱有成功的幻想。当他看见苗沛霖信件，字里行间极尽阿谀奉承之能事。苗沛霖说困守孤城乃兵家大忌，英王盖世英雄何必为这股“残妖”所困。请英王到寿州，自己可以提供四旗人马，一旗三十万人，攻打汴京（今河南开封）。这个 63 岁的老江湖为 26 岁的陈玉成营造了一座没有支柱的空中楼阁，而陈玉成居然认同了。

陈玉成深以为然：“如得汴京，黄河以南大江以北，实可独当一面。”苗沛霖看透了陈玉成的心思，攻打汴京的诱惑力实在太大。有人劝说，苗沛霖已经投向胜保，寿州万不可去。也有人建议：“与其到寿州，不如回天京见天王后，重整旗鼓，何患残妖不除也。”陈玉成又怎能听得进去，他苦撑危局，除了不愿面对那个不理政事的天王，还因为他舍不得他的既得利益：“本总裁自用兵以来，战必胜，攻必取。虽虚心听受善言，此次尔等所言，大拂吾意。”他想依然是北上，会同已派出的各路人马，远征西北，以图“广招兵马，早复皖省”。

1862 年 5 月 12 日，陈玉成率四千名将士由庐州北门突围而出，急走 110 公里抵达寿州城。当他毫无防备地进入寿州城时，立即被拿下，苗沛霖将其作为向清廷再度示好的礼物献于驻守于颍州（今安徽阜阳）的钦差大臣胜保。

在历史文本阅读中，英雄末路的桥段总是会让人心生惆怅。可是在热闹非凡的历史叙述中，个体的声音与面目如何呈现？每个细节都有可能会被反复描摹，甚至于朝向我们原先设想的剧情发展，而这一切有意义吗？比如有目击者记录，胜保审问陈玉成的画面：胜保升座，让陈玉成跪下，陈玉成不肯："吾自投罗网，岂尔之力？吾今日死，苗贼明日亡耳！尔犹记合肥官亭，尔骑兵二万，与吾战后，有一存者乎？"说完席地而坐。

作为一个俘虏是卑微的，即使英雄有朝一日成了阶下囚，也不会因为卑微而放弃他的尊严，尤其对于向来自负的陈玉成而言。在战场，他的面孔可以被血污所遮盖；在牢狱，他要擦得干干净净。举人出身的胜保，又怎能不理解道德或伦理的英雄主义？面对这个面目俊秀的年轻人，无法保持默然，他劝陈玉成投降，而得到的却是一句："大丈夫死则死耳，何饶舌也！"

陈玉成临死前，没有流露出丝毫畏死之态，笔录员裕朗西与其谈话，"吐属极风雅，熟读历代兵史，侃侃而谈，旁若无人。裕举贼中悍将以绳之，则曰：'皆非将才，惟冯云山、石达开差可耳。我死，我朝不振矣。'无一语及私。"

陈玉成在供词里写道："太平天国去我一人，江山也算去了一半。我受天朝恩重，不能投降。败军之将，无颜求生。但我所领四千之兵皆系百战精锐，不知尚在否？至我所犯之弥天大罪，刀锯斧钺，我一人受之，与众无干。"

6 月 4 日，陈玉成的囚车行至河南延津，由于沿途不断有捻军及陈玉成旧部阻截援救，唯恐有失的清廷下令"就地凌迟处死"。临刑时，颜色自若，"屹立受刑，肉尽而尸不仆"。

第八章

“三国志”

——天朝、西方与天国的攻守与秩序

1. 忙与盲：李秀成的安乐窝，容闳的知识势力

1860年的春天，苏州城上空弥漫着浓得化不开的战争阴云，许多店家也已关门歇业。就连牙牙学语的孩子都知道跟着大人说一句“长毛来啦”。人心也由此陷入惶然不安。

城外那条通向旷野的路上，一群群人扶老携幼，向着自以为安全的地方逃奔。运河上一艘艘载满人的摇橹小船，在并不高明的舵手掌控下，晃晃悠悠地驶向烟水苍茫处，为不确定的命运争取最后的出场机会。

一百公里外的上海，成为距离逃亡者最近，也是最理想的避难所。

上海，作为一个自由港，一直是外国走私船只的天堂。这座城市在外力的撕扯之下，早已变成了三个城市——英国租界、法国租界和中国老城。尽管此时的十里洋场尚未呈现出半个世纪后的妖魅惑人，但这里华洋杂处，风险与机遇并存。只要投机者保住了命，就有机会活出令这个世上的道德家们大跌眼镜的逍遥生活。

此时上海道台衙门也已收到情报，李秀成的军队已由无锡抵达苏州城外。就在上海的官员们惊魂甫定之时，又有消息传来，苏州城里的支持者直接打开城门欢迎他们的新主子，李秀成未动刀兵就一口吞下苏州。而最让他们惊心的是，江苏巡抚徐有壬在绝望中选择自杀殉国，这个当时著名的数学家，无缘为自己所钟爱的自然科学献身，却为自己所效忠的王朝献出并不科学的死法。

在乱世刀兵面前，不是每个人都愿意拿自己的生命去博取死后不确定的声名，比如两江总督何桂清。这个精明的官场老手虽不擅长数学，但却精于算计，他不顾常州百姓劝阻，弃城而出，已逃亡至上海。据说此人在15岁时所作的应举文章，无人能改动其中一字，饱学之士终究还是做了怕死之徒。殊不知，殉国的数学家徐有壬留下的一道遗疏，还是将他这个保命者送上北京菜市口的法场，而这已是两年后的事。

忠王李秀成的军队横扫江苏，一座座城市落入他的手中。这个大运河畔著名的园林城市战时人口达两百万，庞大的人口基数，犹如流水泄地，使李秀成的军队一下子添了数十万兵力；城内的大小商贾财富殷实，此时也沦为他们取之不竭的财富源泉。

在战争日渐迫近之时，那些擅长趋利避害的商人怀抱巨额资产，携家带口逃往由英法联军协助保卫的上海，而这也给这座通商贸易的商埠带来了数以十万计的人口和巨额资本。据《上海法租界史》记载，1860 年，在上海避难的华人多达五十余万人。劳苦大众带来了廉价的劳动力，而官僚富绅们的游资则在租界内犹如黄浦江水滚滚而聚，于是“沪上繁华，远逾昔日”“市肆繁盛，则十倍于前”。对此，日本史学者宫崎市定认为“近现代上海的繁荣，无非是以太平天国为契机，苏州的繁荣转移过来的结果”。就在江南之地的民众保命逃生之时，又有风传之声，李秀成率领百万太平军，正往上海而来。

李秀成，这个在战争中由一个卑微的士兵跃升为太平军主帅的广西人，他的个人前途已经和天国的事业纠缠于一处，无法剥离。在天京事变后，东王与北王相继覆灭，翼王石达开出走，洪秀全在这非常时刻拔擢陈玉成、李秀成等年轻将领，更是赐予李秀成“万古忠义”的手书。在时局动荡、干戈驰突的背景下，李秀成不会不明白他得到的这个“忠”字所包含的万千气象。

在洪氏几兄弟确定的新的天国体制中，一个士兵连最起码做人的尊严都难以保全，至于“有田同耕，有饭同吃，有衣同穿，有钱同使，无处不均匀，无人不饱暖”的美好梦境，也将被时间证明，它有多诱人，就有多荒谬。

李秀成，这个相貌英武果敢的南方人，表面上虽然还保持着不动声色的姿态，但内心深处早就动摇了对洪秀全和他的天国的信念。他这个忠王，也不过是披着一件忠诚的外衣，和他的士兵们在这条不归路上做着无谓的挣扎与牺牲。他从未想过用手抹去脸上忠诚的表象。天京事变后，天王需要，整个太平天国都需要这种表象，或者说是假象。尽管每个人都清楚，他们一再犯下的错，估计连上帝都不会宽恕。至于他们举兵的初衷，此时已蜕变成一句连他们自己都不愿去相信的广告词。

李秀成在苏州城精心打造自己的忠王府，革命尚未成功，他和他所效忠的天王已经心安理得地享受着胜利的果实，就算是这一刻四面围城、仙乐召魂，他们也要构筑自己的安乐窝。精致的山水园林可以让他们征伐四方的雄心得到暂时的休憩，而曲径通幽的百花巷为他们营造出一个个粉红色的梦境，美人评弹，英雄拔剑，一方温丽的山水可以是诗人的叹息，也可以是英雄的墓地。

今天我们来到苏州，仍然可以见到这座精美绝伦的忠王府，它有着无懈可击的建筑神采，对于空间的勾勒与细节的处理，也恰好契合了李秀成和他的将士们内心深处对于享乐主义的理解。诚如这一时期刚从美国留学回国的容闳所言“埃及石人首有两面，太平军中亦罕有两种性质”。

容闳所言的两面性，一是宗教上的延展性，“以此粗笨之农具，而能所向无敌，逐北追奔，如疾风扫落叶，皆由宗教上所得之勇敢精神为之”，“其魄力至伟，能自僻远之广西，由西南蔓延东北，而达精华荟萃之金陵，亦惟宗教之故”；二是道德上的局限性，“所招抚皆无业游民，为社会中最无知识之人。以此加入太平军，非独不能增加实力，且足为太平军之重累”。他认为，太平军连下扬州、苏州、杭州等城，“财产富而多美色，而太平军之道德乃每下而愈况”。

容闳，这个中国近代最早的海归派，有着留学美国八年、毕业于名校耶鲁大学的光荣经历。在他回国前，已对未来有着高远且足够清醒的谋划：“更念中国国民，身受无限痛苦，无限压制……予无时不耿耿于怀……予意以为，予之一身既受此文明之教育，则当使后予之人，亦享此同等之利益。以西方之学术，灌输于中国，使中国日趋于文明之境”。

刚回到国内时，容闳在广州见识过两广总督叶名琛屠杀太平军战俘的血腥场面，见识过官府衙门的种种恶状。或许是抱着同情之理解，当时的他对太平军更抱有好感，甚至认为他们身上存有改变现实中国的某种可能性。而恰好这时有两名美国传教士邀请他前往南京，他便欣然同意，怀揣着诸多不解与疑惑上路。用他的话说：“太平军中人物若何？其举动志趣若何？果胜任创造新政府以代满洲乎？”他要眼见为实，去解开心中的一个个谜团，也为自己做一个选择。

从苏州去往南京，北风送着孤帆，沿途所见所闻，让容闳深表忧虑的同时又感到无可奈何。古运河上一片萧索景象，农田荒芜，十室九空，几乎看不到一处充满生活气息的田园风光。随着漕运改行海运，苏州作为东南地区最重要的商业中心，它的地位也正在被邻近的上海所取代。路过的集市空荡荡，而又脏兮兮，有如被撕扯得一缕缕破布挂在运河两岸，随风鼓荡，破绽百出。偶尔遇到一两位因年老无法远逃的老人，身边的篮筐里出售着自制的食物，饱经风霜的面庞有着难以消解的愁苦。

容闳一行人并未遇到官军与太平军的阻挠，他描述所见的太平军“通常很有礼貌”“以体谅且值得赞许”的态度对待农民。他指出，眼前凄凉的场面不能仅仅由太平军来负责，“殊不知官军之残暴，实无以愈于太平军”“以予等沿途所见，太平军之对于人民，皆甚和平，又能竭力保护，以收拾人心”。

容闳与另外两个同行者赶着骡子，坐着轿子，风尘仆仆地进入南京城。

月亮在秦淮河撒下碎银裂玉似的光泽，让人如同置身于一场幻梦。一路见闻，让满怀着光明希望的容闳在现实面前心绪慢慢黯淡下来。随着南京城门的打开，他觉得眼前的世界又突然明亮起来，像是被人蒙住了双眼，从一个乌糟糟的世界带到了一个新鲜的世界。

在此前人生旅程的大部分时间，容闳与他即将要见面的老朋友洪仁玕有着太多相似的经历。他们结识于香港，都出生于广东的贫穷家庭，都在香港和国外的洋人社群里生活多年，都依靠知识改变人生际遇。或许是相似的经历，让他们有着一种莫名的亲切感。他们都希望用知识和能力改变当下的中国，至少容闳是这么想的。

容闳在南京得到了较高的礼遇，而太平天国的首府之地也给他留下了美好的印象。他先是见到了并不喜欢的美国传教士罗孝全，对方以洋主人的姿态出现在容闳等人面前。罗孝全的身份很是特殊，他是洪秀全在十年前的广州城里认识的第一个西方传教士，当年的洪秀全差一点就跟他受洗入教。建都南京后，洪秀全一直惦记着此人，时时念叨他是一个“好人”，所以太平天国的高层对“好人”罗孝全这个名字并不陌生。

当洪秀全的军队挟席卷之势从广西长歌涌入长江流域，西方人投来的关注目光须臾未曾离开过。在他们看来，这个儒教与佛教影响无处不在的古老帝国，突然冒出来数以百万计的“太平基督徒”，让他们觉得传教士在中国的春天似乎已经到来。而在进入南京城的所有传教士中，罗孝全无疑是其中最受礼遇的一位。有在南京城里见过罗孝全的传教士如此描述，说他衣着华丽，“做太平天国打扮，身着蓝缎长袍，外罩绣花短上衣，头戴红头巾，脚蹬锦缎靴”。作为滞留南京时间最长的一名传教士，罗孝全其实与洪秀全并没有见过几次面。在聊胜于无的见面时间里，他形成了对天王的印象——与忠王不同，天王的心思几乎完全被宗教这一主题所占据。忠王与我交谈时基本上以政治为题，几乎不涉及宗教。

罗孝全刚到南京不久，洪秀全给予充分信任，让他兼任外交大臣，所有涉外案由他负责。甚至让罗孝全动员更多的新教传教士到南京来，“在城里新设十八处教堂，城外至少应有两三千所”。这让罗孝全激动不已，他在给朋友的信中也认为这是在中国传教的最佳时机，“可将福音遍传太平天国辖下六省三千万人，此一成功”。

可是随着时间的推移，罗孝全与洪秀全的美好生活就遗憾地画上了休止符。罗孝全最关心的是如何纠正上帝教中的错误，在他看来，“天王的教义并不十分正确，但只要给我时间和机会，我会努力去改正它”。而洪秀全则希望罗孝全能够成为他的一名忠实使徒，改信天父上帝直接给出的一套启示。两个人处于一种观望与暗自较劲的状态，他们都希望能够改变对方，感化对方，为我所用。

容闳在与罗孝全的短暂接触中，也隐隐感觉到这一点。对于这个美国传教士所表现出来的傲慢与偏见，他并不喜欢。当洪仁玕出现在他面前时，容闳道出了内心的顾虑，洪仁玕听后也只是微笑并没有给出明确的态度。干王对容闳一行到来表示了欢迎，他问容闳是否愿意留下来共成大事。容闳未置可否，却向他抛出七条建议：组织一支良好军队；设立武备学校；创立海军学校；建立善良政府；创立银行制度；颁定各级学校教育制度；设立各种失业学校。

这七条建议如同孔明向三顾茅庐的刘备献上的三分天下的隆中对，如今容闳带着自己的七条建议主动上门，也是有所考虑。诚如他向洪仁玕所说的那句“倘不以为迂缓，而采纳予言，愿为马前卒”。在他看来，洪仁玕“居外久，见识稍广，故较各王略悉外情；即较洪秀全之识见，亦略高一筹。凡欧洲各大强国所以富强之故，亦能知其秘钥所在。故对于予所建议之七事，极知其关系重要”。

本以为这是一场知识精英的对话，会碰撞出令人兴奋的火花，结果却成了自说自话。这是一场极为尴尬的对话，容闳与洪仁玕在1856年的香港有过数面之缘，那是一段令人难忘且愉快的回忆。当年的小牧师如今摇身一变成了太平天国的干王，而今日的交流却变得异常艰难。洪仁玕说，虽然知晓容闳提出的七条建议非常有价值，但要在太平天国推行这七项改革，有着极大的难度。天朝的许多重要将领此时都征战在外，对于一个仍处于风雨飘摇中的临时王国，改革并非生存的第一要务。

洪仁玕说的虽是实话，但又何尝不是无奈之叹？几日后，他派人给容闳送去一席黄缎和一枚四等封爵的印章，试图挽留容闳于太平天国。可他的做法让老朋友大为失望，回国后的容闳一直在问自己，一个知识分子应该将所学用在什么地方，虽然毫无头绪，但生活已向他呈现出大致的轮廓，比如，这一刻他置身于南京。

洪仁玕的做法不仅侮辱了容闳，也同样侮辱了自己。在一个知识严重缺失的年代，像容闳这样的知识精英，并不奢望有人能够体会他所承受的痛苦与压抑。不然，他就不会无端地发出喟叹：“故予尝谓知识益高者，痛苦亦多，而快乐益少。反之，愈无知识，则痛苦愈少，而快乐愈多。”

在容闳看来，洪仁玕应该是能够理解他内心痛苦的人。可洪仁玕的做法让他大为失望，难道对方以为自己来此是为了领赏吗？身为太平天国的重量级人物，以这样一种功利方式和狭隘格局对待太平天国的事业，难免不会让容闳心生落寞。二人的交流，再难以找回初次在香港见面时那种充满理想主义的色彩。

洪仁玕，这个在容闳心目中“见识稍广”“亦略高一筹”的人物，其表现出来的高度与广度难道仅止于此？容闳毫不犹豫地拒绝了洪仁玕的挽留，他说自己来南京只是为了看望老朋友，“以慰数年来晦明风雨之思耳”。

容闳一无所获地回到上海，对于南京之行的失望溢于言表。他说：“以予观察所及，太平军之行为，殆无有造新中国之能力，可断言也。”他的看法与另一个来到南京的英国传教士郭修理不谋而合，南京城荒凉残败的景象让这个英国人感到震惊，他充满疑惑地指出：“我发现他们（太平军）唯一的能耐就是作战和破坏，他们得不到读书人或有影响阶层之人的信任，对民法和境内的民生漠不关心，他们又怎么能够成功地建立起一个王朝呢？”

容闳的南京之行，并没有见到那个传说中充满着神秘色彩的太平天国的领导人洪秀全。那个在太平天国将士心目中，像神一样存在的男人。从广西出发，一路上，这个男人在砸烂和扳倒诸神，逐渐踢开与其分权的诸王之后，一脚踩在忠孝体系的核心位置，将自己打造成为一尊新神。

容闳在南京城没有见到洪秀全，不要说是他，就连那些高级别的太平军将领也很难见到天王的真面目。天王府“梁柱俱涂赤金，文以龙凤，光耀射目”，高墙深院锁住了天国之王，也同样锁住了一个艰难前行的天国。此时的洪秀全已处于一种封闭的昏聩状态，甚至表现出一种病态人格。所谓太平天国的进步意义，不过又是一出换汤不换药的把戏，一家一姓之兴替，于国体和政体并无重大变革。就在容闳离开南京一年后，洪秀全索性将“国号”改为“天父天兄天王太平天国”，而天父天兄此时已不在人间，那么这人间的天国也就成了他一个人的国。

类似容闳这样与太平天国擦肩而过的知识分子并不在少数，来日方长，他们所能做的，无非是在心里默念一句——知识即势力，势力之效用，较金钱为大。

在太平天国，一个官员的成长与他所取得的军功息息相关，与血缘、地缘也有着密切联系。一介儒生若是单凭才学，是很难受到重视的。除了开科取士，多方搜罗读书人也是太平天国招徕人才的主要渠道。

时人笔记中有许多太平军将士敬重读书人的生动事例：后来以环游世界著称的江宁人李圭，被掳进军营后发现有识字能力，官兵们对其推衣解食，唯恐招待不周，“大有礼贤下士之风”。而松江人顾深，他在被掳后，脱口便道出自己的身份是乡间塾师。那些抓他的太平军听后，连声向他道喜。在除夕盛宴上，他们更是将其推举到上座，使其感到太平军对他“亲近如一家人”，“相待如一家人”。

尽管如此，这些被优待的读书人依旧是身在曹营心在汉，还是想方设法逃离太平军。事后，他们更是将这段人生经历视为“虎穴生还”，往事不堪回首。顾深在诗里喟叹：“生平饱读圣贤书，身陷豺狼四月余，美玉虽然遭垢污，拂除依旧是琼琚。”好像生在太平天国的日子，如身陷泥沼，神守暗夜。这里虽然有向清廷示好卖宠之意，但他们真的无法在太平天国的宗教体系里找到精神的契合点。

洪秀全不愿意借重读书人的文韬武略来打江山，任你才高八斗也不过是做一些类似于复读机、复印机的文字工作。从某个角度来说，一部太平天国史，又何尝不是发端于一名科考失意的读书人在发泄他屡试不中的怨气。太平天国建都初期，安徽望江县某军帅保荐该县秀才龙凤连，说他有定国安邦之才。龙凤连到南京后，向洪秀全上书数万言，将他与周武王、汉高祖相提并论。洪秀全批示道：“周武、刘邦是朕前部先锋，卿知否？”调侃中流露出对于读书人不屑一顾的心态。时人评述：“贼中无读书练达之人，故所见诸笔墨者，非怪诞不经，即粗鄙俚俗。此贼一大缺陷，盖天之所不与也。”

太平天国控制区域是以《圣经》而非儒家经典为基本科考内容的，苏州有位儒生在科考时，面对“进贡天父”的题目，茫然不知所答。交出试卷后，他低声问考官说：“吾解夫今日之天，何以异于昔日之天也”。考官二话不说，撕掉他的试卷。

李秀成被俘后，曾国藩幕僚李鸿裔问他，官兵与太平军某事好，某事不好？李秀成的回答是，官兵多用读书人，而太平军中无读书人。

太平军虽然占据了人杰地灵的江南之所，但在延纳人才方面，却远逊于他最大的敌人——曾国藩。两年后，同样是一个春天，已经从事茶叶贸易的容闳突然接到一封署名张世桂的来信。这是一个久未联系的旧相识，曾任炮舰统带，后又入曾国藩幕。张世桂的信中说，总督久闻他的大名，想邀请他来安庆一见。容闳不知对方意欲何为，于是借口新茶上市，生意太忙，一时难以前往。

两个月后，张世桂的信又至。随信附上的还有容闳的好友，著名的数学家李善兰的一封信。原来李善兰也入了曾的幕府，他向曾国藩推荐了留学归来的容闳。信末说总督有一件重要的事情需要交于他办，请他速来安庆一见。

容闳不敢耽搁，就匆匆上路了。在没有见到曾国藩之前，容闳认为自己去见的是这样一个人——“简直是、几乎是中国最有权力的人”。权力大到“近乎帝王”“几乎不受限制”。

这次见面，他们都给对方留下了美好的印象。在容闳眼里，五十二岁的曾国藩显得神采奕然而又神态威严，尤其是他那双标志性的三角眼，让人一眼看上去，就觉得坐于面前之人是一个有着杀伐决断之心的政治家。曾国藩夸赞容闳长得相貌堂堂，目光坚定有力，让人能够感受到内在的精神力量。

容闳在湘军大营最深切的感受是，曾国藩身边聚拢了太多有才之士。在容闳看来，近百名幕僚从四面八方来到这座位于安徽东部的城市，全受到“他人品与声名磁力”吸引。可是容闳也从曾国藩的话语里听出了隐忧与不安，连他都认为对方有着帝王般的权力。诚如曾国藩在与其最信任的幕僚李鸿章私下交谈时所言：“长江三千里，几无一船不张鄙人之旗帜，外间疑敝处兵权过重，权力过大，盖谓四省厘金，络绎输送，各处兵将，一呼百诺，其相疑者良非无因。”

在这次见面过程中，曾国藩向容闳提了一个问题：如果让他做一件事，这件事必须最有益于中国，又是当下最迫切最重要的，他应该如何去做？按照容闳的真实想法，教育应该是放在第一位的。但是他事先已从朋友口中得知，曾国藩正在考虑办一家西式机器厂，于是他便顺着曾国藩的意思，退而求其次，说先兴办西式机器厂，先办一家母厂，再于各地办各式各样的分厂。以中国的资源和廉价的劳动力，将来生产的机器比欧美各国都要便宜，当下最需要制造的是枪炮。

曾国藩深以为然，很快于上海城西北的高昌庙建立工厂，并派容闳为全权代表，赴美购办机器。

谈话过去几天，朝廷的谕令下来，要容闳领银六万八千两即刻启程赴美，同时授五品军功，赏戴蓝翎。容闳这趟美国行还有一个插曲，他在美国期间，还抽空回了一趟母校耶鲁大学，在校友会上，当他听到老同学谈论美国内战种种不可思议的情形时，不由心生向往。若不是背负故国所托，他甚至想要投身北方联邦军。

对于曾国藩，容闳一直心存感念，他也将安庆之行视为自己登上政治舞台的起始。一年后，当容闳带着他的机器从美国回到上海，曾国藩和他的弟弟曾国荃的军队已经克复南京。曾国藩专门上了一道奏折，保举容闳：“容某为留学西洋之中国学生，精通英文，此行历途万里，为时经年，备历艰辛，不负委托，庶几宏毅之选，不仅通译之材。拟请特授以候补同知，指省江苏，尽先补用，以示优异，而励有功。”

两年后，已升任两江总督的曾国藩巡行至上海，容闳陪同他视察了江南制造局。容闳向他展示了自己从美国购回的各种机器，并亲自操作讲解。在容闳的心目中，曾国藩是“才大而谦，气宏而凝，可称完全之真君子，而为清代第一流人物”。而在曾国藩的努力下，容闳的教育计划“政府宜选派颖秀青年，送之出洋流学，以为国家储蓄人才”得以实现。

这是中国近代史上的分水岭，许多人的命运，都将得益于这一留学计划，尽管古老的帝国仍无向好的迹象，但漫长的暗夜还是拖拖沓沓地走到了半途。曾国藩曾有断言：“将来师夷智以造炮制船，尤可期永远之利。”在他看来，中国目前最重要之事，乃是改良本身的科技，以求日后无须外人援助。

2. 图欢日：天朝往事中的灯火与楼台

太平军以苏州为中心建立苏福省后，很快有西方传教士和商人主动来访。

他们乘兴而来，并没有败兴而归。他们像是商量好了似的认为，太平军在许多方面要优于清军，并且确有诚意与西方国家保持良好关系。当时的《纽约时报》社论也说：“对自由贸易、宗教与文明的看重，使人更加期盼这个叛乱群体取代行将覆灭的王朝入主中国。”

这些西方传教士的直觉并没有发生错位，太平军在洪仁玕的主张下，也的确在尝试一种开放务实的外交政策，以此谋求改善与西方国家之间的关系。出于战略上的考虑，他们试图赢得西方国家的理解与合作，至少避免与对方处于敌对状态。

而这种改变来自1859年的春天，身居香港多年的洪仁玕经过将近一年的长途跋涉，终于抵达天京。洪仁玕在香港有一个相对固定的身份——伦敦传教士的助理，替新入教者传授基本教义。他的上司，苏格兰籍传教士理雅各对他极为赏识，“特别喜爱，极为敬佩，几乎没有其他中国人得到他这样的喜爱和欣赏”。洪仁玕的个性里的确有某些地方，比如谦逊的特质、聪明的想法，得到与他共事的许多传教士的关注。有传教士称他“能力出众，人品极佳之人”“对基督教真理有明确且高明的认识”。尤其当他们得知洪仁玕是太平天国天王洪秀全的族弟，更是希望他能将真正的基督教带到中国，能用在香港所学的东西纠正那些扭曲的教义。

在洪仁玕的眼里，这个地球上最强大的国家是英国，其统治王朝已存续千年，比古老的中国还要绵延久远，他说，英国的强大来自其人民的聪明和其法律体系，中国应袭用其法律体系。他建议与英国人交往时，中国人不应再有“夷狄、戎、蛮、鬼子”之类的字眼，往来语言文书应表达“照会、交好、通和、亲爱”之类的观念。他写到，欲赢得他国的尊敬，唯一长久之道乃是“内修国政，外示信义”。他在《资政新篇》中为太平天国描绘了一幅发展蓝图，这应该是中国历史上第一份真正从全球视野提出的改革建议。

洪仁玕的突然到来，让他的族兄洪秀全觉得这一切是上帝给予的神助。洪秀全将朝中最重要的职位赐予这个见过世面的族弟，封他为王，全称为“九门御林开朝精忠军师顶天扶朝纲干王”。洪仁玕在最短的时间内实现了地位的最高擢升，也因此成为太平天国里权力仅次于天王的人，既是太平军的最高军师统帅，也总理天京朝政。

与来到苏州城的传教士等在野人士迅速做出积极回应形成反差的是，左右对华政策的各国公使们始终淡然处之，不为所动。早在太平军尚未占领苏州之前，英国公使卜鲁斯和法国公使布尔布隆各发布一份内容相同的通告，宣布将由英法联军保护上海。太平天国发出的友好的信号，就这样被列强生生掐灭，而和谈的大门也被对方关闭。

当英国特使额尔金乘舰进入长江，太平天国的安徽太平守将熊光明，写信“请求洋兄弟给予全力协助，消灭妖船妖军”，芜湖守将的照会中也称“弟与麾下原系天父上帝之子，均是天兄耶稣之弟，彼此情同手足，谊切同胞”。而在洪秀全写给额尔金的亲笔诏书中，也出现了“西洋番弟听朕诏，同顶爷哥灭臭虫”的托大言论。洪秀全脸上表现出来的友善，主要基于上帝教的“天下一家”理论。但是在与洋人接触的过程中，太平天国的外交文书里还是出现了“我主天王是上帝亲子、天兄胞弟，为天下万国太平真主”“尔海外英民不远千里而来，归顺吾朝”等言辞，并暗示来使必须行跪拜之礼。

洋人四次到访南京都是乘坐军舰，有炫耀武力之嫌，也侵犯了中国的内河航运权，由于缺乏国际法常识，太平天国不以为意，反倒在外交礼仪上与对方纠缠不休。而西方三国使节均提到各国与清廷所订条约的内容或文本，要求太平天国承认其条约的权利，而太平天国没有对此直接表态。随着对太平天国的成见日渐加深，西方与太平天国的隔膜乃至敌意也在加深。在英国驻华使馆参赞威妥玛看来，南京城并不是人间天堂，“城内的景象荒凉无比，而该城在过去的美好时光里曾经是那样繁华……”

这真是一幅荒诞的画面，在遥远的中国北方，英法联军已占领北京，焚烧了清朝皇帝的园林和宫殿；而在上海，他们却要与皇帝的军队联手对抗所谓的叛军。英国与北京清廷在谈判桌上为各自的利益争吵不休，以及英国驻华公使卜鲁斯（额尔金的弟弟）对太平军入侵上海的忧心，在忙于应付这两地危机的人看来，这又像是完全不相干的两码事，他们显然是在各忙各的。

额尔金甚至想过，“如果有个叛军领袖同意《天津条约》的有利条件，英国是否该承认他是中国皇帝”。因为“中国的首都若是搬到南京之类较接近我们驻军的地方……英国就能用四艘炮艇控制中华帝国”。额尔金在与俄国驻华代表谈到这一切时，说：“就让北方消失或另组一个政府，那里无关我们的贸易利益。”

此时的上海被辟为商埠已有二十年的历史，黄浦江畔早就是华洋杂处之地。这几年经历了太多事，这座初现殖民地风格的城市正在失去它应有的风采。人们眼睛里看见的上海与想象中的上海，有着截然不同的两副面孔。李秀成的军队若想在不引起洋人敌意的情况下进驻上海，就不得不利用外交手段与对方达成谅解。

李秀成也意识到这一点，他在委托传教士转递给各国公使的信中，也郑重表示在进取松江、上海的同时，会保护洋人在上海的财产安全。他的言辞凿凿并没有换来英方的信之切切。英国公使卜鲁斯判定“太平天国急欲与外国人交往的心态”。南京城内，洪仁玕已经说服天王“与外国人平起平坐交往，引进汽船、铁路和西方其他发明”。但卜鲁斯认为，太平天国如此态度不足以促成英国与太平天国建立关系。他们甚至怀疑太平天国的诚意，他说洪仁玕到底是真心还是心存欺骗无从知晓。太平天国要的是统一大业，而大英帝国关注的则是力阻战火烧到各通商口岸。

为了打消洋人的顾虑，洪仁玕特地赶到苏州，亲自为上海问题进行外交斡旋。

他分别致函艾约瑟牧师和英、法、美三国驻沪领事，邀请他们来苏州访问。各国领事与公使保持同样的决绝态度，对于洪仁玕的邀请，他们置若罔闻，也只有传教士欣然到访。洪仁玕的斡旋以失败告终，而忠王李秀成已经在酝酿发兵上海。在发兵前，他再次致书各国公使，太平军入城后将保护洋人，请对方悬挂黄旗以便识别。只要他们这么做，太平军将清廷势力赶出上海时，对他们公民的身家财产绝对不动分毫。

1860 年（咸丰十年）8 月 17 日傍晚时分，黄浦江畔。这个时刻，正赶上海水涨潮时，风卷浪起，推涌而上的浪头像是在和谁互相赌气似的，一浪高过一浪，互不相让。恰在此时，洋泾浜两岸传来一阵骚乱之声。

好事之人走近才发现，原来是一艘刚从苏州回来的英国商船，船上的人正在传播着来自苏州沦陷区的消息。在苏州他们听一个太平军头目说，李秀成的军队已备下 400 条船，不日将进攻上海。太平军二破江南大营，前锋直指上海。

太平军在苏南、浙江一带如火如荼的声势，使上海日夜处于惊惶之中。那些刚从杭州逃亡至此的人说起太平军攻占杭城时从清波门至武林门“烈焰亘天，号哭之声震地”的情状，闻者无不动容，只觉得身心欲裂。

从苏州来上海定居已有六年的王韬在他的日记里如此表达内心的愤恨：“呜呼，斯民何辜，罹此大恸？一片佳山水，蹂躏至是，可为扼腕。愿从大侠，出箧中匕首刎其腹也。”一个屡试不中的落拓文人于兵临城下之时，居然也想到用殉国来博取名声，死也要死得其所。他说：“且云间城陷，仓促自殉，人以为避贼不及而然耳，何如在此间从容就义之为更美乎？”

太平军要进攻上海的消息，使在沪的江南士绅、买办陷入仓皇之中，也使租界的洋人们慌了手脚。而在人群中，最为麻木之人当数郊区为生计忙碌的农民，他们好像一点也不关心这天下是谁当家，他们只希望和平的日子早点到来，他们需要的是安稳的生活。

英国领事召集各处兵头和英商到领事馆开会，以寻求应对之策。在华的四大外国强权中，俄罗斯人向来喜欢独来独往，不与其他三国一起行动。或许是克里米亚战场种下的嫌隙，使俄罗斯人仍对英法心怀怨恨。而英、法、美三国最为看重的，是尽可能地扩大在沿海及沿河港口的航运贸易。在英国人召集的会上，那些抱着各自利益的观望者们争执不休，有说太平军无非想占据城中，何不保持一贯的中立原则，将英、法军队撤防，免得开衅打仗；有说现有的兵力实不足对付太平军，不如由各大洋商出资招勇，壮大兵力。一番争吵过后，会议终于同意怡和洋行、宝顺洋行的意见：如果太平军进攻租界，即予反击。为此要求在黄浦江军舰上的五百余名兵士，统统上岸，加入防御，凑成一支近三千人的队伍。

太平天国对上海势在必得，而英、法两国则执意用武力阻止太平军进入上海。

上海道台吴煦在太平军进攻上海的这几天里，也是度日如年。当他得知太平军已进入徐家汇时，那些官僚士绅的家眷都登上了夹板船，准备从黄浦江走水路逃往安全地带，然船小人挤，船舱内气闷异常，平时养尊处优的家眷也只有忍耐。吴煦身边家人幕友，也是各找生路，仅剩下最贴身的两三个侍从，连个传令之人都找不到。

此时此景，着实令上海道台吴煦感慨万分。而更让他焦心不已的，还是大批已进入上海的太平军。几天来，他这个道台一直被困于城中，住在大南门城墙脚下的民房里，犹如惊弓之鸟。熬过几日，迟迟不见太平军攻进城来，吴煦才算松了口气，但想到内无拒敌之将，外无应援之兵，饷源枯竭，人力已疲的状况，他一颗悬着的心仍是放不下。他在给亲友的信中写道："我俟贼退，立即设法求退，虽严参亦所情愿。就目前看来，上海城与洋泾浜似或可保，以外不可复问。"白纸黑字间尽是困闷愁苦之意。

这个从十几岁即离开老家钱塘县随父兄游幕的吴煦，用他自己的话来说，是"以捐纳起家，在上海沉浮二十载"，自有一番不寻常的经历。他年轻时在江浙两地辗转二十多府厅县衙门当过幕客，直至36岁才用钱捐了个候补知县，此后在宝山县一度代理过知县。

1853年，吴煦出任嘉定知县，从此与上海结下不解之缘。

这一年吴煦44岁，正是一个男人建功立业的好时期，不料走马上任之际，却传来消息说嘉定已被上海小刀会占领，这个城市处于无政府状态了，到处都是头裹红巾、身披红绦的小刀会众。

好不容易得来的知县交椅却成了镜花水月，凑巧在江苏遇到了为剿平小刀会起义而犯愁的署江苏按察使吉尔杭阿，给了他一个绝处逢生的机会。

吉尔杭阿极为赏识吴煦的才干，更是佩服他对上海夷务的种种分析。于是，先让他在军中担任文案，帮助处理夷务、财务。吉尔杭阿升任江苏巡抚，吴煦也被授权主持洋泾浜公局，总理营务处，成为镇压小刀会起义军的军师。后来鼓动法军出战，联络列强协同清军在上海城外筑长墙围困起义军，种种“战绩”，吴煦都有“统筹之功”。为此，他得以升任仅次于上海道台的海防同知要职。1855年，吉尔杭阿率兵到镇江去攻打太平军，吴煦理应随行，可上海道台赵德辙舍不得这个办夷务的高手离开，硬是将其强留于上海。次年，吉尔杭阿在镇江高资被忠王李秀成的太平军围困，自杀身亡。如果当初吴煦留在吉尔杭阿身边，即使不自杀，也会被杀，吴煦因此躲过大难。

后由于钦差大臣桂良的保举，吴煦于1859年7月正式出任上海道台。这几年他在上海的日子过得倒也逍遥自在，没想到清军不堪一击，太平天国的军队兵临城下，他的命运危在旦夕。

忠王李秀成对上海的洋人抱有不切实际的幻想，甚至于洪仁玕外交斡旋失败后，他在徐家汇驻军时仍不忘致书各国公使，声明太平军入城后将保护洋人，不加侵扰，请对方挂黄旗以便识别。一位名叫雅特斯的英国牧师记载了当时上海发生的事情。他写道：“忠王领着2万人扫过原野，于8月19日抵达上海市的西门外，停在那棵有分叉的大树下，派人给外国官员送信，但对方拒收。接着，那份公文送到了我的手上……那上面写着，忠王提议太平军从产茶与产丝的地区撤出，因为太平军占领这些地区是外国人不高兴的根源，它导致了商业的损失；以此为条件，上海不能成为清军的征兵站。但是如我所说，外国官员拒绝接收这份公文，或者说拒绝和忠王发生任何接触。”

1860年8月21日，当太平军击溃城外清军，向西门、南门推进时，突然一阵猛烈的葡萄弹与榴弹从天而降，李秀成的军队毫无防备，“当弹片倾泻到阵地上时，他们像石头一样，一动不动，不回一枪”。

英法联军放弃了他们的中立态度，选择了站边，与清军共同保卫上海。一名英国军官向一名美国军官炫耀：“我们总是踩着涌浪前进，在北方，清廷是涌浪，但在这里，叛军（太平军）是涌浪。我们把他们两个都踩在脚下。”

在这次突击中，李秀成的面部也受了轻伤，他满怀苦痛失望，致函英、美各国领事：“惟本藩仍念及尔我共同崇奉耶稣，尔我关系之间，拥有共同之基础，信仰同一之教义。”直到这一刻，李秀成还没弄清楚，太平天国与英、法等西方列强的关系，并不取决于“共同之教义”，也不取决于他的态度与举动。他们看中的是长江通航通商的条约权利，而太平天国控制着长江沿线的大片区域，这是双方关系恶化的必然结果。

太平军对上海县城短暂的进攻，对道台吴煦来说，完全是一场不大不小的虚惊。李秀成的军队在上海城外待到第五天，便悄无声息地撤出徐家汇，走得无踪无影。而这短暂的五天时间里，却惊动了远在安庆的曾国藩，也同时改变了一个人的命运。

3. 海上记：1861年秋的宏大叙事与细节

1861年5月，在遥远的英国伦敦，一场激情洋溢的国会演讲正在进行当中，发言的是格雷伯爵。这个来自英国格雷家族的封爵贵族，在英国政界有着极为显赫的背景，其父担任过英国首相，而他则是陆军大臣。

虽然格雷伯爵像其他国会议员一样，拥有评论英国对外政策的资格，但他的发言似乎具有特别大的影响力，也自然赢得大部分与会者的赞成。他认为，第一次鸦片战争的英国掠夺性贸易政策，破坏了中国政府的稳定，从而导致反清叛乱四处爆发，而如今在太平天国身上，叛乱之势达到最高点。因此，中国过去二十年的苦难和如今蹂躏中国人民家园的可怕战争，都是大英帝国一手所造成的。

他义正词严地表示，毁掉亚洲政府容易，为其换上一个新政府不是简单的事。

有议员洋洋洒洒列举了英国违反中立的诸多事例，这些事都深深地伤害了英国与太平天国的良好关系。而另一位国会议员则附和道：“我们看到这个古老帝国正处于崩溃的边缘，看到充满活力的新势力、新种族在竞相追求进步与文明，我们要死死地抱着他们之中最虚弱、最腐败、最不开明的一方吗？”

议员们的批判之言并不如他们想象中的作用大，至少能够决定英国外交走向的两个人并不认同议员们的看法，他们是外交大臣罗素与首相巴麦尊。毕竟，英国要与太平天国进行有利可图的贸易，并维持这一地区的秩序，必须先假定太平军真能将他们所控制的区域治理得服服帖帖。要知道，英国对华出口每况愈下，一年内纺织品贸易额减少三分之二，而且还有不断下滑的趋势，商业机会已经到了浪费不得的地步。

而在这次会议上，罗素把刚收到的舰队司令何伯初次造访南京圆满达成任务的消息告诉议会。罗素说，何伯在造访时向太平天国诸王保证：英军不会像先前在上海那样阻止他们接近其他通商口岸。《泰晤士报》认为，这是一场意义重大的辩论，取得圆满的结果，并达成了一项共识，“不管我们所有人对通往中国重生之路有多清楚的认识，从各方面来说，我们都不该插手，也不应该放弃在华的中立政策”。

英国政府已确立不干预中国内战，议会也恪守中立原则，而这一切只存在于英国伦敦的国会大厅内。英国人担心的是卷入中国内战，将会让他们的贸易陷入更加窘迫的状态。而马克思于 1853 年就已经预测，中国的这场内战将大大削弱英国在华贸易，从而“将火星抛到现今工业制度过度负载的地雷上”。

但真实情况却是，中国的这场内战还不足以撼动英国既有的全球贸易格局，而在地球的另一端，英国的小弟美国也走向流血分裂之路。就这样当曾国藩的湘军在安庆城外屠杀太平军的俘虏时，美国内战第一场最重要的战役在弗吉尼亚州的布尔河畔爆发。这两场战争，几乎处于一种同频共振的状态，而英国处于这两场战争之间。

英国工厂所购进的原棉有四分之三来自美国南部，成品有将近一半在远东卖掉。美国内战爆发后，英国纺织品的价格也被推高到一个中国市场难以接受的地步，中国人不再从外购买。英国的国内工厂开始一家家关门，失业率居高不下。而在遥远的中国，英国人巴夏礼与太平天国的谈判破裂，他要求能够延展不进攻上海的期限，结果遭到拒绝。而一名英国军官在得知这一切后，气得扬言，若是太平军敢靠近上海，联军不会像以前那样只是用炮把他们轰出去，而是要让太平军承受更严重后果。

——中国一片黯淡，我们不知明天会如何？

这是当时刊载于《纽约时报》的一篇报道中的言论，而这又何尝不是每个人心底发出的疑问？

从春到秋，从地球的这一端到另一端，空间之轴带动着时间的钟摆。当英国国会上所发生的这一幕传到中国的时候，已是 1861 年秋天。此时的中国正处于茫然无所从的时间关口，北京与南京两方政府的高层都在忙着重新布局。

月上中天，星辰寥落，若不是因为战争，这应该是安庆城里最普通不过的一个秋天的夜晚。曾国藩的湘军大营一片灯火通明，像是有重要的事在其间酝酿与发生。按理说，这段时间应该是曾国藩感觉最轻松与惬意的时光，可事实却并非如此。

他的个人权力随着湘军的节节胜利，被推至最高点。在安庆，他建立了新的湘军大营，并筹谋将军队向东推进，深入太平天国的心脏地带，而他的九弟曾国荃像嗜血的苍蝇一样死死地盯着南京，一心要揽下这头功。

曾国藩内心的忧患，更多来自紫禁城里的权力更迭。肃顺的倒台，幼皇帝的继位，慈禧太后与恭亲王奕䜣联手夺得了政权。等到尘埃落定，在制度的设定上却陷入困境。六岁的同治皇帝，需要的是辅政者乃至摄政者。而先皇指定的合法掌握辅政权乃至摄政权的“八人帮”已风流云散，年轻的叔嫂走上政治前台。

他们很快找到了范本，并创造性地进行了一场政治体制改革：太后的“垂帘听政”制度与恭亲王的“亲王辅政”制度双轨并行。“叔嫂共和”的权力格局对于清朝来说，并不是开天辟地头一遭。想当年孝庄太后与多尔衮已经有过先例，而无限接近皇权的多尔衮，最后还是落得一个身败名裂。

慈安与慈禧两宫太后比不了孝庄的运筹帷幄，而恭亲王也没有多尔衮的威望。而在“叔嫂共和”的早期，权力的砝码还是掌握在恭亲王的手里，而两宫太后的作用也只是象征性的。两宫皇太后第一次垂帘听政颁下的谕旨，便是授奕䜣为议政王、军机处领班大臣。在两个二十多岁女人的面前，是一道若有若无的帘子，是六岁的小皇帝同治。而六岁小皇帝的前面则是宏大的宫殿，是辽远无际的江山。

在大多数时候，那道帘子后面传来的都是西太后慈禧的声音，东太后在临朝时大多时候是沉默无语的。皇帝还小，在他亲政之前，这种“叔嫂共和”的权力格局还要存在很长时间。在某个恍惚的时刻，那个曾经叫兰儿的秀女，如今叫慈禧的太后是否会想起她在圆明园里哼唱过的江南小调，是否会想起热河行宫的日与夜？

1861 年 11 月下旬，也就在处死肃顺两周后，新政权以同治皇帝的名义发布一连串上谕，除了重申曾国藩仍是管辖安徽、江西、江苏三省的两江总督外，还令他节制三省军务，授予他前敌指挥大权。以慈禧为首的新政权对曾国藩的重用并不止于此，浙江省的军务也同时交于他手。

北京政变的消息，与曾国藩擢升的消息同时抵达湘军大营。接到谕旨，曾国藩内心喜忧参半。那一刻，他的目光越过山川河流望向北方，陷入长久的沉思。青缎的官袍被寒气逼人的北风扯动得失去了庄严之色，使他看上去有几分萧索。

而这样的任命，显然是两宫皇太后和恭亲王奕䜣为他量身定制的。

不知是荣耀加身，还是枷锁附体？对于紫禁城里的新主子，曾国藩还没来得及去适应。但他没得选择，也只能摸索着向前走。宁波已沦陷，杭州也被置于太平军的重重围困中，朝不保夕。

曾国藩的压力陡增，他在日记里不无忧虑地写道：“权太重，位太高，虚望太隆，悚惶之至。”“思陆放翁得寿如得富贵，初不知其所以然。”他不像是一个刚刚得到升职的人，倒像是置身于赌场中，一个输光了本钱的赌徒。他夜不成眠，伏案而坐，想到肃顺等顾命大臣的下场，想到历史上那些与其情形类似的悲剧人物，再想到自己这半生际遇，不觉喟叹“得虚名而值时艰者，往往不克保其终，思此不胜惧”。

数日后，朝廷奖赏他破城（安庆）有功，一艘运载奇珍异宝的官船抵达安庆码头。朝廷的奖赏越隆重，曾国藩越是坐卧不安，他一再上奏婉拒督办四省军务之职。对于太平天国来说，清廷对曾国藩的信任与支持，是他们最不愿意看到的。安庆的失陷切断南京与华中地区的联系，使太平天国侧翼门户大开。如果不是李秀成的军队在东部横扫江浙两省，洪秀全宣扬的“万国扶朕在天台”的美梦恐怕早就成了一场接一场的噩梦。

江浙之地本就是财税重地，在承平时期，这里上缴的税占了清国总收入的四分之一。拿下杭州与宁波后，忠王李秀成又一次将进军的目标指向上海。

上海，作为这个古老帝国最年轻富庶的城市，有着极其重要的战略意义。

中英签订《南京条约》之后，五口开关互市，上海亦于 1843 年（道光二十三年）11 月开始对外贸易。十数年间，其地位迅速凌驾于广州之上，已占全国各海关财税总额的百分之六十四。诚如英国商人胡夏米所说：“这里是长江的出海口，是东亚的主要商业中心，外国人从这里的自由贸易中将会取得极大的利润。”

抛去巨额财税不说，单就扼控陆海两处的地理条件，上海无疑是左右这场战争胜负的军事要地。只有拿下上海，两江的版图才算完整。一年前，李秀成曾试探性地进攻上海，结果却遭到英法联军的打击。还有不到两个月时间，即 1862 年 1 月，太平天国向英国人承诺不进攻上海的期限将至，李秀成早就失去了等待的耐心。

也就在前些时日，曾国藩接到“同年进士”钱宝琛之子钱鼎铭送来的一封书信。一览之下，让他为之动容。对于连年征战，饷银极缺的曾国藩来说，上海的得失将决定着他与太平军的决战结果。战火使上海方圆一百五十公里的乡间几乎荒无人烟，身为两江总督，这里也是他的辖区。他在日记中写道：“乱世而当大任，岂非人生之至不幸哉！”

曾国藩读到的这封信，出自苏州人冯桂芬之手。此人与林则徐有着深厚的师生情分，当年林则徐任江苏巡抚时，识拔了素昧平生的冯桂芬，称其为“百年以来仅见”的人才，并招入抚署读书，收为学生。冯桂芬不负恩师期待，1840年（道光二十年）庚子科礼部试、殿试，钦赐一甲二名进士及第，授翰林院编修。

洪秀全的军队扫荡东南，建都南京，冯桂芬被指派于南京附近的苏州，组织军队与太平军对抗。他就地招将募勇，在不到一年的时间里招揽兵勇五万余人。虽然人数众多，但是冯桂芬并不抱有乐观的期待。这些奔着吃军粮而来的兵勇，不过是一群无法形成战斗力的乌合之众，他们“或窃盗，或通贼”，战斗指数需要现实的考验。

一切如其所料，太平军攻下苏州，兵败的冯桂芬逃亡上海。

在这篇《公启曾协揆》函稿中，冯桂芬下笔数千言，如挟风雷之势。开篇即历陈上海面临的危急之势：“天祸吴民，陆沉一旦，焚烧夷戮之惨，远接宋建炎四年金兀术之祸，为吴七百有三十年来未有之大劫。然兀术自南而北五昼夜即去，如疾风暴雨之一至，非若今日之贼之窟宅，蹲踞二年之久而未去也。”接着他又客观地分析了江苏形势，认为现在进兵至少有三点可乘之机：一是乡团，二是枪船，三是内应。大军一至可为策应之师，但时间一长恐生变端，失却良机。

一连数日，冯桂芬文字里的风雷声惊得曾国藩寝食难安。在他看来，“上海一县，人民千万，财货万万，合东南数省，不足比其富庶，必须设法保全”。李鸿章提议，应该派重兵深入上海地区，从东面对南京形成包抄之势。在祁门时弃曾国藩而去的李鸿章，现已重新归队。二人之间的矛盾并没有我们所想象的那般决绝，李鸿章也只是暂避哥哥李瀚章处，如今他们的关系已经稳定下来。这个被曾国藩一手调教出来的安徽庐州人，对时势有着敏锐的感知与精准的把握。

曾国藩听从李鸿章的意见，先前打算让九弟曾国荃领兵救援上海。他还派人快马赶往湘乡荷叶塘，通知在家休养的九弟做好领兵的准备。他写给曾国荃的信言辞恳切："余必须设法保全上海，意欲沅弟率万人以去。已与请兵之官商订定，渠买洋人夹板船数号，每号可装三千人……不知沅弟肯辛苦远行否？"十天后，他再次给曾国荃写信道："务望沅弟于年内将新兵六千招齐，正月交盛南带来，沅则扁舟先来，共商大计。吾家一门，受国厚恩，不能不力保上海重地。"

曾国荃无法理解兄长的良苦用心，这时候他的心思全放在金陵，难以摇撼，他不会将夺下金陵的首功让于任何一个人。事实证明，南京虽然最终成为曾氏兄弟和湘军的荣耀之地，但也成为他们人生天空驱之不散的血色阴霾。曾国藩甚至还考虑派湘军名将陈士杰前往上海，但对方以母亲年迈力辞，不肯出山。经过反复考量，也因为湘军的兵源有些接续不上，他决定把这个建功立业的机会送给李鸿章。

曾国藩派李鸿章火速就近在合肥一带招募人马，组建淮军，挺进富庶的长江三角洲。一直等待机会的李鸿章由"辅"变"主"，于他而言，这是改变一生命运的关键一步。久有腾云大志的他心中大喜，为免遭人猜忌，又特地致函曾国荃，语气谦恭，故作姿态，称自己是代为出征云云。

李鸿章，这个来自安徽庐州乡宦人家的中年男人终于迎来了人生事业上的春天。我的家乡与庐州相距不过百公里，我曾经不止一次地驱车前往磨店乡祠堂郢村，据说那里是李鸿章的出生地。这个已日渐衰败的村落看上去与中国的其他乡村并无二致，最惹眼处莫过于村口的那口历经数百年的水井——熊砖井。

李家的祖先一直是面朝黄土背朝天的农民，李鸿章的父亲李文安是李家发迹过程中最为关键性的人物。早在1853年3月李鸿章曾随工部侍郎吕贤基回乡组建团练，李鸿章之父李文安也是地方团练中的重要领导，基于这个良好基础，李鸿章通过父亲当年的旧部张树声招募了合肥西乡三山诸部团练。接着通过庐江的地方团练头目和地方绅士、昔年好友，以及父亲的旧部。短短两个月时间，李鸿章就招兵买马数千人。

位于江淮之间的庐州与长江沿线的要塞之地相比，显然要低调许多，也并未受到朝廷的重视。这里只是皖北的小地方，商业不显，读书的风气也难以张扬。可是在中国历史上，这里却是楚文化与中原文化、吴越文化的交汇之地。正因为受多元地域文化的影响，在李鸿章的身上，集中体现了诸多江淮人士的特点。他们既有中原人的粗犷与豪放，也有南方人的务实与精明。

——到上海升大官！

——到上海发大财！

这样充满诱惑、鼓动人心的口号，在整个1862年前后响彻淮河两岸。在淮军募勇大旗的号召之下，一批批跃跃欲试的皖中子弟，开始源源不断地投身于淮军。淮军的战旗美如画，李鸿章感到了幸福的眩晕与战栗，他一直视曾国藩为自己的人生导师，也期望能够像曾国藩那样拥有自己的军队，眼看梦想成真，他已经按捺不住兴奋。当一个个虎背熊腰的淮南子弟站在他的面前，他的身体内部也像是注入了无尽的能量。

就在李鸿章于1861年12月赶回家乡办理团练时，曾国藩接到谕旨，奉命调查江苏、浙江两省巡抚是否称职胜任。曾国藩在覆奏中称两省巡抚均不称职，指责江苏巡抚“偷安一隅，物论滋繁……不能胜此重任”，并附片奏保李鸿章不仅“精力过人”，而且“劲气内敛，才大心细，若蒙圣恩将该员擢署江苏巡抚，臣再拨给陆军，便可驰赴下游，保卫一方”。

以曾国藩今时今日之地位，他的意见不能不为朝廷重视。李鸿章很快就被任命为江苏巡抚兼通商大臣。对于年近四十的李鸿章而言，一跃而为朝廷的一员地方重臣，虽然从官制上说仍是两江总督曾国藩的属下，但已摆脱了幕僚的身份。“好风凭借力，送我上青云。”李鸿章深知他所得到的一切都是曾国藩对自己的"栽培"，诚如他所言"伏乞远赐箴言砭，免从愆咎"，最好的报答就是莫要辜负恩师的信任。

1862年，元宵节刚过，江淮大地仍处于冰雪未融之际，通往安庆城的狭窄马道仍被雪覆盖，难以见其泥泞的面目。李鸿章带着刚刚组建的淮军抵达安庆北门时，曾国藩已经在此恭候多时。

李鸿章带来的四营淮军分别是：张树声等四兄弟部、刘铭传部，潘鼎新部，吴长庆部。依次组成"树""铭""鼎""庆"字四营。淮军的招募，完全是湘军的翻版，遵循的是湘军规制。

有人说，淮由湘出，犹有水源木本之谊。当新组建的淮军齐刷刷地站在曾国藩的面前时，他大喜过望，亲自为淮军订立规章制度。淮军建军之初，"营伍规制，一仿湘军，无丝毫不同之处"。其内部组织也是以营为单位，设营官一员。在淮军最初的6500人中，从湘军抽调或借调来的就占了大半以上。他们分别是：张遇春的"春"字营，李济元的"济"字营，程学启的"开"字营等。如此一来，李鸿章初建的淮军有了十四个营的建制。

淮军建成后，如何将他们投放到上海战场呢？曾国藩倾向于由和州、天长、六合穿行，至扬州、镇江，最后抵达上海。这条路线绕道苏北，安全系数大，但路线较长，而且耗时费力。对于困守于孤岛中的上海官绅来说，时间意味着财富，意味着身家性命，他们等不了了。

他们与英国麦李洋行达成一项协议，租用七条火轮船，用来运输淮军士卒。虽然英国人开出了惊人的运费和不讲理的条件：总计18万两，如果火轮船在途中发生意外，损失还由上海方面赔偿。在生命与金钱的二选一中，上海官绅还是选择了前者。

1862年3月28日，当第一批挂着英国国旗的火轮船抵达安庆时，曾国藩正在帮助李鸿章训练淮军。十天后，李鸿章亲率两千名士兵登上了英国商轮。迎着长江温湿的春风，李鸿章的内心涌动着难以抑制的渴望与激情。

据李鸿章亲信周馥的回忆，当时长江两岸密布太平军的炮台和营垒，淮军官兵们都躲在空气污浊的底舱中不敢露头，怕遭太平军攻击。经过采石矶时，“开”字营乘坐的火轮船不慎搁浅，万分危险。直到傍晚江水涨潮，才重新起航。这期间，太平军碍于洋船，没有上前检查。有恃无恐的淮军士兵在经过天京江面时，出舱欢呼雀跃，太平军也只能怒目而视。

两天后，运送淮军的火轮船抵达上海十六铺码头。暖风如醉人的酒，饮之则醉，若不是这风里时时传送而来的一缕缕战争的硝烟与血腥味，上海真是一个忘忧之地。涌入这座城市的，有的腰缠万贯，有的一饱难求，而这座城市有着巨大的包容性，很快就接纳了他们。此时，已有百万人挤进上海县城和租界，以躲避周边地区的战火。

这一天的港口挤满了船，虽然上海府衙在昨日已发布了今日清场的通知，可码头上依然有不明身份的人来来往往，他们大多是逃犯、流浪汉和避难的流民。当那些布巾裹头，衣衫褴褛，兵器形制杂陈、简陋不堪，散发着乡土气息的江淮士卒登上码头时，现场并没有爆发出想象中的欢呼声，多的是窃语之声和异样的眼光。眼前的一幕让那些前来迎接的官绅大失所望，他们在心里暗暗地诅咒曾国藩，这个“曾剃头”太没有诚意。害得他们花了大价钱，却等来这样一支散兵游勇。就连驻扎上海的英法军队，也耻笑淮军是“叫花子兵”。

李鸿章好像并未将这一切放在心上，但激励将士的话语还是免不了的。他说：“军贵能战，非徒饰观美，待吾破敌慑之，笑未晚也。” 类似于心灵美才是真的美，等老子打了胜仗，你们再笑不晚。

李鸿章到上海后，很快同常胜军在行动上联合起来。尤其是目睹了常胜军的训练和武器演放后，他感怀不已，认为洋人“大炮之精纯，子药之精巧，器械之鲜明，队伍之雄整，实非中国所能及。其陆军虽非所长，而每攻城劫营，各项军火，皆中土所无”，这样的场面让李鸿章感到震惊。

对于这个王朝而言，购进铁甲舰、火炮与火枪，迅速建立一支强大的军队，已成为当务之急。凡是与洋人交过手，或者见识过外国枪炮威力的中国人都能够意识到这种新式武器对于战争的重要性。如同费正清在《剑桥中国史》

所描述：当李鸿章和他的淮军乘着从英国商行租来的轮船通过太平军控制区沿长江顺流而下时，他在船上待了三天，因而有机会思考西方技术的价值。

李鸿章从上海不断地写信给曾国藩，赞扬外国军队遵守纪律和外国枪炮的巨大破坏力。他是一个行动派，立即聘请洋人担任淮军的教官，并通过大哥李瀚章向洋人购买三千支洋枪。与洋人交往日盛，见识越多，越是让他感到理想与现实之间的巨大落差。他在给曾国藩的信中写道："深以中国军器远逊外洋为耻，日戒谕将士虚心忍辱，学得西人一二秘法，期有增益……若驻上海久而不能取洋人长技，咎悔我矣。"

那些"叫花子兵"并不懂得如何使用洋枪洋炮，甚至还发生了在演练中走火引爆弹药炸死二十多人的事故。而这并未动摇李鸿章"取洋人长技"的决心，他说，凡事都要付出代价，待到百发百中时，便会无坚不摧。

在李鸿章的视域之外，上海这座城市像是一个充满了荷尔蒙的少年，有着按捺不住的激情与冲动。踏足沪上，除了军事上的难题，困扰他的还有洋务。每次李鸿章处理完公务，沿着老城与英租界的接壤处散步，尤其是在看到两边截然不同的秩序与风貌时，不觉涌出一阵无名的惆怅堵得人心发慌。

若不是有人告诉李鸿章，秩序井然的一边是租界，脏乱不堪的另一边是清朝府衙所辖之境，他一定会颠倒认识。西方人对上海非常重视，"沪城内外各事实皆洋人主持""沪中官民，向恃洋人为安危"。他们中的极端分子甚至筹划成立"上海共和国"，提出"上海地界全归外国管理，与华官无涉"。此处乐，管他是身在故国吾乡，还是敌国他乡。

英国人和法国人在各自的租界里造起了各式各样宫殿般的房子，老迈的帝国在变化不定的潮流中呈现出明媚与颓丧的两面性。那些熟谙旧传统的人已经在用眼睛看到的一切替换所掌握的知识经验，一个他们暂时还无法理解的新世界，正在迅速成长起来。面对洋人兵强器利并"实肯帮我"的现实，李鸿章精明地选择与"洋人"交好。在此之前，他还没有与洋人打交道的经验。他给曾国藩写信说："洋人性急不可待，将若之何？敬求训示主裁。"

曾国藩给予的指导性意见是："与洋人交际……曰言忠信，曰行笃敬……曰先疏后亲。忠者，无欺诈之心；信者，无欺诈之言；笃者，质厚；敬者，谦谨。此二语者，无论彼之或顺或逆，我当常常守此而勿失。”

有人认为，曾国藩的这一外交观念，在当时是革命性的见解。自古以来，中国人视外国人甚至外族人为蛮夷，甚至是低于自己的另一物种。中国人处理外交，有一条古老的原则，叫作“羁縻”。鸦片战争以来，“羁縻”之术大行其道，从皇帝到大臣将之视为与洋人打交道的不二法门。“羁，马络头也。縻，牛缰也。”羁縻之道的基本出发点是蛮夷之人非我族类，是一种近于动物的存在，因此跟他们是讲不了道理的，只能以权宜、权术来笼络糊弄：“裔不谋夏，夷不乱华。荒忽之人，羁縻而已。”

曾国藩却格外强调，洋人也是人，因此要把洋人当人看。既然当人看，就要守诚信、讲礼貌。不能抱着欺诈之心。而且不管他们一时是处于优势还是劣势，我们都要以这样的原则对待他们。曾国藩的这一说法颇具时代性，它预示着一种新规则正悄悄取代原有的规则，而平等外交，仅仅是一厢情愿的想法而已。

4. 残局篇：丧钟到底是为谁敲响

李鸿章，这个有着权力欲望的安徽庐州人，此前的人生一直处于蛰伏状态。他就像是活在曾国藩身后的一个灰扑扑的影子，看着自己的老师和他的湘军将领们由人生低谷一步步向顶峰攀爬，看着一批又一批能力与见识远不如他的人在权力场上轮流坐庄。

夜深人静，李鸿章无论如何也做不到心如止水。面对欲望之火的灼烤，人心不过是一块血糊糊的苦楚之地。他想起父亲李文安临终时留下的那句“吾父子世受国恩，此贼不灭，何以为家”的遗嘱。这一年，他已四十岁。古人说，四十不惑。可是在去往上海的前夜，他的一个个疑惑还在咕嘟嘟地向外冒着泡。

李鸿章以一介书生空降上海，自然毫无根基。而江苏官场的腐败乱象，也恰好给他提供了一个重新布局的理由。到任不久，李鸿章便毫不掩饰地指出：

“吴中官场素习浮靡，自王雪轩（江苏前任巡抚王有龄）当事，专用便捷、圆滑、贪利、无耻一流，祸延两省，腼然不知纲常廉节为何物，其宗派至今不绝。”

作为驻防上海的江苏巡抚，李鸿章应该提前做足了功课。他深知，苏松太道管理海关并署理江苏布政使的吴煦，和买办出身，时任苏松粮储道、“综理夷务”的杨坊是两个关键人物，二人长期经营上海，并且与“洋人”素有往来。早先联络外国武装镇压上海“小刀会”起义，后来在太平军进军上海时向英美法“借师助剿”、勾结美国人华尔组成“洋枪队”等均是二人具体办理。尤其杨坊还将女儿嫁于华尔为妻。

杨坊是一个很开明的中国岳父，他对自己的美国洋女婿很是满意，还引以为傲。甚至让上海道台吴煦都生出几分嫉妒之意，吴道台曾私下评价这段异国情缘：“杨坊和洋女婿关系极为和谐，好的像一个人似的。”华尔很喜欢自己的中国太太，毕竟是有钱人家的千金，知书达理，深得相夫之道。她还为华尔刻写了一个印章，铭文是：“切勿相忘。”

上海的钱粮财物、人事与对外事务，都在吴煦和杨坊这帮上海老官僚的掌控之中。李鸿章来上海为官，若不仰仗他们，便有被他们挤对得难以立足的风险。曾国藩又怎能不理解学生的心意，他能够保举李鸿章当上江苏巡抚，自然也能为他扫清前路障碍。李鸿章奔赴上海之时，曾国藩就叮嘱他：“不去煦，政权不一，沪事未可理也。”待到李鸿章踏足沪上，感受尤为深切。吴煦“用人则是王雪轩宗派，沪吏十有七八系浙人勾结把持，直是无从下手”。在恩师的鼎力支持下，李鸿章先是裁撤了吴煦的六员亲信，然后实行关税、厘金分开的政策，吴煦仍管关税，厘金另派官吏，削减了吴煦的权力。而杨坊也主动辞去苏松粮储道之职，李鸿章趁机举荐郭嵩焘。

郭嵩焘的到来，让李鸿章在上海如虎添翼。他在给曾国藩的信中称赞道：“筠仙到沪后，众望交孚，其才识远过凡庸。”而郭嵩焘的到来，解决的不只是李鸿章在上海的难题，更让湘军和淮军吃饱了肚子上战场。李鸿章喜不自禁地说：“淮盐经筠仙整饬，每月收入倍增，上下游厘饷顿旺……师门当不终穷也。”

李鸿章擅长念的“痞”字诀，并不仅限于官场内务，还有对洋人的外务。同治元年十一月，常胜军统领白齐文殴打中方官员杨坊，李鸿章立即奏上《白齐文滋事撤换片》，将白齐文通缉治罪。曾国藩称赞李氏的报告：“精到刚大，良为经世不朽之作。其与若类思相要约一节，尤足折远人之心而作忠正之气。”李鸿章在攻下常州后，进一步将常胜军解散，曾国藩在日记中写道：“观李少荃复奏遣撤常胜军一折，擘画分明，良戡乱宏才也。”

在用好郭嵩焘的同时，李鸿章还一口气奏调了冯桂芬等七人，其用人的眼界与力道可见一斑。冯桂芬的思想虽接续林则徐、魏源“师夷长技以制夷”的思想，但又不仅限于船坚炮利，而是由器物层面过渡至教育层面。李鸿章在江苏的许多教育举措，如复书院、兴试院、设立广方言馆等，都出自冯桂芬之手，待到李鸿章的早期洋务活动，冯桂芬的身影更是随处可见。

曾国藩对李鸿章在上海的一番折腾很是满意，甚至对友人感慨，自己的才能远不如李鸿章：“少荃东下之初，仅令赴援沪城，意谓尽此兵力，或可保全海滨一隅，厥后拓地日广，卒将省垣克复，本非始愿所可及，亦愧谋略之不如。”曾国藩是典型的湖南人，性格耿而倔强，虽有沉稳厚重之风，却也有迂腐之气。而李鸿章则是江淮人的性格，做事明快果断，富有草根经验，有着浓重的“痞”气。

两人的性格与处事方式截然不同，相对而言，李鸿章更适应官场。曾国藩也清楚这一点，每逢大事难断，他都会听取学生的建议。李鸿章在上海甫一亮相，就让帝国官场为之一震。他并不像是一个初登舞台的新演员，其精道老辣之风令人侧目。三招两式就把江苏治理得有条不紊，做到“以半省之兵供天下各省之用，又以半省之厘供分防本境及援剿各省之饷”。

别人不敢和外国人打交道，李鸿章到上海不久，就已经在洋人间往来周旋。中国人对他社交风采的评价是：“鸿章容貌堂堂，辞令巧善，机锋敏锐。”“时以诙笑解纷难，尤善外交，阴阳开阖，风采凛然。”

1862年，太平天国的丧钟被重重地敲响。曾国藩的湘军主力顺流而下直逼南京，李鸿章部会同英法军队保卫上海，而左宗棠的湘军从江西觊觎浙江，形成对南京的合围之势。

而此时，南京城里天王和他的本家兄弟还在做着无法自拔的天国美梦。三百公里外的上海外城，数万太平军在忠王李秀成的率领下，正在发起进攻，双方在西郊一带碰撞出刀剑的火花。

这是淮军在上海的第一仗，它的胜负将直接关系到这支“叫花子兵”是否能在上海立足。据说，在战斗处于胶着状态之时，李鸿章搬来一把椅子端坐于虹桥桥头，亲自督战。当张遇春带着他的“春”字营想要退却时，李鸿章夺过一把刀，作势要砍下他的脑袋。张遇春掉转方向又继续与太平军去拼命。

清廷正依靠曾国藩的湘军不断收紧对南京的包围圈，而置身于其中的洪秀全好像不为所动，甚至扬言“朕睡得紧都做得王，坐得江山”。他和他的官僚们依然沉浸于虚妄的自信中，如果说这时候还有一个清醒者，非李秀成莫属。或许是熟谙军事的李秀成对战争形势有着理性的判断，他不怕面对曾国藩的湘军，也不怕面对李鸿章的淮军和华尔的洋枪队，他怕的是来自于太平天国内部的“抽心一烂”。

李秀成同样清楚，他所效力的天王和天国充其量不过是虚妄的王和虚妄的国。一个政权的运转如果只能以谎言来维系，那么造就它需要多大的势能，推倒它也同样如此。无论是天王，还是李秀成，都需要用迷幻的精神和无情的刀兵来确保“天国”的“太平”。

李秀成成了硕果仅存的领军者，但南京城里的洪秀全好像并不珍惜这枚并不饱满的果实。这时候的天王最信任的人是他的那些同父异母的兄弟——以洪仁发和洪仁达为首。血浓于水而渗于水，天国不再是所有追随者的天国，而是洪家的天国，就连未及满月尚在襁褓中的洪家子弟也都成了太平天国的王。

天王注重宗族之谊，以他为中心的血缘圈是最接近上帝的，也是最信得过的。而李秀成等异姓王和将领只是他手中握着的一件兵器，在使用的同时，也会加以防范与控制。浦东战场硝烟已散，浦西战场战火正红。李秀成的军队猛攻松江、青浦，虽然遭到了清军与华尔的洋枪队的抵抗，但还是取得了一场大捷，迫使英国人华尔带着他的常胜军弃城而出。其副手法尔思德也做了太平军的俘虏，被关押了两个月，华尔以军械、弹药将其赎回。

此时的太平天国与大清国就像是两个狭路相逢的勇士，在两败俱伤之后，双方比拼的是耐力，看谁能撑到最后。李秀成已取得上海战役的主动权，联军在经历嘉定、广富林两次失败后，军心散乱，已不愿出战。李秀成后来在他的《自述》中说："那时洋鬼并不敢与我见仗，战则即败"，甚至连身在江西的左宗棠在说到青浦、嘉定之战时，也嘲讽道："夷人之畏长毛亦与我同"。

然而就在此时，南京城发出的天王诏旨送达李秀成的手中，也打乱了上海战役的部署计划。曾国荃率领湘军 16000 余人自安庆水陆并进，在不到两个月时间内便连克沿江要地，于 5 月 30 日进抵天京城下，令洪秀全大为恐慌，一日三诏勒令李秀成退兵，速来南京救驾。忠王不愿功败垂成，但又无法违拗天王意见，不得不再次改变战略，企图在最短时间内速战速决攻下上海，然后尽快回援天京。

李秀成撤松江城围，分十二路直逼租界和上海。双方激战两个昼夜，太平军因腹背受敌，不支而退。李鸿章奏称重伤陈炳文、郜永宽，擒斩三千余人，他在这里显然是夸大战功，因为陈、郜二人几天后便出席了忠王在苏州举行的重要军事会议。

李秀成只好放弃上海，发兵南京，因为天王已发出最严厉的警告："尔意欲何为？尔身受重任，知而朕法否？若不遵诏，国法难容！"为解除洪秀全的疑惑和不信任，李秀成在派出自己的亲弟弟带兵援天京的同时，又将自己的母亲等亲属送回天京做人质。李秀成没有赶往天京，是因为苏州也陷入危机。这个太平天国仅存的只手擎天的忠王就像是一个救火队员，哪里告急就奔向哪里。可眼下的太平天国三面受敌，分身乏术，也只能疲于奔命。

洪秀全和他的太平天国群臣们在南京城里，庸人自扰，陷入大厦将倾前的惶然不安。而死亡的恐惧并没有勒紧他们的脖子，在自家的天国里，洪氏兄弟还在疯狂地收揽金银。就连百姓出城买粮，他们也要雁过拔毛。若是命不久矣，他们要财富做什么？难道可以从阎王那里将自己的姓名从死亡簿上删去？身为既得利益者，他们宁愿相信自己编织的谎言世界，也不愿相信自己在欺骗他人的时候，也欺骗了自己。

李秀成在苏州先后召开了两次援京军事会议，并将镇守苏州、杭州和进攻上海的指挥权，分别交于慕王谭绍光、听王陈炳文，他自己则率大军自苏州西上，直抵天京。数十万太平军包围了围城的湘军，一场大战不可避免。

5. 鲜血与荣耀：挽歌声中的人性与爱欲

1862年春天的一个早晨，曾国荃从一场磕磕绊绊的噩梦中惊醒。在梦里，他费尽心力地攀爬一座触及云端的高峰，待气喘吁吁地爬到峰顶时，已找不到继续向前的路，于是准备掉头。但掉头时，他发现已经没有后路可退。

他将这个梦告诉幕僚赵烈文，并用极其哀伤的语调说这恐是不祥之兆。

赵烈文是曾国藩最为器重的机要幕僚，去年冬天，他有事去了一趟上海，在回安庆途中路过南京，特意到湘军指挥部拜见了在这里领兵攻城的曾国荃。当时曾国荃尚在养病中，听说赵烈文来了，赶紧换上便服将其邀进内室执手相见并谈话多时，而且送了一架十分珍贵的西洋望远镜给他，让他出营后登高瞭望南京全城。

让赵烈文意想不到的是，几日后，曾国荃当面恳请他能够留在自己身边，助自己攻取南京。赵烈文回到安庆后，曾国荃多次去信重提此事，甚至特意写信给曾国藩，要他出面做赵烈文的思想工作。曾国藩便将曾国荃的来信拿给他看，赵烈文虽不情愿，但也不好硬性拒绝。曾国藩说，到金陵后，是去是留，悉听尊便；或者往返金陵和安庆两处，也无不可。

既然话说到这个份上，赵烈文自然不好意思再回绝。在和太平军进行生死较量的关键时刻，曾国藩不惜违背赵烈文的个人意愿，坚持将其派往曾国荃身边，既是为了让他协助曾国荃工作，也是希望他在大事上能替九弟把把关，让他尽量少惹或不惹麻烦。曾国荃的“吉”字营在湘军中成军很晚，但却建功极速，与曾国藩的刻意关照与悉心点拨有着巨大关系。从戎不到七年，朝廷将他由一个优贡生擢拔为“浙江巡抚”，这是很多人无法想象的。

经过数月的准备，此时的曾国荃已经拿下雨花台上的石造要塞。

在其兄长曾国藩的奏折里，这是一场难度极大的攻防战，若不是指挥者的英明，惨败是必然的结局。在这份邀功奏章里，曾国藩尽可能地将功劳往九弟曾国荃的身上揽，说有六千太平天国守军死于此役。其实这次军事行动，虽有冠冕堂皇的形式，但并没有取得实质性的突破，毕竟没有合围成功。

曾国荃攻下这座小山，只是封住了南京南城门。赵烈文站在雨花台的制高点上，举着曾国荃送他的西洋望远镜俯望南京城，太平天国的京都之地如同一张巨大的蛛网展现于眼前。南京城墙是中国第一大城墙，甚至是世界第一大城墙。当初明太祖修这道城墙，耗时 21 年。城墙周长 45000 米，高度厚度都是其他城墙所不能比的：城墙基础宽 14 米，最宽处达 30 米，高 14～21 米。城垣用巨大的条石砌基，用巨砖筑成，规模极其宏大。

曾国荃的围城游戏正式开启，而牵挂着九弟安危的曾国藩此时正在安庆城里，每日除了等候南京方面传来的消息，就是在棋盘上模拟战争。他总是眉头紧锁，小心翼翼地在棋盘上落子，好像每颗棋子在他的手里都有千钧重。曾国荃的信来得一封比一封急切，刚开始时说：“两日登大、小牛头山俯视，金陵地脉之大，我兵到此，渺若沧海之一粟，盖与围吉安、景镇、安庆迥乎两样规模，大约非三万、四万人不能尽合围耳。”

曾国荃现在已不用担心别人来和他抢功，而这也意味着，当他身陷绝境时，也无人会向他伸出援手。安徽巡抚李续宜刚准备出兵，突然接到父丧之信，匆匆回家奔丧。浙江提督鲍超已被太平军重兵压制于宁国境内，同时接受一场瘟疫的考验。这场遍及苏浙皖的大瘟疫由战乱而起，驻守宁国的鲍超军死者数千，“宁国府城内外，尸骸狼藉，无人收埋”。

至于多隆阿，在上次安庆之战之后，因为赏不抵功，已意兴阑珊。正好这时一支四川的农民起义军进入陕西，陕西形势十分吃紧。几经活动后，清廷命多隆阿为钦差大臣西征。虽然曾国藩闻讯大惊，希望多隆阿能够履行合围天京之约，但多隆阿仍执意率军西去。失望之余，曾国藩函告曾国荃，多隆阿“回顾金陵之说，万办不到”，要他“惟就现有兵力，专某坚守，不图早战，早早不知，或尚可为”。

四路人马，已失其三。曾国荃的“吉”字营，实际上已成为一支孤军。曾国荃命令将士加深壕沟，加高长墙，做自固计，围不住敌人，先要将自己围得严严实实。曾国荃的孤军深入，使曾国藩极为担心，他多次写信要求曾国荃马上撤军。“彭玉麟、杨岳斌水师，皆阻隔不相闻。诸将惩向荣、和春之失，谋溃围就水师，退保芜湖。国藩在安庆，忧之废寝食，飞檄令撤围。”

李秀成回救天京的太平军全力猛扑湘军营垒，曾国荃外无援军，内乏强士卒，内心惶恐不安，时时担心“力不能支”。长达四十多天的雨花台大战正式拉开序幕。大战开始前，曾国荃目睹兵士受瘟疫侵染，“能执干戈者十仅一二”，早已将数月前“虽来援贼二三十万，尽足之处数月之久”的豪言壮语抛至九霄云外。李秀成与曾国荃，如同两个决斗的武士，在两败俱伤之后，最后分出胜负。

曾国藩在写给家人的书信中也如实交代：“沅弟金陵一军危险异常，伪忠王率悍贼十余万昼夜猛扑。”李秀成部的洋枪洋炮杀伤力很强，曾国藩说：“洋枪洋炮，子密如雨，兼有开花炮，打入营中。”

曾国荃性格中虽有一种生死无惧的霸蛮之气，但连续作战十余日，既要全力堵御太平军冲扑营垒，又要暗防地道，而援军迟迟不到，重压之下，精神极度紧张。他请曾国藩原谅他的莽撞之举，并请求急发援兵。“倘再一个月无援兵来助我打，则此军竟有不堪设想者，务求老兄大人原谅弟从前之错，而拯救弟今日之亟……此实确有把握之言，百叩求兄作主，迅赐厚援以救危局，切勿视为无可如何而不之救也。”

合围天京是曾国荃进驻雨花台时就念念不忘的目标，而一直以来，攻克天京、拔取头功的欲望之火一直在他的心里不曾熄灭。他像一柄利刃深深地扎入雨花台，虽未立即攻城，但毕竟是正面威胁太平天国都城，自然引起了天国领袖们的不安。这场十天十夜的雨花台大战，清军副将阵亡，曾国荃脸部也中弹受伤，将官袍都染成了血衣。

我们可以通过曾国藩的书信，对这场战役有所了解。曾国荃在这时接到曾国藩从安庆写来的信，想给他鼓励。如果李秀成兵力逾十万之众，曾国藩推算他的大军每天都需要补给六十吨的米。只要湘军水师能守住长江与护城河的合流处，李秀成大军就得不到大量补给，那么他就撑不了多久。

曾国藩想象得到九弟要打的是怎样一场硬仗，他忧心不已，在日记里写道：“念沅弟危险万状，忧心如焚。至内室摆列棋势，绕屋彷徨。三更睡，不能成寐，至五更成寐，又得噩梦。”他几乎不能就寝，因为疲累烦乱而开始拒见访客。他甚至一个人躲在房间里卜卦，以了解上天是要让太平军留下还是散去。

曾国荃身陷困境，每日书写一信，向兄长述说战况与苦状，曾国藩也是唠叨不停。二人虽是兄弟，但实有师生之谊。直到 1863 年（同治二年）3 月末，曾国荃被“补授”为浙江巡抚，曾国藩于是因势利导，找到另一个突破口，在军事、官场与私德方面将曾国荃引向一个新的高度。曾国荃的浙江巡抚乃是“补授”，左宗棠时任闽浙总督，兼署浙江巡抚。李鸿章开玩笑道：“惟有位无地，有权无财，仍系美中不足。须盼金陵大功告成，以两粤、四川酬庸。”

当曾国藩得知侍王李世贤率领的另一支叛军部队已离开浙江省，挟十万之众，将前来合攻雨花台湘军。他成日心胆俱碎，忧灼愤郁，忧心曾国荃“本身受伤乎？抑全军决裂乎？”天京围城这出好戏，主线故事下又各有支线，相互关联环环相扣，渐渐铺开构成一张网络，最后以一场大群戏收尾。而在其中，曾氏兄弟的真情互动只能算是一个温情的小桥段，但若是省略去，则必不能完全理解这样一出好戏。阿弟守城，阿兄心忧，这样一根感情线的变奏，展示的是整部交响乐的起伏。

曾国荃部面对兵力比他们大上许多且武器精良的太平军不断攻击，已苦苦支撑了将近一个月。曾国藩让他转移到安全的地方，曾国荃哪里听得进去，南京近在咫尺，即将到手的不世之功又岂能轻易放手。而在曾国藩看来，保全“吉”字营的番号比保住这块阵地更为重要。

雨花台之战，太平军兵力在二十万以上，且装备精良，曾国荃惊呼“贼之火器精利于我者百倍之多……洋枪队多至二万杆”，并且“盛行湘军中的疫病并没有袭击太平军队伍”，战机十分有利。而曾国荃仅万八千人，受瘟疫侵袭，“能执干戈以御贼者，仅二三成病愈之勇”，至十月除援军到达后，“能杀贼者，亦不过九千人”，弹药、粮饷均不充裕。两相比较，实力悬殊不可谓不大。然而，看似虚弱的曾国荃承受四十五天的进攻而不倒，看似强大的李秀成却停止进攻。

一如当初曾国藩的判断，李秀成缺少了水上补给线，十余万军队不得不靠南京来补给，而这只会消耗南京的实力。他的军队未能从湘军水师手中夺下长江与护城河的合流处，于是湘军的补给源源不断，而他的补给却陷入困境。随着冬天的日益临近，将士们身上没有可御寒的冬衣，风雪苦寒的江南将会让他们付出惨痛的代价。

而南京城里传出的消息也让他心有寒意，他坐在帅帐之中听着经久不息的枪炮声，心中的紧张情绪包围着他。他的紧张来自一种不祥的预感，他感觉到这帮出生入死的将士，已失去了求战的意志。他们中的一些人甚至在私下诅咒不远处南京城里的天王，说他用将士的枯骨与鲜血来换取南京城里的荣华。

李秀成在暴风雪来临前，发出了停止进攻的命令。他以绝对的优势兵力和武器，不但没有打垮围城的湘军，反而全线撤退。对于这场胜利，曾国藩丝毫不觉欣喜，他担心的是李秀成的撤退只是权宜之计，随后将会酝酿更大的风暴。长期的焦虑和失眠，使曾国藩的身体有些吃不消。他悲观地认为老之将至，牙齿也松了，身心俱疲。他在给儿子的信中也毫不掩饰这种消极与颓唐的情绪，他说：“余能速死，而不为后世痛骂，则幸矣！”这个半生在求死不得的困境中走过来的湖南人，对于死亡有着笃定的热爱。他说：“两月以来，十分忧灼……心绪之恶，甚于八年春在家，十年春在祁门之状。”也就是说，他这两个月心情差到了极点，好似父亲去世后的那段时光，也好似他受困于祁门的那段陷入死亡冥想的日子。

曾国藩一生都难以做到心无挂碍，李秀成虽然撤了，但他的焦虑与忧苦好像并没有得到消解。他甚至写信给人在湖南的长子曾纪泽速来安大营与他会合。他感到孤单，需要家人的陪伴与安慰。他说：“父子团聚，一则或可少解怔忡病症。”

他一直担心九弟曾国荃的安危，也就在此时，他收到南京城里的来信。他以为是曾国荃的报喜信，结果却是最小的弟弟曾国葆死亡的噩耗。四年前，他的另一个弟弟曾国华在三河死于太平军之手时，小弟曾国葆还发誓要替他报仇。如今四个弟弟已经走了两个，曾国藩闻之伤悼不已。身为家中长子，族中长孙，他身上背负的责任最重。

小弟曾国葆性情谦退，是兄弟当中最听曾国藩话的，对曾国藩的每句话都奉之唯谨。曾国藩充分肯定曾国葆的“天性笃厚”，但又指出，过于谦退也不好，“季弟信亦谦虚可爱，然徒谦亦不好，总要努力前进”。曾国荃孤军深入雨花台，连遭不幸，使他日夜为之心神不宁。他在安庆为曾国葆举行完吊唁仪式，亲自将灵柩送上西行的大船，让弟弟魂归湘乡荷叶塘。

雨花台之战是天京围城之战的序曲，也注定了日后天京失陷的悲剧宿命。

李秀成后来被俘，说起雨花台攻坚战时，他为自己找的理由是“鲍（超）军之冲锋猛战，曾（国荃）军之稳练不摇，多（隆阿）军之活变善战，皆贼中所惮。鲍军将好而兵不好，扎营站地势亦不如曾”。这样的话在事后听来，显然有向曾国藩讨巧卖乖之嫌。他在供词中称“因八月而来，各未带寒衣，九十月正逢天冷，兵又无粮，未能成事者也”，这样的话显然也是托词。

李秀成战而能胜的决心已经开始摇晃，他的心思已被李鸿章淮军获胜的消息牵扯而去。在曾国荃几乎独立完成的战天京的交响曲中，李鸿章的淮军中段插入，差点就演绎成了喧宾夺主的助攻事件。

淮军取得四江口之胜，意味着苏州已陷入危险的境地。虽然李秀成事后称“李（鸿章）非宿将，借洋鬼之力以成功”，但是苏州城毕竟是他的安乐窝。忠王府里的那座戏台，已经有一段时日没有开锣响鼓，他的主人已经忙得顾不了欣赏戏台子上的英雄戏。

6. 杀降记：李鸿章的势为和术为

1863年春，苏州，忠王府。天气暖和，阳光也就成了江南之地的造物主，温煦的风一波一波地荡漾开来，空气里散发着植物的香气，包围着盛开的花树。若不是城外不时传来战马嘶鸣、兵戈相撞的声音，苏州人会忘了他们置身于一场战争中。这座习惯于在日常生活里制造美好和情趣的城市，不应该成为一场战争的背景。

苏州每一个美好的细节，都是打造忠王府的上等素材，而这些元素会恰如其分地出现在忠王府的视觉图景中，被高高的红墙封锁起来。苏州城的忠王府与南京城里的天王府有着异曲同工之妙，都是被高高的红墙封锁起来，平民的市井，与太平军的特区，相互观望，又相互用各自的触角试探。制造快乐的群体陷入战争来临前的恐惧，等候命运的裁决；而捍卫太平天国的将士，也在真理和风险面前，摇晃不已。如果没有风险，这个世上就不会有冒险家。所谓的冒险，也就成了闲庭信步的自找乐子。

失控的权力可以让每一个置身其中之人，都能够充分地享受到革命的成果，哪怕是半截子革命，而这绝对是一个危险的信号。然而，李秀成如此精雕细琢他的忠王府，集江南灵秀典雅于一处，难道仅仅是为了表现他已经由一个农民摇身一变成了江南的士大夫，成了一个唯美主义者？

李秀成坐在忠王府的戏台下，绵密的鼓点犹如一场战争的序曲。虽然下面只有他一个观众，但是绷直的腰身像是被无形的绳索捆绑着，微醺薄醉的酒香也难以缓解他内心的紧张情绪。繁华的金陵裹住了洪秀全的脚步，而享乐的苏州也同样解除了李秀成的武装。英国人呤唎为太平军长期效力，与忠王相熟，他曾如此描述这位太平军的将领：李秀成看上去35岁左右，不过身心疲惫使他的容貌显得颇为苍老。他身材极好，轻巧活泼，瘦长有力，但只有中国人的中等高度。他的举止端正庄严，步速很快，但很沉稳。他的表情非常深刻，很有感染力，并且友善，不过按照中国人的观念而言并不帅气，略带欧洲人的风味。

苏州，作为苏福省的政治中心，在太平天国军民的眼中，有着仅次于天京的重要地位。在天京城内诸王争权夺利愈演愈烈的时候，不少将士在失望之余，仍是将天国的希望与前途寄托于苏州。而躲于红墙金殿内的洪秀全也自然了解眼皮子底下这点事，就在不久前，他与李秀成之间爆发了一场激烈的冲突。

李秀成在尝试各种可能性后，发现南京绝对是保不住的。他鼓足勇气，向洪秀全进言：“粮道绝门，京城那个人心不固，老少者多，成兵无有，俱是朝官，费粮费饷者多……京城不能保守，曾帅兵困甚严，濠深垒固，内无粮草，外救不来，让城别走。”

洪秀全在冲突中说的一席话让忠诚的追随者心生寒意，他当面训斥李秀成：“尔欲外出，欲在京，任由于你。朕铁桶江山尔不扶，有人扶。尔说无兵，朕的天兵多过于水，还怕曾妖吗？”谎言说了一千遍，也就真的成了真理？一个依靠谎言存在于世的人，他的内心是仓皇不安的，他越是强调谎言，就越是显示出自己的虚弱。

当天王躺在后宫的暖榻上，醉眼迷离地欣赏嫔妃们曼妙的舞姿时，他的将士们却在军营里抗拒着寒冷与饥饿的恐吓。他在舞姿的某个定格点，突然想起两年前攻取杭州以破江南大营的“围魏救赵”之计。而这一次，他命令李秀成率本部人马进军皖北和湖北，以调动湘军撤天京之围。

洪秀全的灵光一现，却让数以万计的太平将士为之付出生命的代价。曾国藩只用了少数兵力，就让天王“进北救南”的幻梦在江南的烟雨中化为泡影。而那个像铁一样刚硬且执着的曾国荃，猛兽嗜血，死死地咬住天京不松口，逼得洪秀全接连发诏，要李秀成火速回救。

当李秀成的援军赶至江浦浦口之时，适逢雨季，长江洪水泛滥。遥望烟雨迷蒙中的金陵城，李秀成也只能一声叹息。而控制长江南北的湘军水师则用猛烈的炮火，封锁围困，聚在江边的太平军将士就这样成了毫无还手之力的活靶子。这是太平天国史上最惨烈也最无意义的一次巨大损耗，“二十万大军，除了李秀成带走的一万五千人外，其余都莫名其妙地死了”。李秀成在供词中悲痛地说：“此举前后失去战士十数万人，因我一人之失锐，而国之危也。”而曾国藩所加的一句“误不应专保天京，扯动各处兵马”，可谓一语中的。

天京城外战争打得火热，可是苏州城里传出的告急文书像雪片似的送进天京城。李鸿章的淮军自四江口取得大胜后，从上海杀出，直指太平天国苏福省首府苏州。

由春而秋，霜凝万里的时节，苏州天平山的枫叶正绚丽如霞。李秀成站在石舫上，看狭长的苏州河被秋风搅动得不得宁静。李秀成知道，太平天国所要面对的，很可能是一个空前的寒冬。

李鸿章的腾然而起，让中外人士刮目相看。刘铭传、程学启、潘鼎新、张树珊等淮军将领，也随之声名远播。刘铭传已拥有自己的洋枪队，“与敌数十战皆捷”。淮军和“常胜军”陆续攻下常熟、太仓、昆山、吴江、江阴等处，准备进攻苏州。此时，李秀成已由天京回到苏州，准备组织苏州保卫战。

在此之前，洪秀全紧急征调他回到南京。结果南京还未来得及救援，苏州又陷入危机，谭绍光“日日飞文前来”，李秀成急得团团转，而洪秀全却死活不肯放他东去。这位年轻将帅的忠诚始终被洪秀全怀疑的目光所笼罩与关注，尤其是在南京城被围之后，李秀成迫于形势，曾苦劝洪秀全“让城别走”，天王又怎能轻易离开苦心经营多年的极乐之所。

李秀成这时明知大势已去，却也只能跟着洪秀全的节奏摇摆。在每个夜晚来临的时候，他只能仰天长叹，在黑暗里坐等另一只靴子的落地。虽然他在事后阐明了自己保留的一点理性，即使他在被俘后的供词里对洪秀全“一味靠天”的自我迷失表达了理智的批评，但是他并不能做到置身事外，他是洪秀全权力体系中的重要一环，也就意味着他是谎言的参与者，也是体系的维护者，尽管他的一些做法是被动的，是被裹挟而去的。他只能听任谎言泛滥，幻象成灾，任何穿帮的表演，都是对自我的否定。谎言不是花，不是果，而是根，它有着精美的样式和宏大的规模，有人怀疑，但只能帮着往里吹气，越吹越大，却不敢戳破。

太平军从上到下还在极力维持着洪秀全的舆论导向，但他的影响力在“天京事变”之后越来越弱。李秀成终于说服洪秀全，放他回到苏州布置防务，洪仁发、洪仁达却要“助饷十万”，方肯放他东去。明知是洪氏兄弟敲诈勒索，大发国难财，李秀成也只能打落牙齿和血吞，冷暖自知。

对于一个在刀锋上行走的年轻人，能够击败他的往往不是对手，而是自己人。为了筹齐十万“助饷”，李秀成甚至变卖家产和妻子、宠妾的首饰。尽管如此，洪秀全仍限令他四十日内必须回到南京，否则，“依国法而行”。

而此时，苏州城外的淮军已增至七万人，与李鸿章的淮军并肩作战的是常胜军。常胜军的创始者美国人华尔在一年前的慈城战役中中了一枪，当天夜里，他便在极痛楚中死于宁波。这支“洋枪队”便交由华尔的副手白齐文所领导。白齐文因抢夺所谓军饷的四万银两，并殴打了发放军饷的候补道杨坊，为李鸿章通缉捉拿。此人被赶下台后，直接投靠了太平军，并赢得李秀成的信任。他打着赴上海采办枪支弹药的旗号，从太平军手里骗得一笔巨款，随即投身于上海花天酒地的生活。

英国驻华公使卜鲁斯觉得很没面子，要常胜军此后“不得由冒险家”接掌，而应“由在本国军事部门任职，而必然拥有军事知识和懂得以节约方式官吏部队的军官来掌管”。戈登就是在这一条件下遴选出来的英国皇家工兵官，此人毕业于英国伍利奇的皇家军事学院，出身于军官世家。他有着地图绘制经验，且善于视觉性思考，在征战中巧妙使用地图和素描。他还是一个奇怪的人，“基于宗教理由而不近女色，终身未娶，十四岁时就遗憾自己不是太监”。

由于有戈登本人保证既往不咎，白齐文躲过清廷以叛国罪处死的命运，但他必须离开中国。或许是有着深厚的中国情结，在离开两年后，他再度潜回中国募集新民兵队，遭清军捕获，戴着镣铐溺死于中国的某条河里，结束了他的一生。当地官府给出的解释是，押送他的那艘小船意外翻覆，但西方人好像并不相信。

戈登的常胜军在李鸿章麾下的太平天国叛将程学启所率淮军的协力下，

已和太平军打成僵持的局面。戈登拥有开花大炮，淮军借助其炮火轰坍城墙，或“梯而登之”，或“跃而入之”。淮军与湘军攻城有着很大区别，湘军曾、胡、左诸人最怕“老师坚城”，习惯于围而莫打。无论是九江、安庆，还是南京，都需要围上一年半载，待到城中弹尽粮绝，方才大举进攻。

苏州城本由李秀成镇守，但去年秋天他带兵与曾国荃周旋，便委派慕王谭绍光留守苏州。待他再次回到苏州，潦草地打了几仗，节节败退，明显感觉到将士们的心气已大不如前。李秀成并没有采取严厉的措施，甚至连责怪之言都没有出口。因为他深知，他们有着充分的背叛天国的理由。自己若不是天国的“忠王”，家人若不是还留在南京城里，他也无法保证自己的忠诚度。

身为太平天国的“忠王”，李秀成所效忠的对象和他为之赴死的理由都变得极为牵强。或许正因为如此，李秀成在与诸王最后一次谈心时，才会黯然道：“主上蒙尘，其势不久。尔是两湖之人，此事由尔便，尔我不必相害，现今之势，我亦不能留尔。若有他心，我乃国中有名之将，有何人敢包我投乎？我一家难舍，母子（亲）六十余岁，大家流涕，而各及他行。”

李秀成这番话出自肺腑，也并无虚饰。也就是说，或走或降，他都会尊重别人的选择，两不相害。既不阻拦，亦不主张，他扛着自己这面“忠王”的旗帜，只能死扛到底。且不说他的特殊身份，光是家人被强制留在天京城为人质这一条，就让李秀成难以做到自我放逐。如果说，苏州城诸王中尚有混沌之人，非慕王谭绍光莫属。

这是一场心照不宣的告别，谁也不肯捅破这层窗户纸。众人听后，也慷慨表示：“忠王宽心。我等万不能负义，自幼蒙带至今，谁敢有他心？如有他心，不与忠王共苦数年。”

李秀成已经嗅出了空气中危险的气息，他太了解他们。既然反状未露，他也不敢妄动。若是他执意留下，也等于挡了别人的活路。李秀成只能识趣地离开，成全别人的选择。他在这个秋天的某个夜晚，穿过殿堂，穿过游廊，穿过花园，穿过几条街道，很快便消失于苏州城。

那一刻，他一定在内心向这个给了他享乐与荣耀的城市道别，像一场仪式。

而他关上了忠王府的大门，各处的灯火依然亮着，如同一个个悬于暗夜的句号。一切尚未开始，一切终将结束。

李秀成走后，苏州城内太平守军在慕王谭绍光的组织下，打退了清军数次进攻。谭绍光手下守城的太平军将领有纳王部云官（郜永宽）、康王汪安均、宁王周文佳、比王伍贵文“四王”，以及张大洲、汪花班、汪有为、范启发“四天将”，他们控制着苏州城内四分之三的兵力和六个城门中的四个（指阊、胥、盘、齐四门，余下为慕王所辖娄、葑两门）。

戈登通过苏州城内由常胜军叛逃过去的白齐文所带洋兵了解到，“四王”“四天将”与慕王不合，而且郜永宽尚有投降之意。程学启告诉戈登，说已有一位等级较低的王偷偷前来见他，向他保证只要他们能从内部将慕王及其亲信拉下台，他们愿意献城投降。而这帮人的领头之人是纳王郜永宽。

郜永宽很快便通过某种隐秘的手段与淮军“魁”字营营官郑国魁取得联系，“递禀乞降”。他与康王汪安均先后密约程学启、戈登在阳澄湖边“单骑相见”。秋风起，蟹脚痒。他们或许是在一场友好的欢宴上，觥筹交错间定下献城纳降的大计。在戈登的眼里，纳王郜永宽“中等身高，肤色浅黑，年约三十岁，面相看起来很聪明、很讨人喜欢”。这是一次三方会谈，戈登成了他们的中间人，也是担保人。

在徐珂《清稗类钞》中记载当日事：“寇必欲要忠烈面议，忠烈慨然往。要以三事，亦允之，降计始定。”所谓“三事”，即“留半城屯其余众”“编定百营照给饷”和“受翎不剃发”。此三事与后来引发李鸿章杀降的非分之请（并乞奏保总兵、副将官职，指明何省何任）有出入，可留意一下。

限于大清体制，无论是“三事”，还是李鸿章说的非分之请，都是李鸿章不可能完成的任务。他之所以“踯躅三昼夜，不能决”，最后还是“亦允之”。只有一个原因，尽早拿下苏州城。李鸿章算不得一个激情之人，他应该考虑到事后有可能引发的信任危机。更何况担保之人是戈登，将英国人放在火上烤，甚而导致中、英两国的外交危机，这可不是小儿游戏。

战者，气也。当清军水陆齐攻，为开城投降造势，慕王谭绍光不仅毫无知觉，他还试图唤醒将士们身体里的勇气。他“传令各伪王上城堵御”，在训话过程中，讲到广西老营的太平军才是最可靠的，气氛陡然升级。在场之人多是湖南和湖北的，其中有人脱下太平天国将领的缎袍公然挑衅。混乱中，有人挥刀斩杀谭绍光。郜永宽传令“慕逆死党杀毙千余”，开门迎降。郜永宽等人将谭的首级以及整个苏州城当作礼物，呈送于李鸿章的部下、总兵程学启的面前。

城门洞开，淮军分兵把手城防各门，随即洗劫了所有王府，大肆攫取财宝。当李鸿章走进被攻陷的忠王府时，不由为它的豪华而叹为观止：神仙洞窟，平生未见。相传，淮军诸将从忠王府掠得大量金银珠宝，并以两件最宝贵的象牙床、沉香床送予李鸿章。从洪秀全到李秀成，他们都是凡夫俗子，躺在弥漫着香气的温床上，只会一天天消解他们的战斗热情。他们忘记了，享乐是一把罪恶的钥匙，它能够随时打开通向死亡的那扇大门。

戈登见苏州已得，面见李鸿章要求先赐拨两月特饷用于常胜军伤病及退役军官，并未得到答复，戈登威胁等到下午三时再不兑现将辞职。随后，他进入苏州城，寻找慕王尸体并会晤各降王。见到了以纳王郜永宽为首的苏州降将，八王对投降事宜“深为满意”。戈登欲实施保护，纳王劝其不用担心，还答应调千名士兵补充洋枪队。

人性的贪婪，为所有的阴谋提供存在的理由。八王甚至要求程学启转告李鸿章，欲求添立二十营，并奏保总兵、副将官职，他们甚至幻想着用沾满自己人鲜血的双手在新的岗位上，攫取更大的利益。戈登命部队开回昆山，同时派员保护李鸿章官船，以防止对仅发一月饷银不满的常胜军官兵威胁李鸿章。

忠诚，是礼序的核心，是一切道德规范的圆心。就像一块棋盘，每颗棋子都有着自己无可替代的使命，遵循着自己的路数在移动。若是有人破坏规则，不但将受到严惩，也将背负罪恶的声名与失败的痛楚。当郜永宽等人带着识时务者的满足感走进淮军营房大帐时，李鸿章已经为他们设下宴席，客气地招呼他们入座。酒至半酣，李鸿章起座离去，并命总兵程学启代为作陪。

第二天，程学启出乎意料地遇到戈登，焦躁不安、面色惨白，吞吞吐吐地告知戈登，八王并未晋谒李鸿章（企图为李鸿章开脱责任），邀其策马绕行。避开戈登的程学启带队分门并进，并宣称八王诈降被诛，与城内降众无关，反抗者杀无赦，愿解散者给路票回籍。而此时，戈登被纳王家眷围于纳王叔父家中，原因是清军也洗劫了纳王府。当晚戈登拟制军令，欲用火轮拘押李鸿章迫他释放诸王，并派卫队保护纳王家眷。

程学启手下洋枪队教官美国军官贝莱少校向戈登解释说程学启进城便痛哭流涕，枪毙了20名劫掠士兵，重申城内的洗劫行为是李鸿章治下不严。也就在这时，纳王郜永宽义子告诉戈登其父被杀于河对岸，戈登亲见被腰斩的八具无头尸体，八王被杀近18个小时之后，戈登才真正知悉，顿时火冒三丈，“深感耻辱和极度伤心”。

他搭上火轮驶抵李鸿章大营欲逮捕李鸿章，但李鸿章已到对岸参加入城仪式。戈登在李官船中留下信函对李鸿章提出最后通牒，后返回营部。据说，他“自携短铳以觅之”，要将李鸿章就地正法。

李鸿章派淮军的英国教官马格里去昆山劝解戈登，并声称杀降事件因戈登不知谈判条件，与其无关。同时告与马格里是因八王提出了过分条件才下令处决。西方洋人风传戈登空头许诺八王，骗其被诛。郜永宽等人所提的过分条件，按照李鸿章的说法：“官军入城查探，降众实有二十余万，其精壮者不下十万……准立二十营，并乞奏保总兵、副将官职，指明何省何任。”也就是说，郜永宽等人不但索要高衔实缺，还指明何省何地任何职。

太平军开出的“非分之情”是李鸿章的一面之词，他在写给哥哥李瀚章的信中也提到此事。谭伯牛说：“李鸿章、程学启鉴于水师不日离苏的现实困难，以招降代替攻城；鉴于谈判条款不可执行的法理局限，以杀降代替抚降。”既然说到水师，有必要在这里交代：曾国藩与李鸿章因为抢人，闹得师生差点反目。他们所抢之人，是江南水师提督黄翼升。江南水师原属湘军水师系统，由曾国藩派遣配合淮军作战，李鸿章对其十分看重。

1863年（同治二年）5月，曾国藩因大局需要，调黄翼升由扬入淮，攻打周家口。李鸿章却因为此时正处进攻苏州的紧要关头，拒不同意。他致函说："昨闻吾师檄调过淮，鸿章岂敢违令，惟官绅士庶、大小将领相顾愕眙，似于东南全局大有关碍。……鸿章与昌岐统带此军，四载以来，欢洽无间。昌岐每言，从此常愿合伙，不愿分离，真死生患难之交。"李鸿章深知苏州城对自己的重要性，岂能放黄翼升北上。黄翼升虽不是李鸿章的下属，但因为军饷都来自李鸿章，丝毫不敢得罪他，一直都停留在此。

对此，曾国藩表示不能同意："沪甘而淮苦，人人皆知，质堂之不愿赴淮，与昌歧同。"为调黄翼升部一事，曾国藩十三次与他来往函商，均为李鸿章所拒绝。曾国藩忍无可忍，以"参办"为威胁，"昌歧此次再不应调，实不能不参办"。

李鸿章虽然拒绝了"吾师"的要求，但内心还是有所触动。在与人交往之中，曾国藩向来喜欢采取守势，不到迫不得已，不会与人决裂。曾国藩既然发下最后通牒：再不应调，即兴参办。若是真的参办，黄翼升部必然调离苏州战场；失去水师的强力助攻，克复必成虚幻。

李鸿章剑走偏锋，是要在最短的时间里，将黄翼升水师的作用最大化。这样对曾国藩可以有个交代，同时也可以尽早放黄翼升水师离开江苏。李鸿章苏州杀降事件掀起轩然大波，时人将他与历史上的白起与项羽并提。曾国藩接到李鸿章的报告后，虽然内心也认为李鸿章过于狠辣，但终究拿下苏州，居功至伟。他在日记中写道："此间近事，唯李少荃在苏州杀降八王最快人意""殊为眼明手辣"。

三十年后，李鸿章访德，与铁血宰相俾斯麦畅谈当年武功，很是满足。而俾斯麦听了淡淡一笑道："我从不将杀俘作为功劳。"李鸿章便哑口无言。

在这次事件中，跳脚最厉害的是英国人戈登。他召集常胜军士兵，宣告苏州杀降事件，声称除非清廷对这种行为给予处分，否则不会再为清廷服务。黄昏时分，戈登携纳王义子抵昆山与部下会合。

戈登的义愤像燎原之火蔓烧整个洋人圈，十国领事官员发表联合声明，谴责李鸿章"令人发指，极端背信弃义的作为，很可能促使西方诸国收回对清廷的支持，收回常胜军对清廷一直以来的援助”。

蒙受耻辱而愤慨的戈登主动与英领事馆通报此事件，扬言要将苏州交还太平军，并且率领他的常胜军攻打李鸿章的部队。戈登对清廷的赏赐毫无兴趣，“陛下所授予物品，因苏州陷落以来之事情怏怏而不敢纳受，实为千秋之遗憾”。在戈登恨不得要和李鸿章来一场私人决斗时，李鸿章却在奏报中，请求朝廷褒奖戈登和常胜军。

李鸿章甚至还从新任中国海关总税务司赫德的身上，找到有力的支持。在清廷李鸿章请赫德极力调停的同时，形势也出现了新的变化。戈登“相信常胜军如果仍留在昆山大本营，就会日益蜕化，而且难于驾驭”。戈登后来在给卜鲁斯的信中声称：“我确信白齐文正在斡旋解决回到叛军之事，有多达 300 名品性不良的欧洲人准备加入叛军。如果我离职，（李鸿章）不会接受另一名英国军官，（清朝）政府就会让某个外国人加入，要不部队就置于华尔或白齐文式的人物率领之下，对他们有时的行动我们从来就没有把握。”

1864 年 2 月 1 日正午时分，中国一年一度的春节就要到了。

赫德、李鸿章和戈登终于在苏州会晤，赫德帮助戈登按时而且正常地取得饷银。李鸿章发布告示说明杀降事件与戈登无关，戈登同意常胜军于中国农历新年过后出战。中外各种因素都促使戈登及时回到战场，并且在收复太平军几个主要据点中常胜军都起了重大作用。李鸿章、戈登二人终于摒弃成见，在战场上重新开始了密切协作。

第九章

在劫难逃

——一个太平军将领的流亡史

1. 石达开的英雄路径与困境

1857 年（咸丰七年）6 月 2 日，石达开趁着无边的夜色逃离天京。

这一刻，他对那座位于天京中心地带的天国圣殿——天王府充满了深深的疑惑和恐惧。在往后的无数个夜晚，他重复着同样的梦境：数不清的刀刃在宫殿起舞，此起彼伏，而那个他曾经无比信任的兄长，天王洪秀全在血光中一次次走来，一步步紧逼。天王府的金殿空空荡荡，所有的刀刃从四面八方席卷而来，石达开无力躲闪。

这是他的梦境，也是他的现实处境。活在两处，却落于一端。

石达开曾以为，天国的宫殿不同于其他宫殿，天国的王也不同于王朝的皇。当他看到猩红的血，从各家王府的花丛中蔓延，看见亲人的头颅在城墙上迎风高悬，他推翻了自己所坚持的。水大终究漫不过船去，他终于知道，王以及王权从来就不是一场合作者的游戏，如同巍峨的天王府，所有贴金布彩的装饰，不过是权力的有形之手投下的一道道诱饵。

人间不值得，还是人间不值得做一回英雄？出走，活出另一个自己，但可能吗？石达开消失在那个黑夜，却又醒在每一个太阳升起的黎明。消失的他，成了太平天国将领中的异数，而醒来的他，仍是当初那个离开贵县、走出金田的少年将领。离开天京之后，石达开有一种解脱感，这种解脱感使他的精神与肉身完全剥离开来。身之所往，却非意之所向。

他所享受的，所信仰的，所奋斗的，都在黎明来临前做了一次清零。他是不准备给自己留后路了，虽然他并不认为自己的情绪好恶要比太平天国的兴亡来得更加重要。

他在渡过长江后，从马上纵身而下，在江南明亮的天空下，深吸一口气。从此后，太平天国的翼王，果真生出一双羽翼，成了一只落单飞翔的大鸟。在“天京事变”这样重大的政治动荡面前，翼王石达开做了他应该做的。若说是不忘初心，当初的他对天国以及天王有着毋庸置疑的“忠”，奋力周旋于诸王之间，甚至赔上全家老小的性命，还差点搭上自家性命。若说是“不忠”，实在是说不过去。众说纷纭，因果关系也变得含糊不清。

“忠”与“不忠”都无意义，自己人的屠刀一再举起，小天堂成了血海。

“天京事变”让他明白了一个道理，道德的假面更容易为人欲的大放纵、大宣泄提供安全保证。洪秀全任用洪仁发与洪仁达为安王、福王，主持军政，节制石达开，并将其看管起来。洪秀全的内外有别，使太平天国的权力结构发生了破坏性的扭曲与质变。虽是洪秀全的个人私欲在作怪，但暴露的却是这场革命无法抽离的封建属性。天京城内，高层集会，石达开发表议论时，众人皆环绕屏息而听；安王、福王论事时，众人四座窃言，无人肯听。李秀成在供词中说：“翼王与安、福二王结怨，被押制出京。”没有洪秀全的私下授意，寸功未进的洪氏兄弟又怎敢轻易去动声望极高的石达开。

石达开由铜陵渡江后，逃往安庆，他于途中发布文告，剖示心迹：“为沥剖血陈，谆谕众军民。自愧无才智，天恩愧荷深。唯矢忠真志，区区一片心，上可对皇天，下可质世人。”

在文告结尾处，石达开仍署“太平天国丁巳七年”字样，念念不忘天国。

于现实面前，心生寒意的石达开已经与洪氏兄弟走向决裂。有人说，若是石达开仍心系太平天国，他在安庆整军时，陈玉成正在湖北黄梅与清军激战，他若施以援手，陈玉成部也不会大败，退缩回安徽。

出走的石达开，心凉了，血也凉了。悲观者如是说。

他率军从安庆出发，经建德入江西，踏上他的不归之路。对于历史而言，石达开的决绝为太平天国埋下巨大的凶险。洪秀全与石达开，一个是执迷于“我死之后哪管洪水滔天”的“小我”创业者，另一个是被粗暴的天国体制逼向绝路的英雄，他们之间的关系就像是一场恶劣的婚姻，置身于其中之人皆难逃厄运的追索。他们成了自己的敌人，他们成了自己所效忠事业的叛徒。诚如史学家简又文所言：“既非叛逆，又非忠顺，不君不臣，不分不合，亦可谓奇怪至极，而求之古今中外历史中，殆无与伦比者。”

石达开的军队辗转游移两万多里，如同一只脱笼而出的豹子，到处撕咬，无处藏身。石达开的出走，带走了湖北、江西、安徽等地一直忠于他的十余万精兵良将，使太平天国在这三省失势近半。或许是在某个噩梦惊醒的黎明，天王洪秀全才突然醒悟，他赶紧派人送“义王”金牌予石达开，又削自己两个哥哥的王爵向对方示好，而石达开早已一骑绝尘，不再理会天国的罪与罚。

1859 年 8 月，石达开的军队将湘赣大地踩得山响，如同惊雷滚过，精彩的战略部署和巧妙的战术运用让他的对手目不暇接，大范围扯动，小范围突进。狂飙所到之处，江西 8 府 40 多个州县相继失守，整个江西只有南昌等几座孤城。诚如左宗棠所言：“石逆（达开）之来犯江西也，传檄远近，江西士民望风而靡，千余里间皆陷于贼。”

从南安到宝庆（湖南邵阳）的四个月，石达开的远征军如入无人之境。这支脱离了太平天国母体的军队，疯狂而嗜血，并因吸吮太多的鲜血而变得更加疯狂。

石达开以暴风骤雨式的急行军冲破清军的阻拦，并以灵活多变的战术牵制各方，时分时合，使追赶的清军疲于奔命，首尾不能相顾。此时，尚在人世的咸丰帝听到这一消息，脸色骤变：“逆贼窜扰数省，所至糜烂，若再令扰及蜀中，则不独财赋之区悉遭蹂躏，且势踞两湖上游，荆襄等处皆为振动，即陕西亦需设防，大局将不可问。”

命不久长的君王对时势居然有着如此清醒的认识，是源于恐惧带来的自然反应，还是石达开这个战争狂人给这个衰朽的王朝带来过太多的噩梦。君王若是悲观主义者，这世界焉有不乱之理？连皇帝的腰杆都不直，臣民的腰杆也就跟着弯了下来。

当陈玉成身陷安庆之围，无力自救时，石达开却在江西境内完成自己人生最酣畅淋漓的表演。诚如朱偕汉所言：“湘军倾巢东犯安庆，远离后方，暴露了湘军在补员、给养方面的困难，也造成了湘军将士对太平军突袭湖南的畏惧。倘若太平军避实就虚，迂回赣南、湘南，直捣湖南腹地，从而推向湖北，必将动摇湘军军心，迫使湘军回救湖南。这不仅可解安庆之围，且太平军也可再造高屋建瓴之势。很可能石达开就是根据对形势的这一判断，决定第四次进兵湖广的。且可能又考虑到太平军在赣浙新挫，士气尚低，补给亦难，石达开采取由浙而闽，经江西南安直插湖南腹地、推进湖北的行动路线。”

湖南是湘军的老巢，石达开若是能在湖南之境搅他个天翻地覆，必能逼得曾国藩回转来救，皖南与天京之围也可迎刃而解。石达开看似没有目的的一意孤行，确保了全军顺利抵达宝庆，进而形成合围之势。

大敌当前，石达开的固执像刀锋一样凛冽，从江西到湖南，所过之处，弥漫着春天的浓烈气息。尤其是在这一年，土地上的花花草草仿佛有着肆意绽放的劲道，太多战士的鲜血、肢体和骨骼被深埋地下，变成大自然的养料。有专家说，辗转作战的石达开，极大地缓解了太平军在江西、湖北和天京战场的压力，有力支援了长江中下游太平军的作战，是一段极为精彩的战斗历程。

石达开的精彩，他的敌人最能体会，而这种体会伴随着更为深切的恐惧。胡林翼回忆说，“当湘事之告急也……不能不顾上游。林翼发兵后，仅领余兵 2000 人入黄州城守，盖兵将已全赴湘中”。在曾国藩的连续催促之下，胡林翼精心策划且已实施的“会剿”安庆计划，也只能在石达开跃马横刀的背影下，成为一道似有若无的背景，他的所有努力好像都是为了证明石达开的价值所在。此时，身在安徽的曾国藩连连哀叹：“早知如此，自去冬令萧（启江）张（运兰）并力南路（石达开部），不令凯章（萧启江）图景德镇（杨辅清部）也。”

石达开在湖南的军事行动，迫使胡林翼、曾国藩等人进攻安徽的计划推迟近一年之久，直到 1860 年 4 月，曾国藩才得以腾出手来重新部署对安庆等地的进攻。连统领楚军的左宗棠也心有余悸：“石逆狡悍著闻，素得众贼之心，其才智出诸贼之上。而观其所为，颇以结人心，求人才为急，不甚附邪教俚说，是贼之宗主，而我之所畏忌也。”他对得起敌人的褒奖，他是真英雄，不是假把式。

当时两广和湖南交界地区叛乱之风四起，地方农民军的新生势力与太平军遥祝相呼应。骆秉章、左宗棠担心石达开乘虚而入，动摇各省湘军的军心，进而影响整个战局。左宗棠在写给曾国藩的信中言道："湖南频年内固封守，外援四邻，财力既殚，人才亦耗……兹大股逆贼乘虚窜突，倘不能迅速剿除，不但本省生灵遭其荼毒，即绅民之出演援剿者，皆不免有内顾之忧，而东南大局且将不可复问。"

清廷着令左宗棠全权负责"筹饷募兵"，飞檄各郡搜集兵将、编制队伍，饬留籍湘军头目火速招集旧部，集结在籍湘军官兵四万余人。与此同时，又急从各省抽调步兵、水师、炮舰、马队入湘助剿。

这是一场和时间赛跑的游戏，若不能快速遏制石达开在湖南境内的突进之势，那么整个东南之地必将陷入死亡的黑洞。此时，最能够认识到石达开存在价值的不是南京城里的天王洪秀全，而是曾国藩、胡林翼、骆秉章、左宗棠这帮湘军将领。这里有个小插曲：1859 年的春夏之交，洪仁玕被委任主理国事之初，石达开还专门遣使团道贺，并且提出今后一切上给天王的奏章均有请干王代转。石达开如此做法，可见他依然关注着天京方面的一举一动，反应如此迅速，绝非寻常之举。

石达开负气而走，不仅有着空间上的决裂，也有断绝精神上的仰赖之意。他轻狂自傲的性格深处，也有自怜脆弱的一面。洪秀全和东王杨秀清曾经为他炮制了一个巨大的幻觉，幻觉在，人生终极理想的活路就在。如今幻觉破灭，他也把自己活成了一只无头苍蝇。

野史对此的记载更有戏剧性：当年左宗棠以高先生之名与石达开有过一面之交。石达开欲将其推荐给天王洪秀全，怎奈被东王杨秀清以"卧榻之侧岂容他人熟睡"的借口将其拒之太平天国的国门之外。临别时，左宗棠送了八个字给石达开："武将有余、文臣缺少。"而这八个字，也恰好道出太平天国的命门之处。

石达开攻打宝庆的兵力有着诸多版本，曾国藩在回复湖广总督官文的信中有言"贼之自浙闽入楚者，不过六七万，益以赣，彬之众，贺县另股之斐，不过惟十余万"，在给左宗棠的信中也说石达开离开江西时兵力是"六七万"，这应该是一个比较接近真实情况的数据。

湖南战事难测，已进入安徽的一路湘军也在进至太湖后停下脚步。陈玉成、李秀成抓住时机合兵江北，进攻浦口。其时胜保攻击官文、胡林翼按兵不动，咸丰帝转谕官文、胡林翼以湘军水陆分攻舒城、桐城、庐州、安庆，以分其势。

官文、胡林翼奏复："因石达开进入湖南，先后调去水师四营，陆师四营，马队二百，备多力分。设宝庆兵力不敷，则岳、鄂同时震动。"石达开入湘造成湖北南路空虚，征皖之师，孤军未可深入。等湖南军务稍定，方可并力皖省。也就是说，石达开在湖南的作战为陈玉成、李秀成暂时解除了后顾之忧。

宝庆城内外的兵力初时在三万左右，石达开部占据绝对优势。清军即使打退太平军的攻势，也不敢贸然追击，否则将会陷入太平军的汪洋大海中。石达开正是看准这一点而全力进攻宝庆。

这是一场毫无技术含量的战役，比拼的是人力。血液与脑浆在宝庆城的四面八方飞溅，坚实的城墙被涂抹得色彩斑斓。城墙也好像有了打不死的再生能力，被炮火撕开的口子，一夜之间又完成了自我愈合。本以为在不舍昼夜的攻击中，连城墙根也会被炮火撅起来。但等到飞扬的尘土落定，城墙依然在，宝庆安然无恙。

宝庆守军据城力守，石达开的军队始终未能攻下城池。而清军的援军如同江河入海，从各处奔涌而来。先是湘军刘长佑、江忠义、刘坤一等部赶到，湘军萧启江部赴援行动慢了半拍，招来胡林翼的一通训斥，骂他"萧雅步从容，逢人便问魏二兄，其所谓血性着安在？彼言网开一面，是送贼入蜀也，师杨武陵故智也"。湘军刘昭岳、何绍彩部也赶来增援，石达开趁其立足未稳派军出击，攻破其大营。

面对湘军的四方来援，石达开没有陷入慌乱状态，而且愈战愈勇，军队的实力在战争中得到扩展。密集的炮火与流动的刀剑如同缠绵不休的潇湘夜雨，在辽阔的原野上发出噼噼啪啪的声响。当时一位参战的湘军将领曾回忆，这一时期他所参加的与太平军大小八十多次战斗中，败者六十有余，可见太平军在作战中胜多负少，一直占据优势。但是，攻城的目的却始终未能实现。

大战不息，外无援兵，石达开这只断线的风筝真的被天国抛弃了。对于一个军人来说，不战而去是一个莫大的耻辱。他不愿背负这样的耻辱，留待后人奚落。既然没有援军，他就边战边募。他习惯用口号与忠诚点燃将士的热血，让他们的身体在炮火中不再颤抖。

曾国藩调张运兰一军回援宝庆，官文、杨载福派湘军水师萧翰庆、王明山、陈金鳌各部增援湖南，胡林翼续调安庆水师副将刘国斌、游击曾绍霖部、游击左光培部及已革总兵李续焘所募新勇分援湖南，又调湘军头目李续宜从湖北来援，骆秉章急调主簿魏吻义、副将余星元等布防堵石达开，又调援黔之副将田兴恕一军回湘……局势开始渐渐对石达开和他的军队不利。

宝庆会战，前后 70 多天，大小数十战，始终未能取得决定性胜利，这直接破坏了石达开的整个战略计划。而这一年秋天，云贵边界的李永和蓝朝鼎等人率领的起义军进入四川，迅速发展到十余万人，而他们奉太平天国为正朔，多次试图迎石达开入川合作。清军在四川的兵力相当薄弱，是以李、蓝能够纵横川境。此时石达开若能进入四川，局势对他是极为有利的。但是宝庆会战的失利，使石达开丧失了入川最有利的时机。等到两年后他再度入川时，清军已经在四川布下森严壁垒，李、蓝义军也被压制于一角，无法再给予有力的配合。孤注一掷的结果，只会导致自己失去主动权。

宝庆会战，石达开的军队损兵折将，清军也付出了惨痛的代价。

为了在宝庆外围形成对石达开的反包围，清军不惜打乱湖北、江西的兵力部署，暂时放弃围攻安庆、天京的计划。会战后，他们要面对已经完成了全面调整和部署的江南太平军，这是极为被动的。

1860 年的秋天，石达开久攻宝庆不下，被迫进入广西地界。在尝试性地进攻桂林受挫之后，顺势取下庆远府城（宜山）。石达开以庆远府署为翼王府。

这是石达开离开天京之后，度过的一段相对平静的时光。

进入广西，石达开又回到梦开始的地方。富贵不回乡，如锦衣夜行，石达开在家乡父老面前摆下长长的流水宴。金田起义以来，众多宗族与家乡子弟随他离开这个叫作桂县的小地方。他带着他们一次次地穿越战争的风暴，很多人死于战斗中，很多人死于内讧中，死于同族同村兄弟之手。在与乡人的觥筹交错中，醉意沉沉的他又会做何种感慨。

石达开领着侥幸活下来的将士踏上了一条比先前更具危险性的道路，这支极具战斗力的军队成了一支流亡大军，距离太平天国的核心区域越来越远，难以形成彼此关照的呼应之势。尽管如此，天京方面历年所颁历书，诏旨中均列石达开之名（衔），“朝天朝主图”上也有石达开的座次，天京政权始终是公开承认石达开部的嫡系地位的。

洪秀全的感情牌已无法打动石达开，天京城里那些血腥的日与夜彻底摧毁了石达开内心曾经坚持的天国信仰。现实冲击带来的情感落差很容易让一个人失去理智，他现在不会回头，将来也不会回头，哪怕是远走他乡，成为孤魂野鬼。

在石达开看来，随着一个个王兄和将领的黯然离去，太平天国所标榜的那一套有别于儒家忠孝伦理的天国体系已经瓦解。在经历了血淋淋的撕裂和麻木之后，他终于相信“人不为己，天诛地灭”依然是世间最高真理，就算是置身于仙乐飘飘的天国。纵然醒悟，石达开还是做不到在现实面前低下他清高自傲的头颅。

1861 年 6 月，石达开放弃经营了八个月的庆远府城，攻打南宁未成。此后，他决定打出广西，进图四川，但连续七次强渡长江，都无功而返。在关键时刻，石达开认为最可靠的两员大将彭大顺和朱衣点背叛了他，彭大顺随石达开在赣、浙、闽、湘、桂五省连续苦战三年，看到入川无望，力劝石达开回京不成，心生离去之意。彭大顺暗中策划并率领豫爵吉庆元、朱衣点、黄祥胜等将士二十万人誓师回京。彭大顺的叛离，动摇了石达开所部太平军的军心。但奇怪的是，石达开得知此事后虽然很是愤怒，但并无强制阻拦，依然让彭大顺带着二十万大军离去。

石达开“不阻拦”的决定，致使剩下来的太平军错误地以为，石达开连年的苦战想进入四川的计划已变得遥远而漫长，认为石达开的做法已经彻底和天王洪秀全的天京朝政划清了界限，让多数太平军将士在思想上陷入迷失之境。

这是致命的打击，军心上的动摇和人心上的涣散在短期内是不可逆转的。

经过近七年的流动作战，石达开部的太平军将士几度分化，从天京出来的嫡系部队已所剩无多，沿途招募的新兵战斗力较弱。所率的太平军整体上对远征进入四川缺乏信心。特别在第一次入川不利的情况下，多数将士意志消沉。石达开入川心切，没有经过对周围环境客观周全的分析，尤其是没有把少数民族武装看在眼里，在战略上走错一步，贸然进入根本不熟悉地形的大渡河畔。

或许就在这一刻，石达开的结局已确定无疑。

2. 今天亡我，我复何惜一死

1863 年 4 月，马不停蹄的石达开准备再次强渡金沙江。

这是他第四次进入四川，也是最后一次。渡过金沙江的石达开军，并没有失去斗志与锋芒。他设伏于安宁河边，一举歼灭来自宁远的几千名清军，而这也同样是他人生的最后一场胜仗。

人面临自己的最后一次，是无法自知的。在没有现代通信设备的年代，战争情报的传递依靠脚力，而天然的滞后性几乎是一种常态。当时的胜利者往往是脑力运动的高人，并不是脚力运动的健将。重庆总兵唐友耕奋力追踪、拦截，但他还是被石达开甩在了身后，当唐友耕赶到江边时，石达开已遁入宁远的苍茫乱山之中。

四川总督骆秉章据情判断：紫打地极可能是太平军的渡河点。

骆秉章做出围猎紫打地全盘部署的时候，决定派出骁勇善战的重庆镇总兵唐友耕扼守大渡河东北岸。唐友耕，这个由义军转投清廷的地方官场新锐，若不是他在之前已用自己人的鲜血证明过自己的忠诚，骆秉章是不会将如此重要的任务交于他的。尽管如此，他还是在临行之前予以敲打："这次你如不能立功，谨防你的帽顶！”这样的话在唐友耕听来，极具威胁。对于一个已失去江湖“帽顶”的背叛者，他若再失去体制的庇护，无异于将他投放于狼群中撕咬。

在那部叫作《投名状》的电影里，背叛者都是带着地狱行走世界的人，他们在极端状态下爆发的人性之恶超出我们的想象。兵法有云“慈不掌兵”，唐友耕早已用实际行动度过了投名状的考验期。与那些抬棺而战的人相比，唐友耕这样的人已经脱离了形式主义的初级阶段。带着地狱行走，地狱反而成了他的庇护所。

骆秉章提前做出的部署是：唐友耕于大渡河十三个渡口设防，防止石达开突出重围。雅州知府蔡步钟率领团勇驻扎宰羊溪至安庆坝等处，云南提督胡中和率所部分驻化林坪至瓦斯沟一线以为声援，副将谢国泰布防猛虎岗，以防石达开沿河而趋打箭炉（今康定）。同时，“解银千两分赏松林地土千户及邛部土司岭承恩等”，并让唐友耕传话：击败太平军之后，“所有资财悉听收取”。

骆秉章不是神仙，他的推算也只是基于二选一的考虑。疲于奔命的石达开已失去往日的决断能力，固然他从未缺乏勇力与智谋，但是在疲于奔命的现实面前，他性格深处的孤傲自信，还是将他拖向危险的境地。历史上的悲剧英雄，既有命运悲剧，更有性格悲剧，而后者带来的伤害值更甚于前者。

从宁远北上，有两条路可以选择：一是越巂大道，沿大凉山，到大渡河畔的大树堡，由此渡河，东走峨眉、乐山，去往成都；二是冕宁小道，由宁远北上，到大渡河南的紫打地，由此渡河，经天全、雅安，去往成都。大路坦荡而远，小路险狭而近。一个处处历险之人，是很难将生存与坦途连接在一起的。对于石达开来说，他所有的荣耀都建立在凶险的基础之上。他习惯了从一个危险抵达另一个危险，习惯了震耳的鼓声将他和他的战场包裹住。

石达开在综合各方因素之后，将前进方向锁定于第二种选择。他的前锋部队在当地向导的引领之下，出李子坪抵达西岸，屯兵紫打地，以正面直对大渡河的营盘山为中军营地。事后，有人举报向导赖由诚等人为清军奸细，石达开虽然清除了奸细，但却无法引领自己的军队走出绝境。

1863年5月14日，紫打地，迎来了一个血色清晨。

在山势与水流的烘托中，紫打地就像一部探险类电影里的外景地，以貌似忠厚的蛮荒掩饰暗藏的玄机与危险。情节固然雷同，结局无人负责，石达开在一种亢奋而紧张的状态下，向着自己的深渊高歌猛进。

紫打地又名“紫大地”，是由大渡河和松林河所形成的一个三角地，是越西西路河道七个集场中最大的。此处由松林地土司王应元管辖，一个不折不扣的利益主义者。在当地人的语境里，这里是“出蔬菜的地方”。本是自然养人之所，却成了人类残杀之地。

如果上天能够给予石达开一次自我纠错的机会，同时抹去他的记忆，他的选择会发生改变吗？这个刚直、精明，又喜欢冒险的广西汉子，能做出的改变是极其有限的。天不见日，地不见路，燥热难耐，所有要素的叠加都像是在指向一场战役的最后时刻。

风声拂拭刀剑的声音，与太平军将士身后的背景形成呼应和谐之妙。松林河的水源从高处坠下，如箭矢飞流，泻入大渡河，斜插入深碧色的大渡河河心。大自然以如此撼动人心的方式，在山峰与大地之间发出刺眼的光芒。《孙子兵法》有云：“山川险隘，进退艰难，疾进即存，不疾进则亡。”我们能想象得到，石达开在那一刻长久地伫立于此，或是飘过眼前的一枚落叶，或是一只振翅的飞鸟，给了他灵感。不然，他也不会想到，让自己的军队利用大渡河因山势陡变形成的惯性与力道，一举冲至大渡河河心，再奋力划桨过河。

石达开的现实操作能力越来越让位于他的想象力，人在陷入绝境时，所有的想法都带有超现实主义色彩。他希望现实可以成为他手中任意揉捏的面团，那样的话，就可以避免失败与缺憾。一个习惯了胜利的军事家，他的骨子里有着难以剔除的洁癖。即使现实世界已千疮百孔，理想世界也不肯做出妥协与让步。石达开走进的这片领地是彝族聚居地，受土司管辖。据说，他已给松林地番族土司王应元、田坝彝族土司岭承恩奉上重金，以求让出一条活路。

千军万马鱼贯而入，石达开就这样把自己的军队塞进一个天然的巨型口袋，高山峭壁夹道，人马并道而行。若是后路被截断，石达开和他的军队将毫无回旋的余地，逃亡也就失去了意义。他们现场取材，砍倒营盘山上本就不多的树木，用葛藤、布条绑扎为筏。六千将士正欲强渡时，老天突降暴雨，两河河水同时暴涨。山洪从暴发到泄去，虽然只有短短两天时间，但是对于逃亡者而言，时间就是生命。

若是上帝看见他的子民身逢绝境，会否派出诺亚方舟？《圣经》中：上帝对诺亚说："人类的可憎我再清楚不过了，他们使这世界充满了仇杀。我有意要毁灭他们，也毁灭掉同他们一起的这个世界。"清军西从泸定、东北方从雅安汉源、东南方从西昌冕宁，配合土司王应元四面袭来。

在这极不平静的日与夜里，石达开的第十四王娘刘氏在风雨中诞下一子。石达开大喜，视为吉兆，取名为定基。据许亮儒《擒石野史》记载："当夜（五月十四日夜）达开妇诞一子，乃通令将卒曰：孤今履险如夷，又复弄璋生香，睹此水碧山青，愿与诸卿玩境欢醉。部属均稽首称贺，是以传令犒赏，休养三日，个整顿登山采粮，候行囊充实，方计克小河，此其失败之主要原因。"许亮儒是当年王应元的手下，参与了对石达开的战斗。

站在大渡河岸边，石达开心情如同这个季节燥热的风，有些兴奋。

孩子的出生给他制造了太平盛世的幻觉，幻觉让人变得麻木，也让时间变得迟钝。身逢绝境，生子庆祝三天，听起来像是一个荒诞的故事，但它确实发生过。在一篇《从西昌坝子到安顺场》的文中记载：1935年长征时，红军在安顺南边的筲箕坳小村宿营时，一位八十多岁老人说："石达开的队伍在这里驻扎了几天，听说生了太子，办酒席，挂灯结彩，打锣打鼓很热闹。"

英雄不该同情吗？英雄值得同情吗？等待着他的，只有地雷阵和万丈深渊。

石达开过于自信，他的这份自信来自他不到20岁就投身的这场浩荡的战争史，大小数百战，披坚执锐，无不全身而退。当年在湖口、九江两次大败湘军，逼得湘军大佬曾国藩投水自尽，被部下救起，西线军事也由此步入全盛。同年秋天，他又挥师江西，四个月连下七府四十七县。对于这个对手，曾国藩既惧且恨，他说："查贼渠以石为最悍，其诳煽莠民，张大声势，亦以石为最谲。"

诚如学者简又文所言："纵观翼王远征之后，历时七载，所过地域共十五省（苏、皖、赣、浙、闽、桂、湘、粤、黔、滇、鄂、川、西康、陕、甘），行程约五万余里（翼王本军约二万里，石镇吉、赖裕新、曾广依、李福猷等部共约三万五千里，余部活动，及分化各部之回师未算），实为世界历史上有数之长征。人类有此奇异伟大的活动，诚值得详细记录者。"

出走的石达开在曾国藩看来，已不足为惧。这个曾经将他逼向死路的对手，也在将自己逼向死路。他不无遗憾道："（石达开）钝于浙，钝于闽，钝于宝庆，裹胁着人，愿从者渐少，且无老巢以为粮台，粮米须掳，子药须搬，行且自疲于山谷之间。"也就是说，出走的石达开已经暴露出单干能力之不足，缺乏独当一面之能力，所以曾国藩立马改变对他的看法，从畏惧到不屑。

自信撑起的幻觉，将石达开逼到死亡的角落而不自知。三天，对于绝地反击的一场战争来说，有多少将士蹈死赴黎明，有多少机会失而不可得。待到 5 月 21 日，大渡河暴涨的河水渐趋平静，深浅陡变处，也不见了急速转动的旋涡。大自然像是被人驯服，突然就失去了吞没万物的力道。

石达开拔出腰间的佩刀，喉咙里发出嘶哑的冲锋号令。他挑选的四五千名精兵跳上木筏，向对岸冲去。他们"左手握矛，右手挽盾，披发赤足，腰悬利刃"，分驾木筏几十只，战士用挡牌护身，在松林河汇入大渡河的剪力作用下拼死强渡。这不是一场势均力敌的战役，倒像是石达开脑子里的意念之战，他的幻觉在血与河水的搅拌下，映红了整条河谷。

他像是带着自己的军队走进了一场设置好的冲关游戏，结局是他败，一败再败。无论石达开如何用力，也无法改天换命。他的自信被清军的火炮击得粉身碎骨，他仿佛能够听见北岸传来清军统帅唐友耕的笑声。唐友耕的军队从北岸居高临下用一种名唤"轰筒"的火器排列轰击，水柱冲天。筏上装载的火药被炮击中，引起炸裂燃烧，将士纷纷落水，很快被吞没。有几只竹筏漂到下游，也被唐友耕指挥部队沿河各个击破，强渡的战士无一生还。

这是石达开最不愿看到的场景，他的勇士们高呼与翼王共存亡，声音响彻大渡河两岸。驰骋万里，却仍是冲不破自身命运的限度，无论在此之前他们有多不可一世，有多勇字当头，而总能走到时间的尽头。望着身边的亲兵，石达开喟叹："吾起兵以来十四年矣，越险岭，济江湖，如履平地，虽遭难，亦常噎而复奋，转退为攻，若有天佑。今不幸陷入绝境，重烦诸君血战出险，毋徒束手受缚，为天下笑，则诸君之赐厚矣！"

面对清军、土司、彝兵箍桶一般的包围，石达开从未像今日这般绝望。他无奈地叹道"苍天意茫茫，群众何太苦。江临我前，临流曷能渡……"

在这最后时刻，石达开坚固的精神意念在现实面前摇晃不已。对于将士们而言，那个他们所熟悉的，用兵向来谨慎的翼王不见了。在重庆总兵唐友耕抵达对岸安庆坝的前夜，他们的翼王居然还有心思领着他们高歌欢饮，以致丧失最后的逃生机会。时人薛福成认为："达开不自入绝境，则不得灭；即入绝境，而无夷兵四面扼剿，亦不得灭。"

天时失序，地利失陷，人和失常。石达开嗅到了死亡的气息。

人在精神饱满的时候，会忘记生命的限度，执着于强者恒强的道理。食物是击溃人类自信与尊严最有力的武器，饿着肚子的勇士是撑不到天亮的。许亮儒在《擒石野史》中记载，已经吃尽草根、树皮、皮带等一切东西的太平军，内部已经发生人吃人现象。

石达开此时会否想到，洪天王曾经说，天父托梦告诉他，甘露能吃，而且还能养生。《圣经》中所谓"甘露"可做两种解释：一是意念中的"甘露"，即人领受神的话语，是一点一点的累积领受，且在领受的过程中，感觉无比的甘甜。二是现实中的"甘露"，即现代人所说的"吗哪"。以色列人出埃及后第二个月的 15 日，耶和华开始降下"吗哪"。从那一天开始，以色列民一连吃了四十年。有专家说，"吗哪"夜间随着露水降在营中，形状仿佛芫荽子，又好像珍珠。以色列人把"吗哪"收起来，或用磨推，或用臼捣，煮在锅中，又做成饼，滋味像新油。

石达开是在 6 月进入大渡河，昼夜温差大，附着于野草上的夜露很多。

如此晶莹剔透的露水，即便被包裹成灵光四射的"吗哪"，也无法为一支疲惫之师注射勇力和信心。对于一个刚刚度过而立之年的年轻人来说，从古至今，得此际遇者有几？

"我不下地狱，谁下地狱？"石达开内心的喟叹，化为水流撞击中的一声低沉的顿挫。而他徒劳的努力，让置身于大渡河北岸安庆坝高地上的唐友耕尽收眼底。他说："他退兵时，我望得很清楚，依旧整整齐齐，丝毫没有拥挤凌乱之节，官军如何做得到！"对于一个军事指挥者来说，能够做到身逢绝地而不伤及尊严与气度，着实让人心生感佩。

1863年6月9日中午，石达开率领仅剩的七八千人离开紫打地向东突围，朝小水河方向前进。因体力不支，太平军逃亡的速度赶不上清军炮火与箭矢飞行的速度，他们的突围更像是在一步步投奔死亡。10日晚，石达开和他的军队抵达利碛堡。在疲惫而苍凉的背景下，石达开绝望地发现老鸦漩也在涨水，情况比紫打地更加险恶。

处处皆死穴，何处得生门？深谷幽林，火把照亮了大渡河的夜晚。为了让将士们死里求生，宰辅曾仕和向石达开建议，写一封信给王应元，许以重酬，请求让路。身逢绝路的石达开已经失去了谈判资格，王应元一口回绝。又写信给岭承恩，表示愿意以重金买路。岭承恩连信也不回，直接以刀剑作答。此时的石达开真的走到穷途末路。将士们热泪长流，不愿束手就擒，决定待天明与追兵决一死战。当天石达开召开了最后一次会议："妖来背水一战，幸而胜则图前进，不胜则主臣赴彼清流，断不受斧钺辱。"计议已定，石达开先与家人诀别。

这个夜晚，很多年后依然缭绕在大渡河两岸，变成世代相传的故事，进入历史文本，进入当地人的记忆和血液。在残酷战争的间隙，石达开先后接纳了十个王娘。战争让女人离开是有道理的，这不是悲观主义者的托词。他的第三任妻子马氏发现翼王陷入绝境，她劝石达开调整思路，另外考虑突围路径。为了不拖累夫君，她在一个绝望的深夜，用一杯毒药结束了自己的生命。

在马氏的榜样作用下，女人和孩子的悲剧被战争推向极致。她们不准备再这样耗下去了，那些飞舞的炮火，伴随着喷溅的鲜血，让她们处于崩溃的边缘。她们一路追随，却从未如此贴近一场战争。那些凌乱的尸体，在树杈上，在山崖上，在河滩上，摆出各种奇怪的姿势。女人的眼泪不是射杀敌人的子弹，但很可能会成为扎破一个气场的针尖。

虞姬若是不拔剑自刎，铁了心要做项羽的累赘，项羽说不定就登舟去见他的江东父老，也管不了什么英雄的颜面。伤心痴绝处，石达开投向她们的眼神里，有一个男人深沉的愧疚，也有某种不言自明的残酷暗示。当晚，他的五个妻子怀抱两个幼子，相继投河而亡。将士们将手中的火把投向水面，火光划出的优美弧线，像暮春的繁华，一朵一朵，悠悠缓缓地飘落，在凋零中呈现出凄然的死亡之美。还有一位王娘刘氏带着石达开的儿子石定基，由两名侍卫带领，于深夜攀岩逃出险境，就此不知下落。有不愿被俘的伤员，也自寻了断。

妻离子散，部众瓦解，石达开不忍面对这一切，这等于要了他的命。仰首望天，眼见有苍鹰掠过山峦，但翼王的翅膀已被斩断。有人说，在这个世界上，最可怕的背叛是找不到背叛者的背叛。或许对于石达开来说，背叛他的人是他自己。战争首先是一场心理较量，只有内心强大的人才能取胜。石达开和他的将士们被悲观情绪所笼罩的预感，已经成为不可阻挡的河流。

石达开四顾茫然，天大地大，却没有他的立足之地。他无奈地接受了军师等人的建议，祭起“诈降”的旗帜，以期赢得死而复生的机会。任乃强在《纪石达开被擒就死事》一文中说：“四月二十三日，以书射达北岸唐友耕营”，重庆总兵唐友耕收到石达开的信后，隐匿不报，也没有回复石达开。或许是觉得自己没有能力做出决断，索性不答。

这封名义上的投降书，通篇弥漫着伤心与绝望的情绪。石达开想得过于简单，他希望：“一人自刎，三军安全……舍身果得出全吾全军，捐躯稍可仰对我主。”这个在战场上与清军周旋十多年的太平军将领，每次置身于人性纠缠反复的事件中，都会表现出让人难以理解的赤子般的单纯。他毫不掩饰自己的情感：“虽斧钺之交加，死不为辱；任身首之分裂，义亦无伤。”

在这样一个山风呜咽，静水流深的夜晚，他应该想到很多。对于曾经并肩而起的战友有着深切的怀念，对于勠力同心建立起来的王霸之业有着无尽的忏悔。

即便寸刀裂肉，又如何能救得将士们的性命？

在无边的暗夜里，石达开像是一张松了弦的弓，无力地将身体摆放在利碛堡路边的巨石上，目之所及，星空倒悬。若天上的一颗星是这世间的一条命，那这满天与他相关的星斗，也该有数以千万计。他是一只奔跑的野兽，现在累了，能够倒在这山川河流的奇绝处，也不失为上佳之选。

就在石达开胡思乱想、情至哀伤处，几欲拔剑自刎时，有卫兵来报，军师曹卧虎已投江。刚才还在这里和自己讨论“诈降”之事，说话间就阴阳两隔。红颜与流年，功名与利禄，都在生存与死亡的位移中变得无足轻重。当清军参将杨应刚和王松林出现在石达开面前时，他已经做出了决定。对方信誓旦旦地保证，绝不伤害全体将士的性命，一律遣散归田。

石达开知道，一切都将结束了。他在护卫陪同下走向清军大营洗马姑，山风呼啸，飞鸟归林。身后数千名送行的部属失声痛哭，如同命运的绝唱。他们只能眼睁睁看着主帅走向不归路，他们举起无用的刀剑，疯狂地砍向旁边的崖石。

迎接石达开的是清军参将杨应刚，他诚惶诚恐而来，像是要去拜见自己的新主子，他甚至携着石达开的手走向洗马姑军营。对于一个参将来说，能够得到石达开这种级别的俘虏，相当于祖坟冒了青烟。

盯着石达开的何止杨应刚，就在石达开一行向洗马姑前进时，一直蹲守于北岸的唐友耕突然发动攻击。杨应刚身体里的快乐情绪还在蔓延，眼前一幕让他防不胜防。在他迟疑之际，唐友耕手下已蜂拥而上抢走石达开、曾仕和、黄再忠、韦普成及翼王 5 岁的儿子石定忠。杨应刚自然不敢反抗了，眼睁睁地看着唐友耕把石达开等人抢走，无可奈何。

半路杀出个唐友耕，不但打破了杨应刚去成都领赏的美梦，也破坏了石达开诈降以图缓气再起的预谋。石达开有了不祥的预感，尤其当他面对这个行动迅捷的矮胖子时，感觉越发强烈。他对唐友耕并不陌生，唐友耕曾是云贵交界处李永和蓝朝鼎领导的地方义军中的一员。因与同伴比武争夺先锋时，落败受伤，自觉扫了颜面，才去投靠清廷。

唐友耕来自义军，也以镇压义军起家。当石达开被送至唐友耕营以后，见其部下被阻渡分隔，才意识到“诈降计拙，阴甚悔恨……”石达开被软禁于富林清军大营期间，应该是唐友耕一生感觉最荣耀的时刻。

他做梦也不会想到，翼王石达开有朝一日会成为自己的阶下囚。那段时日，他在军营进进出出，兴奋得像是一只春天里四处寻找伙伴的黑猫。一次次走到关押石达开的营帐前，又犹豫着退了回来。骆秉章获知石达开“来降”的消息后，以公文通知布政使刘蓉急去大渡河，参与处理。石达开已于 4 月 27 日落入唐友耕之手，骆秉章尚不得知。他担心石达开诈降，是缓兵之计，必须派自己信得过的人前往处理。很多年后，唐友耕的儿子唐鸿学将《石达开致骆秉章书》编入《唐公年谱》，并将其改为《石达开致唐友耕书》。这种往先人脸上贴金的做法，还是被精明的专家识破了。

唐友耕向沿途官府逐一送达防卫令，并亲率数百清军押送朝廷重犯上路。石达开携儿子坐八人大轿，曾仕和、黄再忠骑马，不带刑具，营兵执刀枪铳护之。一路上受到地方官员的高规格接待。觥筹交错之间，石达开一色天朝衣冠，气宇轩昂，不卑不亢，有礼而强力的风采让地方官开了眼界。在官员的回忆中，石达开“面白有微须，仪容严肃，眼光有神……”

石达开一行过了邛州地界以后，“清军森列，止王舆，请上刑具”。石达开没有抗拒，仿佛这一切都在他的意料之中，至于“保全全军”的口头协议不过是对方抛出的诱饵，是一句宁愿信其有的玩笑。历史发展到这里，已经走成了一个死局。生存，还是毁灭，已经不是一个问题。石达开对邛州知州许培身说：“‘固知骆督之不见容也’，遂受刑具。”

唐友耕在石达开面前全程赔着笑脸，毫无面对其他囚徒的恶声恶语之相。不过在他转身离去时， 他还是向雅州知府蔡步钟下达必杀令：诛杀大树堡的两千多名太平军以及领袖周宰辅。另外四千余名老弱及伤者，报请总督骆秉章，听候处置。

深夜里，火把照亮了漆黑的庙宇，火光中，飞箭如天空落下的一场急雨。寄身于大树堡南门庙宇内的两千余名太平军是石达开的亲兵，其中绝大多数是广西籍，属于“老营”出身，是石达开部的精血所在。这场屠杀一直持续到天明，清兵将尸体拖到河边抛入大渡河。禹王宫距大渡河不到一里路，处理尸体很方便。在绵长的大渡河水面上，漂浮着上千具尸体，宛如人间地狱。天大亮，清兵撤走，当地乡民将散落各地的尸体收集起来，掩埋于禹王宫下边的一个凹坑，后人称之为“千人坑”。毛泽东曾说：“石达开有多条路可以选择，但却选择了灭亡。”

6月20日，石达开一行到达成都。现在，他从轿帘的摆动缝隙中观察着这个陌生而繁华的城市，沿途的看客们也有幸目睹了这个神龙见首不见尾的人物，据说他身着绣有五条金龙的黄缎王服，头戴天国王冠，冠上翘起的五条锦龙，一颠一簸的，作振翅欲飞之势。

从成都疾驰而来的刘蓉恰好与之汇合，他很想立功，渴望能从石达开的嘴里掏出太平天国的内部机密。他此行是贯彻骆秉章的意图，鉴于云南回民起义已经难以控制，云南、贵州、陕西、甘肃一线军务吃紧，加上川军中能人不多，他甚至希望能够说服石达开掉转刀锋，去对付回民。胜利者强抑内心缚住苍龙的狂喜，他和唐友耕一副嘴脸，在太平天国的翼王石达开面前表现得极为谦卑。

与刘蓉同行的还有骆秉章的幕府黄彭年。后来黄彭年在《黎雅纪行》中描述了审讯情形：“刘公传讯，（石达开）枭桀之气，见于词色。其于天下将帅独服曾公，亦但称其忠勤为国而已。”

石达开盘膝而坐，面色沉静如水。对于一个做好死亡准备的人来说，这世间的任何表演都不再入他将死之心。据刘蓉后来记述：枭桀坚强之气溢于颜面，而词气不亢不卑诶，不做摇尾乞怜之语。自言南面称王十余年，所屠戮官民以千万计，今天亡我，我复何惜一死。

刘蓉见问不出所以然，就随同大队人马一同返回成都。

在成都，骆秉章对石达开进行审讯，每次审讯，他都会约上成都将军完颜崇实。虽然作为驻防将军，完颜崇实只是管辖旗人，但是此人在四川官场的威慑力不可小觑。骆秉章约其一同会审石达开，以示必要的尊重。资料显示，一共提审石达开等人5次，两人会讯石达开总共3次。同审的刘蓉后来对人说：“崇林山（完颜崇实）年轻没涵养，爱说话，坐在堂上碰钉子，很可笑。”

就连老练的骆秉章在石达开面前，也是屡屡语塞，自讨没趣。

骆秉章问：“你愿意投降吗？”

石达开答：“吾来乞死，兼为士卒请命。”

骆秉章说：“你自起事以来，蹂躏数省，我方封疆大吏死于汝手者三人，今以一死完结，真是便宜你了。”

石达开说：“是俗所谓成则为王，败则为寇。今生汝杀我，安知来生我不杀汝耶？”

审讯完毕，石达开缓步走下台阶，两王仍左右侍立，且曰：“仍主帅先行。”石达开才放步先行。这一期间，朱诒孙、唐友耕和他兄弟、许培身等人轮番到关押石达开的臬台监狱劝降数次，均无功而返。

骆秉章在给咸丰帝的奏疏中如此描述：“臣会同成都将军臣崇实督饬在省司道亲提该犯鞫讯，石达开自供与洪秀全等自广西金田村起事即封伪王及鼠扰各省情形，历历如绘，皆臣所素悉，枭桀之气，见诸眉宇，绝非寻常贼目。”

1863年6月27日，清方对石达开实在无计可施，更怕突生变故，因为民间风传石达开的残部已经渗透到成都准备劫狱，四川方面决定立即用刑。

骆秉章的奏稿里就说：“谨援陈玉成之例，当即恭请王命，将石达开极刑处死。其子石定忠，现年五岁，例应监禁，俟及岁时照例办理。”这也并非就是骆秉章的残酷心性使然，对待王朝体制的反叛者，凌迟成了一种统一制式的结局。太平天国诸王，除战死之外，仅有李秀成逃过此劫。朝廷传旨：“石达开毋庸槛送京师，即在四川省凌迟处死，并传首滋事地方示众。”

处决当日，天色昏暗，密云不雨。凌迟为麻木的看客带来的精神冲击和感官刺激，即使身在闷热不堪的夏日，也令人寒意彻骨。据刘蓉称，石达开“临行之际，神色怡然”。这是一个悲剧性的场面，任何词汇都无法抵达生命不堪承受之痛。即使对杀人如麻的职业刽子手来说，刀子触肉时发出的声响，也会让他不寒而栗。同遭酷刑的宰辅曾仕和因承受不住呼痛时，石达开止之曰：“何遂不能忍此须臾？当念我辈得彼，亦正如此可耳。”

石达开没有再说话，他无须再讲一个字。诚如作家蒋蓝所言，对一具被制度的刀具细心洞穿的身体来讲，再多讲一个轻慢的字就是丧尽天良。

终结篇

天国的陨落与湘军的解体

1. “小天堂”的地狱之门

1864 年（同治三年）6 月，安庆。这一日曾国藩从堆积如山的文件中抬起头。然后，他背剪双手踱步走出房门，来到后院。但见幽蓝深邃的天空布满星子，四下万籁俱寂，他的心里顿生平和宁静之感。前日，他接到九弟曾国荃的来信，告知金陵城外四处开挖地道，城破或许就在这几日。

自湘军进扎天京城下，“曾国藩心理反应日趋于紧张忧惧”，在军事上强调“稳慎”，时时注意保全后路，“进军太锐，后路芜湖等处空虚，颇为可虑”。曾国藩有时思虑难免过于细密，转而束缚手脚。

诚如幕僚赵烈文所言，他们兄弟二人，一个过于谨慎，一个过于不谨慎：“沅师性直而喜事，师举动谨慎。”曾国藩凡事从风险角度考虑比较多，遇事做加法。而曾国荃总是无知者无畏，把事情看得过于简单，遇事做减法。做减法的曾国荃在做加法的哥哥的栽培之下，在事业的天平上不断给自己添加新的重量级砝码。

自 2 月以来，曾国荃的军队向天京城发起猛烈的地道攻势，虽屡屡受挫，未能建功，但仍是深挖不辍。曾国荃性子太急，容易激动，围着一个天大的骨头却始终啃不下来，加之肝病复发，身心俱损，甚至到了“逢人辄怒，遇事辄忧”的焦虑状态。曾国藩嘱其“将万事看空，无恼无怒”，以保全身体。湘军之所以难以推进，原因在于太平军防守严密，将靠近城墙根一带地面完全屏蔽。曾国荃的军队在南京城外发挥愚公移山精神，一直挖了大半年，炸药费去十数万，工兵死了一两千，南京城还是完好无损。

湘军先后攻占天京城外钟山上所建的两处要塞——天堡城和地堡城，战局出现转机。天堡城“山势最高，俯瞰城内，纤悉皆见，又距城垣极近，至太平不远”，位置险要。曾国荃攻克此处后十分高兴，向兄长感叹“此乃天意怜我军之苦，以无意而得之”。而地堡城则在山脚处，“若得之，则用以潜攻尤易”，湘军“百计环攻”，终在 5 月 30 日攻占，地堡城位置更高更近，几乎碰到城墙的前面。

连续拿下两处要塞，湘军士气大振。曾国荃军在龙脖子山坡上架设了一百多门炮，开始夜以继日地炮轰南京城。一发发炮弹呼啸着越过城墙，在城里的建筑和地面上开出残酷而绚烂的花朵。在火炮掩护下，曾国荃的地道越挖越长。正当湘军上下奋力攻城时，李鸿章决定派20余营前来助攻的咨文送达地堡城外行营，曾国荃拔剑在手“传示众将，曰：‘他人至矣！艰苦二年，以与人耶？’众皆曰：‘愿尽死力！’”

曾国荃知道，这是兄长在背后运作的结果。在此之前，曾国藩“决议请少荃来金陵，同心办贼”，他将请李鸿章会攻之信函、咨文转于曾国荃之手。对曾国荃的湘军“吉”字营而言，淮军助攻无疑是一种强烈刺激，故在淮军到来之前攻破城池便成为全军上下的共同目标。曾国藩太了解九弟的性格，他必须奉上一碗心灵鸡汤，大谈性命之道。他说：“人又何必占天下之第一美名哉？如弟必不求助于人，迁延日久，肝愈燥，脾愈弱，必成内伤，兄弟二人皆将后悔，不如及今决计，不着痕迹。”

曾国荃又如何能够听得进兄长之言，可他一时半会儿又难以攻破南京。世人皆知，南京是曾国荃的“禁脔”，是曾国荃的“卧榻”，不容他人走近，亦不容他人染指。李鸿章对此心知肚明，他也明白曾国藩请他助援，也是迫不得已。于是，他在给曾国荃的咨文中言道：“我公两载辛劳，一篑未竟，不敢近禁脔而窥卧榻。况入沪以来，幸得肃清吴境，冒犯越疆，怨忌丛生，何可轻言远略？”

识时务的李鸿章一再表明无意与曾国荃争功的态度，但在曾国荃看来，同样是一种催马奋蹄的激将之言。虽然李鸿章出于私情一拖再拖，如果曾国荃迟迟不能完事，他也不能无限期地拖下去。

曾国荃在同治三年春夏之交，于烈日炎风、伤亡枕藉之中，向南京城发动不间歇的攻击。一日凌晨，李秀成率领数百人从太平门闪电出击。沿城根进攻湘军地道处营垒，企图破坏地道；又派数百人着湘军号衣，从朝阳门冲出，持火延烧。由于连日激战，湘军困乏至极，“夜深几为所乘”，但还是将太平军逼回城里。

也就在这个节骨眼上，洪秀全却在轰隆隆的炮声中病倒了。

天王生了十天的病，因为不肯服药，日趋严重。其子洪天贵福谈及父亲的病状时，也茫然无所知。但从他的交代中，也可寻到来龙去脉。他说：“父亲常食生冷，自到南京后，以蜈蚣为美味，用油煎食。”有人据此推断，洪秀全的肠胃消化道功能就是这样一天天吃坏的。

洪秀全这一年刚满五十二岁，或许是因为南京城里的生活太过安逸，这个身材高大的南方人，略显肥胖的身躯被龙袍紧紧地裹着。他从来就是凭自己身体坚强的防疫力对抗疾病，也滋长了他麻痹大意的心理。他相信上帝，相信自己，却从不相信医生。一个长期浸淫于虚妄教义之人，会赋予自己无所不能的特异功能。

曾国荃的军队将南京城越箍越紧，让人喘不过气的天京危机，让躺在病榻上的洪秀全陷入恐惧与不安中，促使其病情急剧恶化。城外一阵紧似一阵的炮声，像是来自天堂的追魂炮。大病不治，讳疾忌医，洪秀全在病床上躺了十天后，终于从南京城这座“小天堂”走进了“天堂”。

洪秀全是病死的，太平军首义诸王中，他是唯一得以善终之人。

李秀成在被俘后的供述中称：此时大概三月将尾，四月将初之候……天王斯时已病甚重，四月廿一日而故，“此人之病，不食药方，任病任好，不好亦不服药也。是以四月廿一日而亡！”后来洪天贵福在南昌的供词中称：“本月四月十七日，老天王病死。”

南京城破，曾国藩无法接受，这个与其缠斗了十年的对手，竟然死于病榻之上。他在抄送北京的奏折中说：“洪秀全生前，经年不见臣僚，四月二十七日因官军攻急，服毒身死。”

他还将李秀成的供述修改为：“天王斯时焦急，日日烦躁，即以五月廿七日服毒而亡。”如此一来，洪秀全的死就有了邀功的意味。洪秀全是在湘军猛烈的攻势之下，没有天兵来救，精神崩溃而服毒自杀。

洪秀全病逝五日后，幼天王洪天贵福坐上王座。他只坐了四十多天的王位，诚如他所言："朝事都是干王掌管，兵权都是忠王掌管，所下诏旨，都是他们做现成了叫我写的。"这个资质平庸的少年就是做个太平王，也不够资格。他飘忽的目光在充满血腥味的空气中无处安放，天王是他的精神依赖，可天王死了。

7 月 19 日，曾国荃的地道已接近尾声，他下令在城墙底下的洞室里填充炸药。这一次，由于经历太多次失败而渴求成功，曾国荃担心朝廷已失去耐心，决定将炸药埋得越多越好，以求万无一失。

曾国荃"悬不赀之赏，严退后之诛"，随着他的一声号令，一阵骇人的地动山摇，高厚的城墙被往外和往上炸开，烟雾和石块在轰然巨响中向上飞蹿，先是遮蔽天空，然后划出一道并不完美的抛物线，重重地砸向地面，花岗岩碎石像天空下起的一阵暴雨，将蹲伏于城墙旁的四百人的前锋部队砸得死伤过半。

在时人笔记中有记："城垣二十余丈，岁烟直上，万众瞩目，咸见是城耸入云霄也。"如此震撼人心的场面，超出我们的想象。

待火药的浓烟散去，高厚的城墙被炸开一道巨大的豁口。龙脖子上的湘军一声呐喊，如猛虎下山扑向金陵城。他们蹚过碎石和死难兄弟的尸体，与太平军刀兵相接。湘军等待这一刻已很久，他们不愿意再这么耗下去。

太平军数千人拼死堵御，两军"鏖战三时之久"，太平军溃退。天京城里到处展开了肉搏战，湘军每前进一步都要付出代价。突破太平军阻击的一支湘军部队，穿过城里宽阔的街道，在手中地图的指引下，直奔天王府而去。天王府、忠王府等尚在，其他王府也已毁于太平军之手。

当他们抵达天王府时，偌大的宫殿空空荡荡。士兵放火烧王宫与王府，然后烧民宅，整个南京城好像陷入一片火海。六朝古都就这样成了双方军队展示人类邪恶的试验场，"贼所焚十之三，兵所焚十之七"。升腾的烟雾凝固空中，成为紫红色的云块。直到很多天后的一场大雨，才将这座城市冲洗干净。

湘军入城，整个南京城陷入混乱，李秀成挥泪与家人诀别，然后带上一小队将士，换上湘军的衣服，骑着马，领着幼天王洪天贵福飞驰穿过南京街头。那一刻，夕阳的余晖洒落于这座六朝古都，轰然爆炸声回荡至远处。

李秀成逃出南京城后不久，便将自己的上等骏马让予幼天王。用他自己的话说“尽心而救天王这点骨血，是尽我愚忠而为”。李秀成带着两名亲信在后慢行，当他投身于一座荒山破庙时，被当地的一群农民发现。其被俘是因将身上捆带的金银财物吊于树下，暴露了身份。其中两人抓住了李秀成，并将他交给清军。有人说：“他们对物质近乎罪恶的占有欲，最终毁灭了他们。”

而幼天王洪天贵福逃亡广德，追随叔叔洪仁玕辗转千里，三个月后为清军捕获。虎父有犬子，这个十六岁的少年在供词里虽然再三表白“那打江山的事，都是老天王做的，与我无关”。像他这等身份，最后还是被凌迟处死。与他相比，他的叔叔洪仁玕死得更像个英雄的样子，临刑时作诗明志：我国祚虽斩，有日必复生。随着他们的相继被俘，这场战争实质上已经结束。

城破九日后，曾国藩从安庆赶到南京。他提审了李秀成，虽然早就动了杀机，却依然不露声色。两个战场对手初次会面，一边是志得意满的曾国藩，一边是凛然而立的李秀成。

曾国藩用他那双精光四射的三角眼直直地盯着李秀成，自咸丰八年复出以来，与此人周旋了六年之久。在军报中看到此人的名字，在部属的谈话里听过此人的名字。中等偏矮的个子，略显单薄瘦弱的身体，五官也偏于清秀。他无法将眼前之人，与那个摧城拔寨的太平天国的忠王李秀成画上等号。

曾国藩的语气和缓，让人不感到有压力，准确地说这不像是一场审讯，更像是朋友之间的一场交流。曾国藩问的问题，李秀成基本上都作了令他满意的回答。在此之前，曾国荃告诉他，李秀成顽梗不化，甚至以死威胁都无法使之屈服。而曾国藩抓住李秀成在绝望中的复杂心理，如愿以偿地诱骗其写下供状。事后，他又大玩文字游戏，凡是吹捧自己的话一字不删，对自己不利的段落则加以删改。

李秀成是在一种恍如隔世的状态下，被困于囚笼中。三伏酷暑天，面对死亡的威胁，他以每天大约7000字的速度书写这份供词。从他被俘到被杀，前后仅有16天，而他用9天时间书写了数万字的供词。

从一片愚忠，到有所不忠，李秀成在生命尽头的起伏令人感喟不已。其实一纸供词，不过是记录了一个人对这场革命的观察，其中包括他曾付出的热情，以及反思后的疑惑。对于一个国破家亡、身陷囹圄之人，其文字难免会有些情绪化。他那句自叹“一生屈错，未遇明良”，便是真实心态的自然流露。

虽然不是贪生怕死之辈，但因为哀莫大于心死，李秀成的供词中难免流露出一些复杂的意识和心态。有人将这份供词当作李秀成“失节”的证据，并将其视为一个浩荡时代的尴尬事件而刻意回避。曾国藩玩弄了李秀成，又欺骗了清廷，也害苦了后世的历史学家。

终于，一切都结束了，只留下李秀成一纸长长的供词，算是太平天国最后的总结。忠王不“忠”的争论也因为这份供词，成了永无了期之势。李秀成在这份供词里打破对洪秀全的神化与迷信，也留下谀颂曾国藩和清王朝的话，使他成为一个有污点的英雄。在临行前，李秀成毫无戚容，谈笑自若，并留有十句绝命词，“叙其尽忠之意”。

8月8日，谕旨颁下：曾国藩赐封一等毅勇侯，世袭罔替，加太子太保，赏双眼花翎；曾国荃赐封一等威毅伯，加太子少保，双眼花翎。赵烈文打趣说：“此后当称中堂，抑称侯爷？”曾国藩笑道：“君勿称猴子可矣。”自开战以来，他历经恶战无数，曾经在靖港投水自尽，在九江险被生擒，在祁门预写遗嘱。

而这一切都结束了，曾国藩还是笑到了最后。

2. 曾国荃的财富论

南京城破的那一刻，曾国荃一反常态，他突然回转雨花台大营，“衣短布衣，跣足，汗泪如下”。脱下官服，换上一身平常的装束。南京的七月天，热得人晕头转向，从江面上刮来的阵阵热浪，只往人脸上扑来。若不是战争正以摧枯拉朽之势在这座城市上空翻腾，平民与官家这时候都该找个好地方避暑纳凉。

南京，这座孤苦无援的岛屿终于被湘军掀起的巨浪吞没。曾国荃坐在太师椅上，慢慢地呷着夏日里的浓茶，或许是因为紧张，他的手有些微微发抖。这时候，幕僚赵烈文听闻城内兵将忙于掳掠，入帐劝曾国荃“再出镇压”。赵烈文的话让曾国荃很不以为然，反问道：“君欲余何往？”

赵烈文答道：“闻缺口甚大，恐当亲往堵御。”

曾国荃只是摇头，并没有说话，然后躺在卧榻上酣然入眠。在攻下金陵之前，曾国荃因为战争压力患病已深，身上大面积长癣，多日连续失眠。赵烈文内心涌出一股从未有过的巨大悲哀，他觉得自己不是幕僚，而是一个扼杀善良弱小生命的刽子手，是一个应该受到道德谴责的罪人。

赵烈文是江苏人，不忍见故乡遭此劫难，他在日记中记载：“沿街死尸十之九皆老者。其幼孩未满二三岁者亦斫戮以为戏，匍匐道上。妇女四十岁以下者一人俱无，老者无不负伤，或十余刀，数十刀。”赵烈文在日记里愤怒地写道：“（他们）不知何以对中丞（曾国藩）？何以对皇上？何以对天地？何以对自己？”

第二日，赵烈文向曾国荃条陈四事：一是“请止杀”，派队逐门逐户地搜查，分别良莠再作审办；二是“设馆安顿妇女，毋使尽遭掠夺”；三是设立善后局；四是禁止“米麦出城”。曾国荃同意了后三条，而缓前一条，并令赵烈文拟告示，广为张贴。

天京城破后，城内两军仍在巷战，若立即停止杀戮，似乎并不利于完全占城。湘军上下多年辛苦，饷项支绌，乘机发泄愤恨，掠夺财物，这应是曾国荃不禁杀戮的原因。由于杀戮不受制约，占领南京城的湘军将士将人性深处最丑恶的部分完全曝晒在阳光下。人性在制约与放任之间呈现出完全不同的面目，恶者极恶，狂者极狂。

时人记载："金陵之役，伏尸百万，秦淮尽赤；号哭之声，震动四野。"屠城在中国古代战争中是普遍现象，而屠城者也并非只是性格残暴的人物及其军队。屠城的主要目的是恐吓对手，迫使他们不敢抵抗或放弃抵抗，或胜利方通过屠城和掠夺财产以获得物质利益，而这又是远古人类发动战争的最基本动因。直到 20 世纪，才形成在战争中不得屠城和不得杀害无辜民众的相关国际公约。

南京陷落时，在此之前备受世人吹捧的湘军纪律完全崩解，赵烈文在日记中认为"其乱如此，可为发指"。离乡在外辛苦征战多年，终于拿下最后的目标，他们开始肆意地掠夺，天王府、忠王府和其他所有王府、馆衙，都被凿地三尺，洗劫一空。天堂之门洞开，一群红了眼的亡命之徒冲了进来，他们抢财宝、掳女人。就连军营里的长夫、雇工等勤杂人员，都投身于这场毫无底线且冷酷无比的狂欢游戏，整个军营倾巢而出，通向城外的道路上到处是载满财帛与女人的马车。

这场大劫难持续时间很长，直到一个多月后，南京城内仍然纷乱不止。经过一个多月的大烧大杀大抢，每个无名小卒全都发了横财。他们不仅将城内的金银财物洗劫一空，甚至连建筑物上的木料也拆下来，从城墙上吊出，用船运回湖南。

当湘军经历一番激烈的抵抗后，冲进了天王宫的外城——太阳城。一座金碧辉煌的宫殿出现在他们面前，这便是天王宫的金龙殿。传说小天堂的财宝大半聚集于此：金龙殿里的楹柱上涂的是真金粉末，殿里陈列的每一件物品都是稀世珍宝，如果有幸得到其中一件，都够他一辈子尽情地挥霍享乐。

这是小说家言，也是历史现场。曾国荃通过天京劫掠而暴富，这在当时今日已是尽人皆知的“常识”。然翻查史籍，支持此项结论的资料多属传闻。太平天国在南京苦心经营十载，一直就有洪秀全窖藏金银财宝的传说。人人皆知天京城内“金银如海，百货充盈”，而让人意外的是，除了缴获洪秀全的玉玺、金印外，曾国荃几乎一无所获。当曾国藩进城之后，赫然发现“克复老巢而全无货财”，他内心不免生出几分恐惧与不安。连李鸿章也说：“沅翁百战艰苦，而得此地，乃至妇孺怨诅。”

曾国藩奏报七日后，北京传来一道批谕：“逆掳金银，朝廷本不必利其所有。前据御史贾铎具奏，故令该大臣查明奏闻。今据奏称：城内并无贼库；自系实在情形。”也就是说，朝廷给予曾氏兄弟充分信任，此事到此为止。

人性的贪婪，模糊了事物的本来面目。至于曾国荃在这场浩劫中捞取多少财富，早已成为一道难解的谜。赵烈文《能静居日记》同治六年七月二十日记三年前攻破天京之事曰：“……余曰：沅师（曾国荃）坐左右之人累之耳，其实子女玉帛无所与也，则人置一簏。有得辄开簏藏纳，客至，则倾身障之，丑态可掬。师（曾国藩）狂笑，继又曰：吾弟所获无几，而老饕之名遍天下，亦太冤矣。”赵烈文于城破之时对湘军之掳掠焚烧一一秉笔直录，他与曾国藩谈论世事，无所顾忌，所记破城之事不宜看作为曾国荃护短辩解。

官方的说法并不能堵住众口云云，而太平天国“圣库”的传言也是确之凿凿。虽然曾国藩说：“并无所谓贼库者”，但信者寥寥。《天朝田亩制度》有云：“天下皆是天父上主皇上帝一大家，天下人人不受私，物物归上主。则主有所运用，天下大家处处平均，人人饱暖矣。”此即太平天国的“圣库”制度。

举兵之初，洪秀全诏云：“各宜为公莫为私，总要一条草对紧（一心向着）天父天兄及朕也。继自今，其令众兵将：凡一切杀妖取城所得金宝绸帛物等项，不得私藏，尽缴归天朝圣库。逆者议罪”；第二年，又补充：“倘再私藏私带，一经查出，斩首示众”。“圣库”制度执行标准，则以五两银子为限，凡藏银过此数不缴者，按律治罪。入南京后，“圣库”设于水西门灯笼巷，有六名专职人员负责日常管理。

曾国藩转述李秀成语，说："昔年虽有圣库之名，实系洪秀全之私藏，并非伪都之公帑。伪朝官兵向无俸饷，而王长兄、次兄且用穷刑峻法搜括各馆之银米。""天京事变"后，洪氏族人纷纷掌权，"圣库"已由"公帑"变为"私藏"。天国的官员们就像哄抢家产的不肖子孙，他们明知哄抢的混乱可能使自己一无所得，但他们甘冒这样的风险。于"一切杀妖取城所得金宝绸帛物等项"中，仅向"圣库"缴纳谷米牛羊等食物，而隐瞒银钱衣物等硬通货。湘军兵临城下，他们的行为实际上等于剥夺了太平天国的活路。李秀成苦劝各位"王兄王弟""切勿存留银两"，而应"概行要买米粮"。此时，天国的"圣库"不是无中生有，而是有中生无。

李秀成清楚，他的利刃可以抵挡声势浩大的清军，却斩不断来自内部的腐烂。而他自己又何尝不是腐烂的一部分，当时昭王黄文英就说过："那忠王也是顾己不顾人，顾私不顾公的。"所有的罪恶，在各朝各代各色人等都保持着惊人的一致。大部分人不会相信"城内并无贼库"一说，他们认定曾国荃经此一役，完成了巨富升级之路。各种野史掌故俯拾即是："（曾国荃）于天王府获东珠一挂，大如指顶，圆若弹丸，数之，得百余颗；诚稀世之宝也。又获一翡翠西瓜，大于栲栳，裂一缝，黑斑如子，红质如瓤，朗润鲜明，殆无其匹。识者曰：'此圆明园物也。'"除了列举实物，传言还折算了曾国荃南京之行的全部现金收入："闻忠襄于此中获资数千万。除报效若干外，其余悉辇于家。"

为曾国荃辩解之人还算过这样一笔账：曾国荃自咸丰七年至同治三年，都是湘军重要统帅，如果按年收入五千四百两计，六年收入三万二千四百两。这与"国荃甲子乞病归，倾所储，置田屋，实不过银三万而已"相符合。

曾国藩年谱载，曾家原有土地一百余亩。太平天国失败后，曾国荃"号有田百顷"。郭嵩焘驳斥王闿运《湘军志》时说过："曾国荃亦无百顷田。"百顷为一万亩，不过百顷，则其田产不过几千亩。曾国荃的百万家资，是他一生积蓄。带兵六年之后，他还当过数任巡抚，以及接近七年（光绪十年至十六年）的两江总督，其收入亦极可观。

谙熟盐、漕、河、洋诸务及东南政坛内幕的金安清，尝论清代乾隆中期以后，地方官个人收入组成，以陋规最为优厚，并不必“例外求赇”，能专守陋规不务其他，即可称“操守廉洁”了。而随着时间推移，陋规渐渐化名为办公“经费”，无须私相授受，而可公然见诸奏牍报表。关于地方官年薪的具体数额，他说：“以两江总督为最，一年三十万。淮南盐务居其一，各关备贡居其一，养廉公费居其一，皆用印文解送，不以为私。”

曾国荃做了七年两江总督，按照金氏算法，所得当在二百万两以上。然则，曾氏的资本积累，竟大部分在两江任上完成，而非取诸刀光剑影之中。历史没有真相，只有接近真相。曾国荃虽放纵部下抢掠，但他在天京之劫中的收获，与那些来路不明的小道消息是不相符的。他是曾国藩的弟弟，也常以文人自居。攻下南京的不世之功，已让他走向人生的巅峰。如果说他贪婪到丧心病狂的地步，显然是不合常理的。

夜读曾氏家书，发现光绪初年曾国荃出任河督时竟处于负债状态，而其晚年出而求官，竟也是为求财完债。他在给侄儿曾纪泽的信里说：“余性本非为官裁料，去年被王孝奉牵率而自己太欠老成，关心账目，遂至一念之动，轻率而出。千辛万苦，乃得此处，虽撙节用之也，年可省出八千两完账，究之有何趣味？”而在其后的信中又云：“余用极撙节，大约今年可剩万五千两完账。借账完账，以无利之账清有利之账，以可久欠之账完宜即完之账。”曾氏光绪初年家书中，言撙节用度以完账目者还有不少，这虽不能反映曾国荃完全真实的经济状况，但足以破除其在攻破天京后富甲天下的传闻。

3. 裁撤湘军：曾国藩的明智与无奈

1864年（同治三年）那个夏天的早晨，往年这个时候，玄武湖的周围弥漫着植物的芳香，而今年这个时候，金陵城每一缕空气的缝隙里都塞满呛人的烟火与血腥气。到处是残砖断瓦、余火未尽。触目皆是绛紫色，那是血腥的红与恐怖的黑交融的颜色。对于眼前的画面，曾国藩是太熟悉不过了。他在无数个梦境里，想象过南京城破的日子。可这一刻真的到来，喜悦固然有之，但并没有大任卸去的轻松之意。

而曾国荃却与他不同，毕竟南京城是他一手打下来的，如此盖世功勋落在自己头上，人生得意事莫过于此。他整日泡在恭维声与杯盏声里，人逢喜事，身上的病也已近乎痊愈。曾国藩在家书说："沅弟五六月来辛苦迥异寻常，近日湿毒十愈其七，初十、十一、十二等日戏酒宴客，每日百余席，沅应酬周到，不以为苦。谚称人逢喜事精神爽，其信然欤！"

当曾国藩离开南京，回安庆料理一个多月，朝野上下已物议沸腾。他们兄弟二人陷入群疑重谤，曾国荃甚至还得到一个"老饕"的绰号。本以为会得到朝廷重赏的曾国荃等来了一记闷棍，慈禧发来的谕旨措辞严厉，指责他不该在攻破外城后马上返回老营："倘曾国荃骤胜而骄，令垂成之功或有中变，致稽时日，必惟曾国荃是问！"

这个三十岁的女人不是一个简单的人物，孤儿寡母守着一片动荡的破碎山河，却能够做到张弛有度。当曾国荃的六百里红旗捷报从南京传入紫禁城的时候，慈禧兴奋得热泪直流，声音哽咽，他紧紧地抱着小皇帝，激动地连连呼唤爱子的乳名。儿子的江山保住了，他的圣母皇太后的位置也保住了。

慈禧那道声色俱厉的上谕虽然是下达给曾国荃的，更是为了敲打曾国藩。而这也是曾国藩最为担心的，早在攻陷天京之前，他就有了割权自保的想法。他一再向亲朋好友表明心迹："自古柄兵之臣，广揽利权，无不获祸谪者。待忝附儒林，时临冰渊，而使人广揽利权疑我，实觉无地自容。"还说："自古握兵柄而兼窃利权者，无不凶于而国、害于而家，弟虽至愚岂不知远权避之道？惟舍弟引退之志更急于鄙人，此中先后之序，尚须妥商。"

曾国藩说，九弟的引退之志更急于他，此言非虚。1864年（同治三年）正月，金陵合围之后，或许是因为胜利在望，曾国荃开始思考善后问题。

他于正月十七致郭嵩焘信中云："因吴、越晌告肃清，苗逆已伏诛。克金陵后，弟陆师且将悉撤，长衣归田……"

他又于2月21日致友人毛鸿宾信中言："弟克城后，决志遣撤所部，悉数归农。”

而曾国藩于2月24日给曾国荃的信中说：“处大位大权而兼享大名，自古曾有几人能善其末路者？总须设法将权位二字推让少许，减去几成，则晚节渐渐可以收场耳。”他知道兄弟二人权势已达峰巅，现在最需要做的，是自剪羽毛。

《易传》中说：“日中则昃，月盈则亏。”当一个人的地位、权势、声望达到顶点的时候，也就是要走下坡路的时候。稍微处理不慎，会带来无法预计的危险。当曾氏兄弟同太平军做最后苦战时，清廷已在天津四周布有总兵，官文、富明阿、僧格林沁无不虎视眈眈地盯着他们的脊背。待到城破，朝廷便将江宁将军富明阿从扬州派到金陵来，表面上是来查看八旗兵驻防的营地，实际上是来秘密调查李秀成是不是真的被湘军活捉，幼天王的下落，以及了解金陵城内的其他各种情况，其中最受关注的是太平天国“圣库”里的金银财宝。

曾国藩清楚，以慈禧为首的新当权派们并非真的要追查天京窖金和幼天王的下落，他们不过是虚张声势，施加压力，逼自己就范；或是匆忙起兵，或是铩羽自保，二者必居其一。长痛不如短痛，迟发不如速发，朝廷怕自己积威养望，从容应对，形成南北对峙之局。

至于世人揣度曾国藩为何不一鼓作气，挥戈北上，而这不过是一厢情愿的小说家言。联系祁门被困时，他曾遗嘱于儿子曾纪泽，要他长大后不可为官更不可带兵，只可一心做学问。他的人生乐趣，治文治学更多于从军从政。在曾国藩看来，起兵造反是一件愚蠢的事，远不如做一个忠臣孝子来得现实。

支配一个人采取行动的关键并非道德规范，而是对根本利害的权衡。若此时的曾国藩真的具有一锤定音的胜算，也就不会有所谓的忠君思想的障碍。成王败寇，君臣伦理并不妨碍改朝换代。自古开国明君取得天下，哪个离开暴力弑君和阴谋篡逆两途？一旦权位到手，儒家的忠君道德就由对篡逆者的谴责，变为对新君的诚心拥戴。

曾国藩的选择，说到底，还是利益的取舍。

朝廷如此不信任曾国荃，对他防范如此之严，无疑让曾氏兄弟颇为失望。曾国藩到了金陵之后，在其安排之下，曾国荃退出官场的意愿便越发强烈。距离湘军攻占金陵不到一个月，曾国藩就下令裁撤曾国荃直接指挥的湘军二万五千人。据曾国荃书信记载，八月初，裁 17 营，至二十四日已裁 22 营，九月续撤 10 营，十月初一日曾国荃回湘时自带 6 营，到湘即撤。待到第二年正月、五月，曾国藩又两次撤留防天京一万多人，天京之役中曾国荃统辖的五万余人基本全部遣撤。

裁撤湘军是第一步，曾氏两兄弟同居高位，湘军如日中天，让紫禁城里的孤儿寡母无法安枕。要让他们睡得安稳，兄弟两人须有一人暂时离开。

曾国藩洞悉个中玄机。而就目前情形来看，朝廷最不放心的是曾国荃，不妨让他先回家避避风头。待到时过境迁，清廷的猜疑之心解除之后，自然还会想起他，大用的机会还很多。现在外间虽有闲话，但随着老九的隐退，也必然会慢慢消解。曾国藩劝解老九说："弟少耐数月以待之，而后知吾言之不谬也。"

让曾国荃暂时离职（当时叫"开缺"）的理由，自然是身体欠佳，"万难再当大任"。曾国藩代曾国荃正式奏请"开缺回籍调理"，回乡调理。不过他在奏折中也点明，此举也是"求所为善聚不如善散，善始不如善终之道"。虽然曾国荃心有退意，但作为天京城破的最大功臣，他还是觉得脸上挂不住。就在曾国藩把两江总督署搬回南京，大宴宾客之时，曾国荃当着满堂宾客的面，借着酒意发了一通牢骚，大失高级官员的体统，致使曾国藩狼狈万分，无地自容。三年后，曾国藩在与赵烈文谈到此事说："三年秋，吾进此城行署之日，舍弟甫解浙抚任，不平见于辞色。时会者盈庭，吾直无地置面目。"

十月初，曾国荃带着满腹委屈和怨愤返回湖南，曾国藩送他百里，直到采石矶边："十月初一日，沅弟起程旋湘，吾送百里至采石矶。初四早，兄弟分手。"

曾经多次和曾国荃发生争执的赵烈文也前往相送。赵烈文记载，分手之日，曾国荃异常憔悴，“沅帅患湿疾，医者治之不中理，形状狼狈。……分手之际，怅然无已。帅言：阁下相爱，无异骨肉，当佩君言，他日总有面目相见云云，各洒泪而别”。

为了消解曾国荃内心的不平之气，待其四十一岁生日那天，曾国藩专门指派赵烈文前往劝慰，还亲自特写七绝十二首为他祝寿。据说，曾国荃当日读到“刮骨箭瘢天鉴否，可怜叔子独贤劳”一句时，竟然放声大哭，令闻者动容。